Dr. Bringfried Müller
Valentin Vrecko

Psychologie Band 4

MEDI-LEARN Skriptenreihe

7., komplett überarbeitete Auflage

MEDI-LEARN Verlag GbR

Autoren: Dr. med. Dipl.-Psych. Bringfried Müller, Dipl.-Psych. Valentin Vrecko

Teil 4 des Psychologiepaketes, nur im Paket erhältlich
ISBN-13: 978-3-95658-017-8

Herausgeber:
MEDI-LEARN Verlag GbR
Dorfstraße 57, 24107 Ottendorf
Tel. 0431 78025-0, Fax 0431 78025-262
E-Mail redaktion@medi-learn.de
www.medi-learn.de

Verlagsredaktion:
Dr. Marlies Weier, Dipl.-Oek./Medizin (FH) Désirée
Weber, Denise Drdacky, Jens Plasger, Sabine
Behnsch, Philipp Dahm, Christine Marx, Florian
Pyschny, Christian Weier

Layout und Satz:
Fritz Ramcke, Kristina Junghans,
Christian Gottschalk

Grafiken:
Dr. Günter Körtner, Irina Kart, Alexander Dospil,
Christine Marx

Illustration:
Daniel Lüdeling

Druck:
Löhnert Druck

7. Auflage 2015
© 2015 MEDI-LEARN Verlag GbR, Kiel

Wichtiger Hinweis für alle Leser
Die Medizin ist als Naturwissenschaft ständigen Veränderungen und Neuerungen unterworfen. Sowohl die Forschung als auch klinische Erfahrungen führen dazu, dass der Wissensstand ständig erweitert wird. Dies gilt insbesondere für medikamentöse Therapie und andere Behandlungen. Alle Dosierungen oder Applikationen in diesem Buch unterliegen diesen Veränderungen.
Obwohl das MEDI-LEARN Team größte Sorgfalt in Bezug auf die Angabe von Dosierungen oder Applikationen hat walten lassen, kann es hierfür keine Gewähr übernehmen. Jeder Leser ist angehalten, durch genaue Lektüre der Beipackzettel oder Rücksprache mit einem Spezialisten zu überprüfen, ob die Dosierung oder die Applikationsdauer oder -menge zutrifft. Jede Dosierung oder Applikation erfolgt auf eigene Gefahr des Benutzers. Sollten Fehler auffallen, bitten wir dringend darum, uns darüber in Kenntnis zu setzen.

Vorwort

Vokabelheft
Medizinische Psychologie/Soziologie

In Medizinischer Psychologie und Soziologie können viele Fragen in Kenntnis der Terminologie beantwortet werden. In diesem MEDI-LEARN-Vokabelheft sind die für die Beantwortung der Fragen notwendigen Vokabeln und Begriffe alphabetisch zusammengestellt.

In der linken Spalte sind wichtige Begriffe und in den letzten zehn Jahren geprüfte Vokabeln abgedruckt.

In der rechten Spalte findet sich jeweils das vom IMPP hierzu geforderte Wissen.

Die „→" weisen auf Synonyme oder eng benachbarte Begriffe hin.

Eine ausführliche Darstellung der Begriffe und deren Theorien findet sich in den MEDI-LEARN-Skripten Psychologie 1–3.

Das Abdecken der rechten Spalte ermöglicht kurz vor der Prüfung eine nochmalige effektive Kurzwiederholung, ähnlich einem Vokabeltraining bei einer Fremdsprache.

Mein herzlicher Dank für die hilfreiche Zusammenarbeit gilt meinem Kollegen Dipl.-Psych. Valentin Vrecko!

Wissen, das in keinem Lehrplan steht:

- Wo beantrage ich eine **Gratis-Mitgliedschaft** für den **MEDI-LEARN Club** – inkl. Lernhilfen und Examensservice?

- Wo bestelle ich kostenlos **Famulatur-Länderinfos** und das **MEDI-LEARN Biochemie-Poster?**

- Wann macht eine **Studienfinanzierung** Sinn? Wo gibt es ein **gebührenfreies Girokonto?**

- Warum brauche ich schon während des Studiums eine **Arzt-Haftpflichtversicherung?**

Lassen Sie sich beraten!

Nähere Informationen und unseren Repräsentanten vor Ort finden Sie im Internet unter www.aerzte-finanz.de

Abhängige Variable	→ Variable, unabhängige vs. abhängige
Absolute Risikoreduktion (durch eine Behandlung)	Anteil der Erkrankten mit Behandlung abzüglich des Anteils der Erkrankten ohne Behandlung (Differenz = Exponierte-Nichtexponierte)
ADHS	Aufmerksamkeits-Defizit/Hyperaktivitäts-Syndrom
Aggravation	Unbewusste Verschlimmerung von Symptomen
Aggregatdaten	Für eine Gruppe zusammengefasste Daten (z. B. Mittelwerte), werden in s. g. ökologischen Studien (→ Studien) verwendet.
Agnosie	Unfähigkeit, Dinge zu erkennen
Agoraphobie	Angst davor, in Menschenmengen und auf öffentlichen Plätzen zu sein
Akkulturation	Einleben von Migranten in einem neuen Land: – Integration: eigene Kultur behalten und neue Kultur annehmen – Segregation: eigene Kultur behalten und neue Kultur ablehnen (= Separation) – Assimilation: eigene Kultur ablehnen, neue Kultur annehmen – Marginalisation: eigene Kultur ablehnen, neue Kultur ablehnen
Akteur-Beobachterverzerrung	= Attributionsfehler, fundamentaler
Allostase	Sollwertverschiebung: Durch anhaltenden Stress erhöht sich der Sollwert für den Blutdruck.
Altenquotient	Verhältnis der ökonomisch abhängigen Älteren zur erwerbsfähigen Bevölkerung, Verhältnis Rentner zu Erwerbstätigen
Altersabhängigkeitsquotient	→ Altenquotient
Altersbelastungskoeffizient	→ Altenquotient
Ambivalenz	Widersprüchlichkeit
Ambivalenz-Konflikt, Appetenz-Aversions-Konflikt	Konflikt zwischen gewollten und ungewollten Dingen: Man will das Examen bestehen, muss danach aber in den ungewollten Berufsalltag.
Amnesie, anterograd	Gedächtnisverlust nach einem Ereignis: Man kann sich nach einem Unfall nicht mehr so gut neue Inhalte merken.
Amnesie, retrograd	Gedächtnisverlust vor einem Ereignis: Patient erinnert sich weder an die Zeit unmittelbar vor dem Unfall noch an den Unfall selbst.
Amygdala	Hirnstruktur, beteiligt an der Bewertung und Konditionierung emotionaler Prozesse
Analer Charakter	Zwanghaftigkeit, Ordnungsliebe, Machtstreben, Festhalten an rigiden Einstellungen, Reinlichkeit, Kampf um Unabhängigkeit und Pünktlichkeit
Anamnese	Patientenbefragung (Überbegriff für → Eigen- und Fremdanamnese, → Krankheitsanamnese, → Familienanamnese, → Sozialanamnese, → Katamnese)
Änderungssensitivität	Empfindlichkeit eines diagnostischen Verfahrens gegenüber Merkmalsänderungen.
Anforderungs-Kontroll-Modell (Karasek)	Subjektive Arbeitsbelastung, hängt ab von den Anforderungen und der Kontrolle. Hohe Belastungen ohne einen eigenen Entscheidungsspielraum führen häufiger zu Krankheiten (z. B. Herzinfarkten).

Angebotsinduzierte Nachfrage	Die Nachfrage nach medizinischen Leistungen hängt vom Angebot ab. Je mehr radiologische Praxen es in einer Region gibt, desto häufiger finden radiologische Untersuchungen in dieser Region statt.
Aphasie, Broca	Motorische Sprachstörung, vorwiegend Störungen der Sprachproduktion
Aphasie, Wernicke	Sensorische Sprachstörung: stark gestörtes Sprachverständnis, reichliche Sprachproduktion, Paraphasien
Broca-Aphasie	→ Aphasie, Broca (motorische Sprachstörung)
Wernicke-Aphasie	→ Aphasie, Wernicke (sensorische Sparchstörung)
Appetenz-Appetenz-Konflikt	Konflikt zwischen zwei gewollten Dingen: Schokoladen- oder Vanille-Eis?
Appetenz-Aversions-Konflikt	→ Ambivalenz-Konflikt
Apraxie	Unfähigkeit, eine bestimmte Handlung auszuführen
Äquivalenzprinzip	Die Beitragshöhe bei der privaten Krankenversicherung hängt ab vom persönlichen Krankheitsrisiko und den gewünschten Leistungen.
Ärztekammer	Körperschaften Öffentlichen Rechts mit folgenden Zuständigkeiten für die berufliche Selbstverwaltung: – Erlass einer Berufsordnung für Ärzte – Aufsicht über die Einhaltung der Berufspflichten – Einleitung von Sanktionsmaßnahmen bei Verstößen gegen das Berufsrecht – Regelung der Fort- und Weiterbildung durch eine Weiterbildungsordnung (Wichtig: NICHT der Ausbildung zum Arzt!)
Arztrolle (Parsons)	Umfasst folgende Aspekte: – affektive Neutralität = Behandlung ohne persönliche Gefühle – funktionale Spezifität = Arzt soll sein Handeln auf ärztliche Leistung beschränken – Universalismus = Hilfe soll jedem gleichermaßen zuteilwerden – Kollektivitätsorientierung/Altruismus = Arzt soll uneigennützig sein
Assoziation, freie	Methode der tiefenpsychologisch fundierten Psychotherapie, in der der Patient aufgefordert wird, seinen Gedanken freien Lauf zu lassen und alles zu erzählen, was ihm zu einem bestimmten Stichwort einfällt. Die freie Assoziation ist ein Weg zum Unterbewusstsein.
Attributables Risiko	= Absolute Risikoreduktion
Attribution	Ursachenzuschreibung, → Attributionsdimensionen
Attributionsdimensionen	Attribution = Ursachenzuschreibung – Internal vs. external: Wo liegt die Ursache? (innerhalb der Person selbst oder außerhalb) – Stabil vs. labil: Wird es immer wieder passieren oder war es eine einmalige Ausnahme? – Spezifisch vs. global: Betrifft es einzelne oder alle Lebensbereiche?

Attributionsfehler, fundamentaler	Handelnder und Beobachter attribuieren unterschiedlich: Eigenes Fehlverhalten wird durch äußere Gegebenheiten erklärt, fremdes Fehlverhalten wird in der der Persönlichkeit des anderen begründet gesehen.
Ausweichende Gesprächsstrategien	Werden von Ärzten bei heiklen Patientenfragen gezeigt und umfassen folgende Strategien: Adressatenwechsel, Beziehungskommentare, Mitteilung funktioneller Unsicherheit, Themenwechsel
Authentizität	Echtheit (Merkmal nondirektiver Gesprächsführung nach Carl Rogers)
Autoritativer Erziehungsstil	→ Erziehungsstile
Aversions-Aversions-Konflikt	Konflikt zwischen zwei ungewollten Dingen: Zahnarzt oder Zahnschmerzen?
Balint-Gruppe	Regelmäßige Zusammenkunft von Ärzten zur Besprechung schwieriger Arzt-Patient-Interaktionen. Balint-Gruppen sind Interessengruppen, sie haben ein gemeinsames Ziel.
Basisemotionen	→ Emotionen, primär vs. sekundär
Bedürfnispyramide nach Maslow	Das nächsthöhere Motiv wird angestrebt, wenn das darunterliegende Motiv befriedigt ist. Die Motive können in folgender Hierarchie angeordnet werden (von unten nach oben): 1. physiologische Motive 2. Sicherheit 3. Zuwendung 4. Anerkennung 5. Selbstverwirklichung (höchstes Motiv) Theorie gilt als widerlegt.
Bestrafung	→ Verstärkung vs. Bestrafung
Beurteilungsfehler	– Kontrasteffekt = nach einer sehr guten Leistung wird eine mittlere Leistung schlechter beurteilt – Haloeffekt = ein hervorstechendes Merkmal beeinflusst die gesamte Beurteilung – Effekt der zentralen Tendenz = mittlere Beurteilungen – Primacyeffekt = Effekt des ersten Eindrucks – Recencyeffekt = Effekt des letzten Eindrucks – Projektion = eigene Eigenschaften werden der anderen Personen unterstellt
Beveridge-Modell	Nationaler Gesundheitsdienst, der mit zweckgebundenen Steuereinnahmen finanziert wird.
Big Five	Fünf-Faktoren-Modell der Persönlichkeit: Verträglichkeit, Offenheit, Gewissenhaftigkeit, Extraversion, Labil/Stabil (= Neurotizismus). Merkhilfe: VOGEL
Bildung	Bildung ist als eine den Lebensstil prägende Variable eng mit gesundheitsrelevanten Verhaltensweisen verknüpft. Je höher die Bildung, desto höher ist die Lebenserwartung.

Bindungsverhalten	Kann im Fremde-Situations-Test untersucht werden; es zeigen sich folgende Verhaltensweisen beim Kind: – Sicher gebundene Kinder zeigen beim Verlassen der Mutter Kummer, lassen sich bei Wiederkehr der Mutter schnell trösten. – Unsicher ambivalent gebundene Kinder zeigen bei Rückkehr der Mutter wenig Emotionen und suchen nicht ihre Nähe. – Unsicher vermeidend gebundene Kinder zeigen bei Rückkehr der Mutter keine Emotionen.
Biofeedback	Physiologische Zustände werden dem Patienten sichtbar gemacht, sodass er diese beeinflussen kann (Hauttemperaturänderungen werden auf einem Bildschirm durch Farbveränderungen sichtbar gemacht).
Biologische Emotionen	→ Emotionen, primär vs. sekundär
Bismarck-Modell	Gesundheitssystem in Deutschland: Die Höhe der Beiträge zur Krankenversicherung orientiert sich am Bruttoarbeitseinkommen.
Chaining	Verkettung einzelner Verhaltensschritte zu einer komplexen Verhaltenskette
Cohens d	Effektstärke-Maß: Der Effekt einer Intervention berechnet sich als Differenz der Mittelwerte (i. d. R. von Kontroll- und Experimentalgruppe), geteilt durch die Standardabweichung. Kommt zum Einsatz bei Meta-Analysen (→ Meta-Analyse).
Compliance	Mitarbeit und Kooperation im therapeutischen Prozess
Contingent Negative Variation	Langsame elektrische Negativierung des Kortex, beobachtbar im EEG beim Contingent Negative Variation Paradigma (es soll nach einem Alarmreiz auf einen imperativen Reiz reagiert werden)
Cronbachs Alpha	→ Interne Konsistenz (Maß für Reliabilität)
Daten	– Primär: Vom Untersucher selbst erhoben – Sekundär: bereits vorhandene Daten – Individualdaten: Daten einzelner Personen – Aggregatdaten: zusammengefasste Daten (z. B. Mittelwerte)
Deduktion	Schluss von einer Gesetzmäßigkeit auf erwartete Beobachtungen
Demografische Transformation	Wandel der Altersstruktur einer Gesellschaft, führt zu einer demografischen Alterung in erster Linie durch eine abnehmende Fertilität (Fruchtbarkeit). Vollzieht sich in fünf Phasen: 1. Prätransformative Phase: hohe Geburten und hohe Sterbeziffer 2. Frühtransformative Phase: sinkende Sterbeziffer bei hoher Geburtenziffer 3. Transformative Phase: Sinkende Sterbeziffer, sinkende Geburtenziffer 4. Spättransformative Phase: niedrige Sterbeziffer, sinkende Geburtenziffer 5. Posttransformative Phase: niedrige Geburten- und Sterbeziffern
Depression	Beeinträchtigtes bis stark gemindertes Selbstwertgefühl, Energielosigkeit und Mattigkeit, schlechtes Einschlafen, frühes Aufwachen, Grübeln. Frauen sind häufiger betroffen.
Deprivation, Reizdeprivation	Reizarme Umgebung

Deprivation, relative	Gemessen an der Arbeitsbelastung (relativ) zu geringes Einkommen (Deprivation = beraubt)
Deprivation, strukturelle	Deprivation (lat.: deprivare = berauben) Wenn z. B. die Wohngegend um Infrastruktur (wie Kindergärten, Schule, Ärzte) beraubt wurde, spricht man von struktureller Deprivation.
Devianz (= Abweichung), sekundäre	Negative Bewertung der Umwelt verstärkt abweichendes Verhalten.
diagnosis related group	→ Fallpauschale
Diathese-Stress-Modell (= Vulnerabilitäts-Stress-Modell)	Die Schädigung durch Stress hängt ab von der Intensität des Stressors und der dispositionellen Vulnerabilität (Verletzlichkeit).
Dichotome Fragen	Es werden genau zwei Antwortalternativen vorgegeben (→ Frageformen).
Direkteffektthese	→ Stress-Puffer-Modell
Direktive Gesprächsführung	→ Gesprächsführung, direktiv vs. non-direktiv
Disease-Management-Programme	leitlinienorientierte Behandlungskonzepte für chronisch Kranke.
Disengagementtheorie des Alterns	Soziologische Theorie, die davon ausgeht, dass Menschen im Ruhestand nach Entspannung, Ruhe und Genießen streben.
Dispositioneller Optimismus	Feste Persönlichkeit, schützt vor Krankheiten.
Dissimulation	Wenn Patienten vorsätzlich Krankheitssymptome verbergen oder verheimlichen, um Gesundheit vorzutäuschen (Gegenteil → Simulation)
Dissonanz, kognitive	Entsteht u. a. wenn Verhalten und Einstellungen nicht übereinstimmen (häufig bei Rauchern). Häufiger werden dann die Einstellungen als das Verhalten geändert. Beispiel: Rauchen reduziert Stress, Stress macht auch krank, also ist Rauchen gar nicht so ungesund.
Dopamin	Wichtigstes biochemisches Agens im Verstärkungssystem, löst Wohlbefinden aus.
Dopaminerges System	Neurotransmittersystem, welches bei Stimulation angenehme Empfindungen auslöst. Steht in Zusammenhang mit Suchtentwicklung.
Doppelblindstudie	Weder die Versuchsperson noch der Versuchsleiter weiß, wer in der Experimentalgruppe mit echtem Medikament und wer in der Kontrollgruppe mit Placebo behandelt wird. Dient der Kontrolle des → Hawthorne-Effekts und des → Rosenthaleffekts.
Drift-Hypothese	Chronische (psychische) Krankheiten führen zu einem sozialen Abstieg.
DSM-IV	Diagnosesystem mit fünf Achsen (multiaxiales System) zur Diagnosefindung (ähnlich → ICD-10)
EEG	Potenzialschwankungen auf der Kopfhaut werden u. a. zur Beobachtung von Aufmerksamkeitsänderungen eingesetzt; hat eine hohe zeitliche Auflösung.
EEG-Wellen	– Beta: 24 Hz gespannte Aufmerksamkeit – Alpha: 12 Hz entspannter Wachzustand – Theta: 6 Hz Einschlafstadium – Delta: 3 Hz Tiefschlaf

Effektstärke	→ Cohens d, → Meta-Analyse
Effizienz **(= Kosten-Nutzen-Effizienz)**	Nutzen in Relation zum Mitteleinsatz
Eigenanamnese	Patient berichtet selbst über seine Beschwerden.
Einkommensdisparität	Einkommensungleichheit
Emotionen, primär vs. sekundär	– Primäre/biologische Emotionen/Basisemotionen: Zeigen über alle Kulturen hinweg und auch bei Blinden ein typisches mimisches Ausdrucksverhalten: Freude, Furcht, Trauer, Wut, Ekel. – Sekundäre Emotionen: Weisen im Gegensatz zu primären Emotionen kein spezifisches mimisches Muster auf; sozial erlernt.
Emotionstheorie, peripherialistische Theorie (James & Lange)	Interpretation des eigenen Verhaltens führt zur Emotion. Beispiel: Ich laufe weg, also muss ich wohl Angst haben.
Empathie	Mitgefühl (Merkmal non-direktiver Gesprächsführung, → Gesprächsführung, patientenzentrierte non-direktive)
Empowerment	Das Bemühen, Patienten zum Selbstmanagement zu befähigen, wichtig für das Modell der informierten Entscheidungsfindung (→ Entscheidungsfindung, ärztliche)
Entscheidungsfindung, ärztliche	– Partizipativ: Patient wird eng in den Entscheidungsprozess eingebunden (→ shared decision making) – Paternalistisch („väterlich"): Arzt trifft die Entscheidung
Epidemiologische Transition	Wandel der Morbiditätsstruktur im Zuge des demografischen Übergangs
Ergebnisqualität	Patientenzufriedenheit, gesundheitsbezogene Lebensqualität
Erlernte Hilflosigkeit	Erfahrung, eine Situation nicht kontrollieren zu können, d. h. es wird kein Zusammenhang (Kontingenz) zwischen eigenem Verhalten und deren Konsequenzen erkannt. Person lernt, dass sie hilflos ist: Egal was sie tut – die Situation ändert sich nicht. Führt zu folgendem Attributionsmuster von Misserfolgen: internal, stabil, global (→ kognitive Triade)
Erziehungsstile	– Autoritär: Die Eltern zeigen nur klare Strukturen auf; wenig Responsivität gegenüber den Kindern. – Autoritativ: Die Eltern achten auf klare Strukturen und zeigen zugleich hohe Akzeptanz und Responsivität gegenüber dem Kind. Wirkt sich positiv auf die Persönlichkeitsbildung aus. – Permissiv: Wenig Strukturen, aber hohe Akzeptanz und Responsivität gegenüber den Kindern. – Vernachlässigend: Kein echter Erziehungsstil, stattdessen Vernachlässigung der Kinder.
Ethischer Utilitarismus	Der Zweck heiligt die Mittel. Z. B.: therapeutisches Klonen ist dann gut, wenn dadurch Hoffnung auf Behandlung von Krankheiten entsteht.
Evidenz-basierte Medizin	Anwendung medizinischer Maßnahmen, deren Wirksamkeit nach derzeitigem wissenschaftlichen Kenntnisstand bestmöglich belegt ist (→ randomisiert kontrollierte Studie).
Experiment	Planmäßige Manipulation der unabhängigen Variablen und anschließende Messung der abhängigen Variablen.

Extinktion	Löschung: Gelerntes wird wieder verlernt. Tritt ein, wenn die Kontingenz zwischen Reiz und Reaktion oder zwischen Reaktion und Konsequenz aufgehoben wird.
Fallkontrollstudie	Sonderform der retrospektiven Kohortenstudie: Gruppe Erkrankter wird verglichen mit Gruppe nicht erkrankter „Merkmalszwillinge"; dient der retrospektiven Identifizierung von Risikofaktoren.
Fallpauschale	syn: diagnosis related group (DRG) Für eine Diagnose pauschal festgelegte Vergütung einer medizinischen Leistung in deutschen Krankenhäusern.
Falsifikationsprinzip (Karl Popper)	Fortschritt in der wissenschaftlichen Erkenntnis resultiert aus dem Ausschluss unzutreffender Annahmen (Falsifikation).
Falsifizierbarkeit	Wissenschaftliche Hypothesen müssen prinzipiell widerlegbar sein.
Familienanamnese	Patient berichtet im Arztgespräch über seinen familiären Hintergrund (Familie und Erkrankungen der Familie).
Fatalismus	→ Stoizismus
Feldunabhängigkeit	Tendenz, autonom und unabhängig von Umgebungseinflüssen zu agieren.
Fertilität	Fruchtbarkeit, bestimmt im Wesentlichen den Prozess des demografischen Alterns.
Flooding, Reizüberflutung	→ Konfrontationstherapie
Fluide Intelligenz	→ Intelligenz, fluide vs. kristalline
Fourastié-Hypothese	Anteil von Beschäftigten hängt ab vom Grad der Technisierung und Automatisierung eines Erwerbssektors (→ Tertiarisierung).
Frageformen (offen, geschlossen, Katalog, dichotom)	– Offen: nicht vorgegeben („Wie geht es Ihnen?") – Geschlossen: Thema vorgeben („Erzählen Sie mir etwas über Ihre Schmerzen!") – Katalogfragen: Antwortkatalog mit mehreren Antwortmöglichkeiten, aus denen gewählt werden muss („Sind Ihre Schmerzen stechend, pochend, drückend?") – Dichotome Fragen: Fragen mit den Antwortalternativen „Ja/Nein" – Suggestivfragen: Eigentlich kein Antwortspielraum mehr, Antwort bereits in Frage enthalten
Fremdanamnese	Arzt befragt Dritte (Familie, Freunde, Bekannte des Patienten) über die Krankheit des Patienten.
Fremde-Situations-Test	Test zur Erfassung der Bindungsqualität (→ Bindungsverhalten) zwischen Mutter und Kind. Hier wechselt in jeweils 3-minütigen Episoden die Anwesenheit der Mutter.
Funktionale Norm	→ Normen
Funktionale Spezifität	→ Arztrolle
Funktionsnorm	→ Normen
Geburtenziffer	Anteil der Geburten pro Frau (1,3–1,4 pro Frau in Deutschland)
Gedächtnis, deklaratives	Teile sind das episodische (eigene Geschichte) und das semantische Gedächtnis (Allgemeinwissen), wird durch Störung im Hippocampus beeinträchtigt.

Gedächtnis, episodisches	Erinnerung an persönlich erlebte Ereignisse
Gedächtnis, implizites	Nicht benennbares Wissen, erklärt intuitives Handeln.
Gedächtnis, Kurzzeit	Zeitspanne: Minuten
Gedächtnis, prozedurales	Gehört zum impliziten Gedächtnis, beinhaltet Fertigkeiten und Gewohnheiten.
Gedächtnis, semantisches	Faktenwissen
Gesprächsführung, patientenzentrierte non-direktive	Gesprächsführung nach Carl Rogers, wichtige Bestandteile: Echtheit, Empathie, positive Wertschätzung, Spiegelung emotionaler Inhalte.
Gesprächsführung, direktiv vs. nondirektiv	– Direktiv: Der Arzt leitet das Gespräch, gibt die Themen vor und stellt eher geschlossene Fragen (→ Frageformen) – Non-direktiv: Arzt eröffnet das Gespräch mit einer offenen Frage und hört dann im Wesentlichen zu, sendet nonverbale Aufmerksamkeitssignale und paraphrasiert (wiederholt mit anderen Worten) Äußerungen des Patienten.
Gesprächspsychotherapie (Rogers)	Therapierichtung auf Basis der non-direktiven Gesprächsführung (→ Gesprächsführung, patientenzentrierte non-direktive) nach Carl Rogers. Ziel ist die Selbstverwirklichung des Klienten. Setzt auf Seiten des Therapeuten folgendes voraus: Akzeptanz (Wertschätzung), Empathie (Mitgefühl), Kongruenz/Authentizität (Echtheit). Die wesentliche Technik besteht in der Verbalisierung und Spiegelung emotionaler Inhalte.
Gesundheitsamt	→ Gesundheitsdienst, öffentlich
Gesundheitsdienst, öffentlich	Gesundheitsamt, Aufgaben: – Seuchenbekämpfung – amtsärztliche Untersuchungen – KEINE Behandlung, aber fürsorgliche Betreuung von chronisch Kranken
Gini-Koeffizient	Statistische Maßzahl zur Bestimmung von Ungleichverteilungen. Dient zur Bestimmung von Einkommensungleichheit (→ Einkommensdisparität).
Gratifikationskrise (Siegrist)	Entsteht, wenn subjektiv das Gefühl entsteht, dass die Belohnung zu gering ist. Hier werden folgende Belohnungen erfasst: Geld, Anerkennung, Karriere.
Gruppen, formell vs. informell	– Formell: Rahmen der Gruppe ist klar definiert, z. B. Arbeitsteam – Informell: Gruppe ist bestimmt durch persönlichen Zusammenschluss, z. B. Lerngruppe
Gütekriterien eines Tests	→ Objektivität, → Reliabilität, → Validität
Habituation	Gewöhnung an wiederkehrende Reize mit der Folge, dass eine Orientierungsreaktion (→ Orientierungsreaktion) ausbleibt.
Halo-Effekt	Ein hervorstechendes Merkmal beeinflusst/„überstrahlt" die Wahrnehmung anderer Merkmale.
Haupteffektthese	→ Stress-Puffer-Modell
HAWIE	Hamburg-Wechsler-Intelligenztest, bestehend aus einem Handlungs- und einem Verbalteil, gründet sich auf die Generalfaktorentheorie der Intelligenz (IQ-Verteilung: Mittelwert = 100, Standardabweichung = 15).

Hawthorne-Effekt	Versuchspersonenfehler: Bereits das Bewusstsein, an einem Versuch teilzunehmen, beeinflusst die Reaktionsweise der Versuchspersonen.
Health-Belief-Modell	Eines der ältesten Modelle des Gesundheitsverhaltens; es benennt einige wichtige Einflussfaktoren auf das Gesundheitsverhalten: – das Ausmaß, in dem man glaubt, dass die Krankheit schwerwiegende Folgen haben kann – das Ausmaß, in dem man sich für anfällig für die Krankheit hält – der subjektiv erlebte Nutzen des Verhaltens – die subjektiv erlebten Kosten oder Barrieren, die dem Verhalten entgegenstehen Nachträglich als wichtiger Faktor zusätzlich beschrieben: Überzeugung, das gewünschte Verhalten auch unter widrigen Umständen durchführen zu können. Ursprünglich im Modell nicht enthalten.
High expressed emotion	Überfürsorglicher Kommunikationsstil in Familien
Hospiz	Palliative Einrichtung der Sterbebegleitung, interdisziplinäres Team aus Ärzten, Pflege, Psychologen, Seelsorgern, Sozialarbeitern. Aufgaben eines Hospizes: – Verbesserung der Lebensqualität – Schmerzlinderung – KEINE Reanimation, KEINE lebensverlängernden Maßnahmen
Iatrogene Fixierung	Durch den Arzt (iatrogen) hervorgerufener Glaube, erkrankt zu sein, z. B. durch unangemessene diagnostische oder therapeutische Maßnahmen
ICD-10	Klassifikationssystem, das zur Verschlüsselung von Diagnosen herangezogen wird, in dem operationalisierte Kriterien genannt werden, anhand derer man entscheiden kann, welche Krankheit vorliegt. Erhöht die Vergleichbarkeit im Sinne der Auswertungsobjektivität (→ Objektivität).
ICF	Internationale Klassifikation der Funktionsfähigkeit, Behinderung und Gesundheit , beschreibt die Auswirkungen chronischer Krankheiten und umfasst folgende Dimensionen: Aktivität, Kontextfaktoren in Person und Umwelt, Körperfunktionen und -strukturen, Partizipation (= Teilhabe an Beruf und Gesellschaft).
Ich-Funktionen	Psychoanalyse: Vermittlung zwischen Es (Trieb) und Über-Ich (Gewissen), Realitätsprüfung, Einsatz von Abwehrmechanismen, Angstabwehr.
ICU	Intensive-care-unit-Syndrom, hirnorganisches Psychosyndrom: Bewusstseinstrübung, zeitliche Desorientierung, motorische Unruhe und aggressives Verhalten nach Operation oder auf der Intensiv-Station.
Idealnorm	→ Normen
Induktion	Schluss von empirischen Beobachtungen auf eine Gesetzmäßigkeit
Inferenzstatistik	Schlussfolgerung von den Stichprobenkennwerten auf die Parameter der Population
Informed consent	Einwilligung des Patienten zur Teilnahme an einer Studie nach Aufklärung über alle Vor- und Nachteile
Instrumenteller Rückhalt	Form der sozialen Unterstützung durch „lebenspraktische Hilfe"
Instrumentelles Konditionieren	→ operantes Konditionieren

Intelligenz, fluide vs. kristalline	– Fluide Intelligenz: Fähigkeit, sich schnell auf neue Situationen einzustellen, nimmt im Alter ab. – Kristalline Intelligenz: Erworbenes Wissen, nimmt im Alter zu.
Intelligenzentwicklung nach Piaget	Stufen der Intelligenzentwicklung: 1. Sensumotorische Intelligenz (bis 2 J.) 2. Vorbegriffliches Denken (bis 4 J.) 3. Anschauliches Denken (bis 6 J.) 4. Konkretes Denken (bis 10 J.) 5. Formales Denken (ab 10 J.)
Intention to Treat Prinzip	Die Daten aller Personen, die man beabsichtigte (Intention) zu behandeln (to treat), werden ausgewertet, unabhängig davon, ob sie die Behandlung vollständig erhalten haben.
Interferenz, retroaktiv vs. proaktiv	Überlagerung von gelernten Inhalten: – Retroaktiv: Später Gelerntes überlagert früher Gelerntes. – Proaktiv: Früher Gelerntes überlagert das später Gelernte.
Interne Konsistenz	Maß für die Reliabilität (→ Cronbachs Alpha)
Interozeption	Wahrnehmung körperlicher Vorgänge
Interquartilabstand	Maß für die Streuung auf Rangskalenniveau. Quartile teilen eine Rangreihe in vier gleiche Teile.
Inzidenz	Anzahl an Neuerkrankungen
IQ	Intelligenzquotient, Wert in einem Intelligenztest
IQ, klassische Definition	Quotient aus dem Intelligenzalter (altersentsprechende intellektuelle Leistungen) und dem biologischen Lebensalter
Irrtumswahrscheinlichkeit	Die Wahrscheinlichkeit, die Nullhypothese irrtümlich abzulehnen.
Isolierung	Psychoanalytischer Abwehrmechanismus: Trennung von Objekt und Affekt.
Karl Marx	Postuliert die Verfügbarkeit von Produktionsmitteln als Grundlage der Klassenbildung.
Kassenärztliche Vereinigung (KV)	Aufgaben der KV: – sachgerechte Planung und Verteilung der Vertragsarztsitze – die Sicherstellung der ambulanten Versorgung (Sicherstellungsauftrag) – die Überwachung von Pflichten der Vertragsärzte (z. B. Wirtschaftlichkeitsprüfungen, Disziplinarverfahren) – die Wahrnehmung der Rechte der Vertragsärzte gegenüber den Krankenkassen
Katalogfragen	→ Frageformen
Katamnese	Patientennachbefragung nach einer therapeutischen Intervention, Mittel der Qualitätssicherung zur Ergebnisqualität (→ Qualitätssicherung)
Kategorialskala	→ Skala
Kausalattribution, Ursachenzuschreibung	→ Attribution
K-Komplexe	EEG-Phänomene, die im Schlafstadium 2 (leichter Schlaf) auftreten.

Klassisches Konditionieren	Signallernen: Zunächst liegt eine natürliche Reiz-Reaktionsverknüpfung (z. B. ein Reflex) vor. Hierbei löst ein unkonditionierter Reiz (Luftstoß ins Auge) unbedingt, von Geburt an eine unbedingte Reaktion aus (Schließen des Auges). Wird nun wiederholt ein neutraler Reiz (Glockenton) mit dem unbedingten Reiz (Luftstoß) gekoppelt, d. h. eine Kontingenz (Zusammenhang) zwischen dem neutralen und dem unbedingten Reiz hergestellt, so erfolgt nach einer Weile auch eine Reaktion auf den zunächst neutralen Reiz. Der ehemals neutrale Reiz ist nun nicht mehr neutral, sondern er wird zum konditionierten (= bedingten) Reiz, da er nun auch eine Reaktion auslöst, die, wenn sie auf den konditionierten Reiz hin erfolgt, auch als konditionierte Reaktion bezeichnet wird.
Kognitions-Attributionstheorie der Emotion	Emotionen werden bestimmt durch unspezifische physiologische Erregung und deren kognitive Bewertung.
Kognitive Dissonanz	→ Dissonanz, kognitive
Kognitive Triade (Beck)	Negative Sicht der eigenen Person, der Umwelt und der Zukunft; Denkmuster, welches bei Depression vorliegt.
Kognitive Verhaltenstherapie	Destruktive Gedanken werden identifiziert und durch konstruktive Gedanken ersetzt: – Aufbau angenehmer Aktivitäten – Infragestellung irrationaler Kognitionen – Training sozialer Kompetenzen – Veränderung automatischer Gedanken
Kognitives Bewertungskonzept nach Lazarus	→ Stressmodell, kognitives, → Transaktionales Stressmodell
Kohärenzgefühl	Trägt im wesentlichen zum Wohlbefinden bei und hängt davon ab, in welchem Maß Ereignisse vorhersehbar und erklärbar sind, bewältigt werden können und es sich lohnt, die Ereignisse zu bewältigen (→ Salutogenese).
Kohäsion, soziale	Sozialer Zusammenhalt, Protektivfaktor (Schutzfaktor) für Gesundheit
Kohortenstudie	Gruppen (Kohorten) werden über einen längeren Zeitraum untersucht: – Retrospektiv: Den Zeitraum VOR einem Ereignis betreffend (z. B. vor Eintritt einer Krankheit) – Prospektiv: Den Zeitraum NACH einem Ereignis betreffend (→ Längsschnittuntersuchung, → Studien)
Komorbidität	Gemeinsames Auftreten von mehreren Erkrankungen (z. B. Herzinfarkt und Depression)
Kompetenzerwartung	→ Selbstwirksamkeit
Komplementärmedizin	Verfahren außerhalb der Schulmedizin, wird von höheren Schichten eher in Anspruch genommen als von unteren Schichten.
Kompression der Morbidität	Nicht nur die Lebenserwartung nimmt zu, sondern auch die behinderungsfreie Zeit.

Konditionieren, klassisch vs. operant	– Klassisches Konditionieren bezieht sich auf das Erlernen von Reizen, mit denen unwillkürliche (vegetative, reflexartige) Reaktionen ausgelöst werden (→ klassisches Konditionieren) – Operantes Konditionieren bezieht sich auf das Erlernen willkürliche Reaktionen, deren Wahrscheinlichkeiten sich durch Verstärkung erhöhen und durch Bestrafung senken (→ operantes Konditionieren, → Verstärkung, → Bestrafung).
Konditionierte/r Stimulus/Reaktion	→ klassisches Konditionieren
Konfabulation	Erfundene und nicht zutreffende Erklärungen bei Gedächtnisausfall: Erinnerungslücken bei Gedächtnisverlust werden durch erfundene Geschichten überspielt.
Konfidenzintervall	Der Bereich, in dem der wahre Wert mit einer definierten Wahrscheinlichkeit liegt.
Konflikt, intrapsychisch	Konflikte innerhalb einer Person, verursachen nach psychoanalytischer Auffassung psychische Störungen.
Konformität, soziale	Soziale Anpassung, führt dazu, dass soziale Erwartungen erfüllt werden.
Konfrontationstherapie	Patienten werden mit angstauslösenden Reizen so lange konfrontiert, bis die Angst nachlässt (in sensu = in der Vorstellung; in vivo = in der Realität)
Konfundierung (= Störvariable)	Wenn eine Störvariable einen Zusammenhang vortäuscht, der in Wirklichkeit nicht besteht, spricht man von Konfundierung. Beispiel: Bei der Untersuchung des Einflusses von Alkoholkonsum auf das Risiko für Lungenkrebs sollte das Rauchen als potenzielle Störvariable berücksichtigt werden, da Alkoholkonsum und Zigarettenkonsum konfundiert sind.
Konsequenz	→ SORKC-Schema
Konstrukt, latentes	Merkmale, die nicht direkt beobachtbar sind, sondern erschlossen bzw. abgeleitet werden (Intelligenz, Lebensqualität, Introversion, etc.)
Kontingenz	→ SORKC-Schema
Kontrast-Effekt	Nachdem eine Person sehr gut war, wird eine mittelmäßige Person schlechter beurteilt.
Kontrollgruppe vs. Experimentalgruppe	In der Experimentalgruppe wird ein neues Verfahren eingesetzt und verglichen mit einer Kontrollgruppe, die herkömmlich behandelt wird.
Kontrollüberzeugung, internal vs. external	– Internal: Ich selbst kann mein Schicksal bestimmen – External: Andere bestimmten mein Schicksal (→ Attributionsdimensionen)
Korrelation	Statistisches Maß für einen Zusammenhang, Wert kann zwischen −1 und +1 liegen. Je höher der Wert, desto enger der Zusammenhang; das Vorzeichen bestimmt die Richtung: – positiv = gleichgerichtet: je mehr, desto mehr – negativ = entgegengesetzt: je mehr, desto weniger
Kostenerstattungsprinzip	In der privaten Krankenversicherung muss der Patient den Arzt nach Eingang der Rechnung für die erfolgte Behandlung direkt bezahlen und erhält dann von der privaten Krankenversicherung den Betrag erstattet.

Krankenrolle (Parsons)	– Der Kranke ist verpflichtet, alles zu tun, um wieder gesund zu werden. – Der Kranke ist verpflichtet, einen Arzt aufzusuchen. – Der Kranke wird von sozialen Rollenverpflichtungen weitgehend befreit. – Der Kranke wird für seine Situation nicht verantwortlich gemacht.
Krankheitsanamnese	Befragung des Patienten zu seiner Krankheitsgeschichte, aktuellen und vorherigen Beschwerden, vergangenen Operationen etc.
Krankheitsgewinn, primär vs. sekundär	– Primärer Krankheitsgewinn beschreibt nach analytischer Auffassung eine Konfliktreduktion durch die Erkrankung. – Sekundärer Krankheitsgewinn entsteht durch die mit der Krankheit verbundene Entlastung von Verpflichtungen oder durch die verstärkte Zuwendung durch Andere.
Kristalline Intelligenz	→ Intelligenz, fluide vs. kristalline
Kurative vs. palliative Medizin	– Kurativ: heilend, Gesundheit soll wieder hergestellt werden. – Palliativ: Bei unheilbaren Erkrankungen soll die Lebensqualität verbessert werden (→ Hospiz).
Laienätiologie	Laienhafte Erklärung für Krankheitsursachen
Laienzuweisungssystem	Personen aus dem Umfeld (i. d. R. Laien) schicken kranke Personen zum Arzt.
Längsschnittuntersuchung	Dieselben Personen werden über einen längeren Zeitraum mehrmals untersucht (→ Kohortenstudie, prospektive).
Langzeitpotenzierung	Andauernde Veränderung der Erregbarkeit von Neuronen im Hippocampus und Kortex, Gedächtniskonsolidierung
Lateralisierung	Überwiegende Zuordnung bestimmter körperlicher und mentaler Funktionen zu einer der beiden Hirnhemisphären.
Lebenserwartung	Lebenserwartung bezieht sich immer auf eine definierte Altersgruppe. Sie steigt pro Jahr in Deutschland um ca. 3 Monate.
Lebensqualität, gesundheitsbezogene	Wird bestimmt durch: – Funktionszustand (Handlungsvermögen) – körperliche Beschwerden – psychisches Befinden – soziale Rollen
Letalität	„Tödlichkeit" einer Erkrankung, Anteil der an der Erkrankung Gestorbenen in Relation zu allen Erkrankten. Bezeichnet das Risiko, an der betreffenden Krankheit zu sterben.
Liaisondienst, onkologischer	Direkte, anfrageunabhängige Mitarbeit eines Psychotherapeuten in der onkologischen Abteilung.
Likert-Skala	Antwortmöglichkeiten werden verbal beschrieben. Die verbalen Beschreibungen lassen sich sortieren, folglich liegt mindestens Ordinalskala vor. Beispiel: Schmerzen haben sich 1 = verschlimmert 2 = nicht verändert 3 = verbessert

Lubrikation	Sexuelle Reaktion der Frau in der Erregungsphase (Sekretion in der Genitalregion)
Managed-Care-Programme	Steuerungsmodell im Gesundheitswesen mit dem Ziel, Kosten zu senken und Versorgungsleistungen zu erhöhen. Funktionieren über Einschränkung der freien Arztwahl, leitlinienorientierte Therapie und Stärkung der Rolle des Hausarztes.
Marginalisation	Migrant verliert den Kontakt zur eigenen Kultur und findet keinen Anschluss an eine neue Gruppe (→ Akkulturation).
Median	Maß der zentralen Tendenz auf Ordinalskalenniveau: mittlerer Wert bei rangmäßig geordneten Daten (= Verteilungshalbierung), robust gegen Ausreißer (bestes Lagemaß bei nicht-normalverteilten Daten).
Mediatorvariable	Variable, die einen Zusammenhang zwischen zwei anderen Variablen kausal erklärt (vermittelt). Beispiel: Eine psychoedukative Intervention senkt das Herzinfarktrisiko nur dann, wenn der arterielle Bluthochdruck günstig beeinflusst wird, sonst nicht. Der arterielle Bluthochdruck ist hier die Mediatorvariable.
Medizinischer Dienst der Krankenkassen (MDK)	Trifft Entscheidung über die Zuordnung zu Pflegestufen (im Rahmen der sozialen Pflegeversicherung).
Meritokratische Triade	Beschreibt den sozioökonomischen Status und besteht aus einer gewichteten Summe von Bildung, beruflicher Stellung und Einkommen.
Meta-Analyse	Zusammenfassung mehrerer Studien zu einer Überblicksarbeit, häufig Vergleich über Effektstärken (→ Cohens d)
Metakommunikation	Kommunikation über die Art und Weise der Kommunikation („Reden übers Reden", Bsp.: „So wie Sie mit mir reden, merkt man gleich, dass Sie mich verstehen wollen.")
Mobilität, soziale	Wanderung im Schichtgefüge, (sozialer Auf- bzw. Abstieg). Soziale Mobilität beschreibt Bewegungen von Menschen zwischen sozialen Positionen aller Art: – Intragenerativ: innerhalb einer Generation (d. h. dieselbe Person verändert ihren sozialen Status) – Intergenerativ: zwischen zwei Generationen (d. h. das Kind verändert gegenüber der Elterngeneration den sozialen Status) – Vertikal: Aufwärts (vom Pfleger zum Arzt) und abwärts (vom Arzt zum Pfleger) – Horizontal: Änderung der Arbeitsstelle durch z. B. Umzug
Modalwert	Häufigste Merkmalsausprägung (= Wert) bei Kategorialvariablen (→ Skala, Kategorialskala)
Modelllernen	Erfolgreiche Verhaltensweisen werden von Modellen übernommen: Lernen am Modell.
Moderatorvariable	Variable, die die Wirkung der unabhängigen Variable verändert. Beispiel: Frauen reagieren auf eine Therapie deutlich positiver als Männer (Geschlecht ist Moderator).
Morbidität	Erkrankungshäufigkeit in einer Gruppe; hohe Morbidität bedeutet viele Kranke in dieser Gruppe (→ Prävalenz).

Ein besonderer Berufsstand braucht besondere Finanzberatung.

Als einzige heilberufespezifische Finanz- und Wirtschaftsberatung in Deutschland bieten wir Ihnen seit Jahrzehnten Lösungen und Services auf höchstem Niveau. Immer ausgerichtet an Ihrem ganz besonderen Bedarf – damit Sie den Rücken frei haben für Ihre anspruchsvolle Arbeit.

- Services und Produktlösungen vom Studium bis zur Niederlassung

- Berufliche und private Finanzplanung

- Beratung zu und Vermittlung von Altersvorsorge, Versicherungen, Finanzierungen, Kapitalanlagen

- Niederlassungsplanung & Praxisvermittlung

- Betriebswirtschaftliche Beratung

Lassen Sie sich beraten!

Nähere Informationen und unseren Repräsentanten vor Ort finden Sie im Internet unter www.aerzte-finanz.de

Deutsche Ärzte Finanz

Standesgemäße Finanz- und Wirtschaftsberatung

Mortalität	Anteil der Verstorbenen bezogen auf die Gesamtbevölkerung. Sterbehäufigkeit in einer Gruppe; hohe Mortalität bedeutet viele Tote in dieser Gruppe. Nicht verwechseln mit → Letalität (Anteil der Verstorbenen bezogen auf die Anzahl der Erkrankten).
Motivationskonflikt (Lewin)	→ Appetenz-Appetenz-Konflikt, → Aversions-Aversions-Konflikt, → Appetenz-Aversions-Konflikt (= Ambivalenz-Konflikt)
Motive, primäre vs. sekundäre	– Primäre Motive sind angeboren und dienen weitgehend (mit Ausnahme der Sexualität) der Aufrechterhaltung der Homöostase: Hunger, Durst, Wärme, Schlaf. – Sekundäre Motive sind erworben.
Multimorbidität	An mehreren Krankheiten erkrankt (→ Komorbidität)
Multiple Faktorentheorie der Intelligenz, Mehrfaktorentheorie	„Primary mental abilities" wie z. B. räumliches Vorstellungsvermögen und Wortflüssigkeit sind gleichrangige Faktoren der Intelligenz.
Narzisstische Persönlichkeitsstörung	Selbstverliebtheit und Selbstüberschätzung
Natalität	Geburtenhäufigkeit, Anzahl der Geburten bezogen auf die Gesamtbevölkerung.
Nettoreproduktionsziffer (NPZ), Nettoreproduktionsrate	Verhältnis der lebend geborenen Mädchen zum Anteil der Frauen im gebärfähigen Alter; NPZ ist ein Maß für die Reproduktionsfähigkeit der Bevölkerung innerhalb einer Frauengeneration (zurzeit 0.67 in Deutschland.)
Neuronale Plastizität	Morphologische Anpassung des Gehirns (z. B. Volumenzunahme bestimmter Regionen durch Training)
Neurotizismus	Dimension im Big-Five-Modell: Personen mit hohen Werten in dieser Dimension sind labil, d. h. nervös, verletzlich und unzufrieden; Personen mit niedrigen Werten sind stabil (→ Big Five).
Non-direktive Gesprächsführung	→ Gesprächsführung, direktiv vs. non-direktiv
Normen	– Soziale Norm: Was ist gesellschaftlich erlaubt? – Idealnorm: Was wäre Idealzustand? (Beispiel: WHO-Gesundheitsdefinition als Zustand vollkommenen körperlichen, seelischen und sozialen Wohlbefindens) – Funktionsnorm/funktionale Norm: Sind bestimmte Funktionen möglich? Z. B. den Alltag zu bewältigen, der Arbeit nachzugehen? – Therapeutische Norm: Welches Ziel soll eine Behandlung erfüllen? Z. B. bei Bluthochdruck das Risiko für Folgeerkrankungen zu senken.
Normierung eines Test, Normstichprobe	Eichung anhand einer repräsentativen Stichprobe
Nozizeption	Wahrnehmung von Schmerzreizen
Number needed to treat	Anzahl der Patienten, die man im Rahmen einer Präventionsmaßnahme behandeln muss, um ein einziges unerwünschtes Ereignis zu verhindern. Die Number needed to treat ist der Kehrwert der Absoluten Risikoreduktion (Anteil der Erkrankten mit Behandlung abzüglich Anteil der Erkrankten ohne Behandlung).

Nuptialität	Heiratshäufigkeit
Objektbeziehungstheorie	Die frühe Mutter-Kind-Beziehung bestimmt die spätere Beziehungsgestaltung.
Objektivität	Testgütekriterium: Drei Arten von Objektivität: – Durchführung (immer gleich durchführen) – Auswertung (Auswerterunabhängigkeit) – Interpretation (immer gleiche Interpretation, → Normierung, Normstichprobe)
Objektpermanenz	Gegenstände existieren auch dann noch, wenn sie nicht mehr gesehen werden. Kinder müssen Objektpermanenz erst erlernen.
Odds Ratio	Näherungsmaß für das relative Risiko: Verhältnis des Anteils der Erkrankungen mit Risiko zum Anteil der Erkrankungen ohne Risiko. Statistisch robuster bei kleinen Gruppen.
Offene Fragen	→ Frageformen
Operante Strategien	Einsatz von Belohnung und Strafe zur Verhaltensänderung (→ operantes Konditionieren, → Verstärkung, → Belohnung vs. Bestrafung)
Operantes Konditionieren	Instrumentelles Konditionieren: Lernen am Erfolg, Lernen durch Versuch und Irrtum. Willkürliche Reaktionen treten öfter auf, wenn sie erfolgreich waren, bzw. seltener, wenn sie erfolglos waren (→ Verstärkung).
Operationalisierung	Definition eines wissenschaftlichen Konstrukts durch Angabe von Messvorschriften
Opportunitätsstruktur	Summe der Chancen, die eine Gesellschaft ihren Mitgliedern zur Lebensgestaltung zur Verfügung stellt
Ordinalskala	Werte lassen sich als Rangreihe sortieren
Organismus	→ SORKC-Schema
Orientierungsreaktion	Reaktion auf einen unerwarteten Reiz. Eine Orientierungsreaktion führt zu Sympathikusaktivierung, EEG-Desynchronisation, einer Erniedrigung der Reizschwellen, Erhöhung der Hautleitfähigkeit und bleibt nach Habituation (→ Habituation) aus.
Oxytocin	Das „Kuschelhormon" fördert die – Pflege des Neugeborenen – Sexualität – soziale Bindung – Stressmilderung
Palliativ-Medizin	→ Kurative vs. palliative Medizin
Panikstörung	Wiederkehrende, schwere Angstattacken, die nicht auf eine bestimmte Situation bezogen sind und u. a. mit Herzrasen einhergehen.
Paradox der Prävention	Interventionen, die auf große Bevölkerungsgruppen mit geringem Risiko zielen, können für die Bevölkerung insgesamt nützlicher sein als Strategien, die sich auf Teilgruppen oder einzelne Personen mit hohem Risiko konzentrieren.
Paralleltestmethode	Ein Paralleltest ist ein dem ursprünglichen Test sehr ähnlicher Test. Test und Paralleltest werden zum gleichen Zeitpunkt denselben Probanden vorgelegt. Die Korrelation dieser Tests kann als Maß für die Reliabilität (→ Reliabilität) herangezogen werden.

Paraphrasieren	Merkmal des „aktiven Zuhörens", bei dem die sachlichen Inhalte des Gesagten wiederholt werden.
Partizipatives Modell	→ Entscheidungsfindung, ärztliche
Paternalistisches Modell	→ Entscheidungsfindung, ärztliche
Patientenzentriertes Vorgehen in der Gesprächsführung	→ Gesprächspsychotherapie (Rogers)
Peer-Review	Begutachtung der Leistungen von Fachkollegen durch andere Fachkollegen, kollegiale Eigenkontrolle
Perseveration	Person sagt oder tut immer wieder das Gleiche. Häufig bei Patienten mit Läsionen im präfrontalen Kortex.
Phobie	Unangemessene, auf ein Objekt bezogene Angst: – Soziale Phobie: vor sozialen Bewertungssituationen – Agoraphobie: vor öffentlichen Plätzen – Spinnenphobie: vor Spinnen etc.
Popper, Karl	→ Falsifikationsprinzip
Positronenemissions-Tomografie	Neurobiologisches Verfahren zur Untersuchung von psychischen Funktionen basierend auf radioaktiv markierten Substanzen.
Posttraumatische Belastungsstörung	Schlafstörungen und Albträume, unwillkürliche Erinnerungen (Nachhallerinnerungen/Flashbacks), äußerlich gefühlsmäßige Abgestumpftheit, innerlich jedoch angespannt und nervös.
Prädiktive Validität	Vorhersagevalidität
Prädiktive Werte	– Positiver prädiktiver Wert: Wahrscheinlichkeit einer Erkrankung nach positivem Testergebnis – Negativer prädiktiver Wert: Wahrscheinlichkeit von Gesundheit nach negativem Testergebnis
Prävalenz	Anteil der Erkrankten in einem bestimmten Zeitraum (z. B. 23 % der Männer leiden unter Übergewicht bedeutet, die Prävalenz für Übergewicht bei Männern liegt bei 23 %). (→ Morbidität)
Prävention	Vorbeugung von Krankheiten: – Primär: Soll die Inzidenz von Krankheiten senken (Zähneputzen, Impfungen) – Sekundär: Soll nach Eintritt der Erkrankung Gesundheit wieder herstellen (Früherkennungs-Untersuchung, Screening-Tests) – Tertiär: Soll eine Verschlimmerung von Erkrankungen verhindern (Rehabilitationsmaßnahmen)
Premack-Prinzip	Verhaltensweisen, die sich häufiger zeigen, werden benutzt, um Verhaltensweisen zu verstärken, die weniger häufig auftreten. Beispiel: Du darfst Fußball spielen, nachdem du die Hausaufgaben gemacht hast.
Preparedness	Biologische Vorbereitung: Auf manche Reize (z. B. Spinnen) lassen sich Furchtreaktionen leichter klassisch konditionieren als auf andere, potenziell ebenfalls bedrohliche Reize (z. B. Waffen).
Primacy-Effekt	Zuerst Gelerntes wird am besten behalten (Effekt des ersten Eindrucks)

Primäre Emotionen	→ Emotionen, primär vs. sekundär
Proaktive Interferenz	→ Interferenz, retroaktiv vs. proaktiv
Professionalisierung des Arztberufs	Merkmale einer Professionalisierung: – Ausbreitung eines staatlich geschützten Dienstleistungsmarktes (Behandlungsmonopol), zunehmende fachliche Spezialisierung – Ausbreitung kollegialer Eigenkontrolle (z. B. Peer-Review, Berufsgericht) – hohes Maß an beruflicher Autonomie – eigene Berufsethik
Projektion	Abwehrmechanismus: Eigene Probleme werden nicht gesehen, sondern nur in anderen Personen wahrgenommen.
Prompting	Erwünschte Verhaltensweisen werden gefördert. Beispiel: Essen wird gelehrt, in dem die Hand zum Mund geführt wird.
Propriozeption	Wahrnehmung der Stellung und Bewegung des Körpers
Prosopagnosie	Unfähigkeit, Gesichter zu erkennen.
Protektivfaktoren	Schützen vor Krankheit (→ dispositioneller Optimismus, → Resilienz, → soziales Netzwerk)
Prozentrang	Gibt an, wie viel Prozent der getesteten Probanden den gleichen oder einen niedrigeren Wert erzielen.
Prozessqualität	Im Rahmen der Qualitätssicherung wird hier beschrieben, inwieweit sich Leitlinien und Standards mit den tatsächlichen Durchführungsmodalitäten decken.
Psychosexuelle Entwicklung	Vollzieht sich in folgenden Phasen: 1. Orale Phase (bis 2 J.) 2. Anale Phase (bis 4 J.) 3. Ödipale = phallische Phase (bis 6 J.) 4. Latenz (bis 12 J.) 5. Genitale Phase (ab Pubertät)
Punktprävalenz	Erkrankungshäufigkeit zu einen bestimmten Zeitpunkt; lässt sich gut erfassen durch eine Querschnittstudie (→ Prävalenz).
Quasiexperiment	Wenn die unabhängige Variable nicht planmäßig manipuliert werden kann und man auf bereits bestehende Merkmalsausprägungen zurückgreifen muss, spricht man von einem Quasiexperiment.
Querschnittstudie	Daten werden zu EINEM Messzeitpunkt erhoben. Ermöglicht die Feststellung der Prävalenz von Krankheiten.
Quotenstichprobe	Die Stichprobe wird hinsichtlich relevanter Merkmale den Quoten der Grundgesamtheit entsprechend gebildet.
Randomisierte kontrollierte Studie	Bei randomisierten kontrollierten Studien werden Probanden aus einer Population zufällig ausgewählt und nach dem Zufallsprinzip in Gruppen eingeteilt. Sie ist eine Form der experimentellen Untersuchung, bei der der Versuchsleiter die Kontrolle über die unabhängige Variable hat. Zufallszuweisung (→ Randomisierung) heißt hier, jeder Proband hat die gleiche Chance, in die Interventions- oder Kontrollgruppe zu gelangen. Randomisiert kontrollierte Studien eignen sich zur Untersuchung von Therapieeffekten (Interventionsstudie).

Randomisierung	Zufällige Aufteilung (random = Zufall): Zur Vermeidung von Selektionseffekten werden die Versuchspersonen zufällig der Experimentalgruppe und Kontrollgruppe zugewiesen, sodass jede Versuchsperson die gleiche Chance hat, in die eine oder andere Gruppe zu kommen.
Rationalisierung	Abwehrmechanismus: Für unbewusst motiviertes Verhalten werden scheinbar vernünftige Gründe gesucht.
Reaktanz	Entsteht, wenn die Handlungsfreiheit eingeschränkt wird, und führt zu „Trotzverhalten" = reaktantem Verhalten.
Reaktionen, individual- vs. reizspezifisch	– Individualspezifisch: Eine Person zeigt auf unterschiedliche Reize immer wieder dieselbe (individualspezifische) Reaktion, also für dieses Individuum eine spezifische Reaktion. – Bestimmte Reize lösen bei unterschiedlichen Personen immer dieselben (reizspezifischen) Reaktionen aus.
Reaktionen, unkonditionierte vs. konditionierte	Im Rahmen des klassischen Konditionierens spricht man von unkonditionierten (ungelernten, unbedingten) Reaktionen, wenn sie einem Reiz „unbedingt" von Geburt an reflexhaft folgen. Konditionierte Reaktionen hingegen folgen einem Reiz nur nach einer erfolgten Konditionierung (→ klassisches Konditionieren).
Reaktionsbildung	Abwehrmechanismus: Auf inakzeptable Impulse hin werden entgegengesetzte Verhaltensweisen ausgebildet (Verschmähte Liebe wandelt sich in Hass).
Recency-Effekt	Zuletzt Gelerntes wird am besten behalten (Effekt des letzten Eindrucks)
Rehabilitation	Anschlussheilbehandlung im Sinne einer tertiären Prävention; Kostenträger sind die gesetzliche Rentenversicherung, die Krankenkassen oder die Unfallversicherung.
Reiz, diskriminativ	Bestimmt die situativen Gegebenheiten, unter denen ein bestimmtes Verhalten gezeigt wird. Beispiel: Ein Hund bettelt nur bei Herrchen, nicht bei Frauchen; diskriminativer Reiz: Herrchen vs. Frauchen.
Reiz, konditioniert vs. unkonditioniert	Im Rahmen des klassischen Konditionierens spricht man von unkonditionierten oder ungelernten oder unbedingten Reizen, wenn diese „unbedingt" von Geburt an reflexhaft immer eine Reaktion auslösen. Konditionierte (bedingte, gelernte) Reize hingegen lösen nur nach einem Konditionierungsprozess (Lernvorgang) eine Reaktion aus (→ klassisches Konditionieren).
Reizgeneralisation	Ursprüngliche Angst vor Ratten weitet sich weiter aus auf Mäuse, Hamster, Meerschweinchen, Kaninchen usw.
Reizüberflutung, Flooding	→ Konfrontationstherapie
Rektangularisierung	Demografischer Begriff, der einen hohen Anteil der Überlebenden einer Alterskohorte mit einem starken Abfall erst im hohen Alter (z. B. nach dem 75. Lebensjahr) beschreibt.
Relatives Risiko	Quotient der Krankheitshäufigkeit von exponierten zu nicht exponierten Personen

Reliabilität	Messgenauigkeit eines Testverfahrens, wird berechnet durch folgende Methoden: → Re-Test-Methode, → Paralleltestmethode, → Splithalf-Methode, → interne Konsistenz. Reliabilität wird durch Testverlängerung verbessert.
Remission	Wiederherstellung: Im Rahmen des klassisches Konditionierens die spontane Wiederherstellung einer konditionierten Reiz-Reaktions-Verbindung (→ klassisches Konditionieren).
REM-Schlaf	Rapid-Eyes-Movement = Traumschlaf: – tritt 1–5 mal pro Nacht auf, macht etwa 20 % des Schlafes aus – Häufigkeit nimmt im Laufe der Nacht zu, im Laufe des Lebens ab – niedrigamplitudiges, desynchronisiertes EEG – Skelettmuskulatur weitgehend entspannt (Myoklonien = Muskelzucken aber möglich)
Repressor	Repressoren nehmen positive Reize wahr, angsterzeugende Reize übersehen sie, wollen nichts über ihre Erkrankung wissen (Gegenteil → Sensitizer).
Resilienz	Widerstandsfähigkeit
Re-Test-Methode	Ein Test wird mit denselben Probanden wiederholt. Die Korrelation der beiden Testergebnisse kann als Maß für die Reliabilität herangezogen werden.
Retroaktive Interferenz	→ Interferenz, retroaktiv vs. proaktiv
Rezidiv	Rückfall im Heilungsprozess
Reziprozität	Empathie und Feinfühligkeit
Risikoreduktion, absolute	Wie groß ist die (absolute) Differenz der Erkrankungsfälle mit und ohne den untersuchten Risikofaktor? Differenz der Erkrankungshäufigkeit zwischen Exponierten und nicht Exponierten.
Risiko, relatives	In welchem Verhältnis (RELATION) steht die Erkrankungshäufigkeit mit und ohne den untersuchten Risikofaktor?
Risikostrukturausgleich	Ausgleichszahlungen zwischen den gesetzlichen Krankenversicherungen zur Kompensation von Unterschieden z. B. bezüglich der Häufigkeit und Qualität von Krankheitsrisiken der Versicherten.
Rollenkonflikte, Inter- vs. Intra-Rollenkonflikt	– Interrollenkonflikt: Konflikt zwischen (inter) zwei Rollenerwartungen. Rolle als Arzt verlangt Überstunden, Rolle als Vater Zeit mit der Familie. – Intrarollenkonflikt: Konflikt zwischen Anforderungen innerhalb (intra) einer Rolle. Rolle des Arztes verlangt, so gut wie möglich, aber auch so billig wie möglich zu arbeiten.
Rosenthal-Effekt	Versuchsleiterfehler. Die Erwartung des Versuchsleiters beeinflusst das Verhalten und die Beurteilung, wird durch eine Doppelblinddstudie kontrolliert.

Sachleistungsprinzip	Patient muss die Behandlung nicht direkt bezahlen, sondern der Arzt erhält das Honorar von der Kassenärztlichen Vereinigung. Sachleistungsprinzip gilt in der gesetzlichen Krankenversicherung (vs. → Kostenerstattungsprinzip bei privaten Krankenversicherungen).
Salutogenese (Antonovsky)	Wohlbefinden hängt ab von subjektiver Verstehbarkeit, Handhabbarkeit und Sinnhaftigkeit von Ereignissen (→ Kohärenzgefühl).
Schichtgradient von Erkrankungen	Schichtabhängige Krankheitshäufigkeiten (→ Prävalenzen): – In Oberschicht häufiger: Allergien, Neurodermitis – In Unterschicht häufiger: Herz-Kreislauferkrankungen, Diabetes Mellitus, Lungenkrebs, schlechter Zahnstatus, Substanzmittelmissbrauch
Schichtindex	→ Meritokratische Triade
Schlafapnoe-Syndrom	Atemstillstände von mehr als 10 Sekunden Dauer während des Nachtschlafes, daraus resultierende Tagesmüdigkeit.
Schlafspindeln	EEG-Phänomen, das neben K-Komplexen im Schlafstadium 2 (leichter Schlaf) auftritt.
Schmerzkomponenten	– sensorisch-diskriminativ: Lokalisation, Intensität – motivational-affektiv: subjektives Erleben der emotionalen Schmerzreaktion – kognitiv-bewertend: subjektive Erklärung für den Schmerz , Katastrophisieren
Schnittstellenproblem	Informationsverluste im Übergang von einer Versorgungsinstanz zur nächsten.
Screening-Test	Verfahren zur Früherkennung von Krankheiten, Maßnahme der → sekundären Prävention.
Sekundäre Emotionen	→ Emotionen, primär vs. sekundär
Selbstkonzept	Stabile Annahmen, die Menschen über sich selbst haben
Selbstmanagement	Eigenverantwortlicher Umgang mit der Krankheit
Selbstwirksamkeit (Bandura)	Der Glaube, etwas aus eigenem Antrieb zu schaffen, und die Überzeugung, sich selbst helfen zu können.
Self-efficacy	→ Selbstwirksamkeit
Sensation seeking	Sensationssuche/Suche nach Abwechslung, vorwiegend bei extravertierten Personen, besteht aus: – Suche nach Abenteuern – Enthemmung – Risikobereitschaft
Sensitivität	Empfindlichkeit eines Testverfahrens (Wie sicher erkennt ein Test eine Krankheit?). Wahrscheinlichkeit eines positiven Testwertes bei auch tatsächlich kranken Personen.
Sensitizer	Sensitizer lenken die Aufmerksamkeit eher auf negative Ereignisse, die eintreten können, wenden sich zu angstbesetzten Reizen hin (Gegenteil → Repressor).

Sensorischer Speicher	Sensorische Reize bleiben hier mehrere Sekunden erhalten. Hierdurch erklären sich Nachbilder trotz völliger Dunkelheit.
Setting-Ansatz	Schulungen von Risikogruppen in ihrer natürlichen Umgebung (z. B. Ansprechen von Drogensüchtigen in ihrer Umgebung).
SF-36-Fragebogen	Test für die körperliche Funktionsfähigkeit
Shaping	Aufbau komplexer Verhaltensweisen, in dem jeder einzelne Schritt stufenweise verstärkt wird; Technik der Verhaltenstherapie (→ Verhaltenstherapie).
Shared decision making	Gleichberechtigte Mitwirkung des Patienten bei der Auswahl von Therapiemaßnahmen (→ partizipatives Modell).
Signifikanz, signifikant	Überzufällig, d. h. nur mit geringer Wahrscheinlichkeit zufallsbedingt. Ein signifikantes Ergebnis besagt, dass der gefundene Unterschied nur mit geringer Wahrscheinlichkeit zufallsbedingt ist.
Simulation	Bewusstes Vorspielen von Krankheitssymptomen, um einen Vorteil zu erhalten (z. B. Simulation von Migräne zur Erreichung einer Frührente).
Skala, Skalenniveaus	– Nominal-/Kategorialskala: Merkmale können benannt und in Kategorien sortiert werden (Geschlecht, Erkrankung); häufigster Wert = Modalwert. – Ordinalskala: Merkmale können als Rangreihe sortiert werden (z. B. Empfinden: verschlechtert, unverändert, verbessert, stark verbessert), Maß der zentralen Tendenz = Median (Verteilungshalbierung) – Intervallskala: Die Differenzen der Skalenabstände entsprechen sich, die meisten Tests erheben den Anspruch, auf diesem Niveau zu messen (z. B. Intelligenztests), Maß der zentralen Tendenz = arithmetisches Mittel – Verhältnis-/Absolut-/Rationalskala: Absoluter Nullpunkt vorhanden, Relationen (Verhältnisse) können berechnet werden (Blutdruck); Maß der zentralen Tendenz: geometrisches Mittel
Skalen, hierarchische Ordnung	Ordnung der Skalen entsprechend dem Informationsgehalt aufsteigend sortiert (noir): – Nominal = Kategorial – Ordinal = Rang – Intervall – Rational = Verhältnis = Absolut
Social support	→ Soziales Netzwerk
Solidaritätsprinzip	Höhe der Krankenversicherungsbeiträge richtet sich nach der Höhe des Einkommens (gesetzliche Krankenkasse).
Somatisierung	Präsentation körperlicher Beschwerden, für die sich keine organische Erklärung finden lässt.
Somatoforme Störung	→ Somatisierung

SORKC-Schema	Ein Stimulus (S) triff auf einen Organismus (O) und löst dort eine Reaktion (R) aus, die in bestimmten Zusammenhängen (Kontingenzen = K) Consequenzen (C) nach sich zieht. In der Verhaltenstherapie werden unerwünschte Reaktionen (R) mit diesem Schema analysiert: Auf welche Reize (S) erfolgt im Organismus (O) welche Reaktion (R), welche Consequenzen (C) hat die Reaktion und unter welchen Bedingungen (K) treten diese Konsequenzen ein. Auf dieser Grundlage können dann gezielte verhaltenstherapeutische Interventionen erfolgen.
Sozialanamnese	Fragen u. a. nach Arbeitsbedingungen, Familie und Partnerschaft
Soziale Erwünschtheit	Antwortverhalten einer Testperson: Man sagt das, was gesellschaftlich erwünscht ist. Diese Antworttendenz kann im Rahmen von psychologischen Tests oder anamnestischen Befragungen zu systematischen Fehlern führen.
Soziale Mobilität	→ Mobilität, soziale
Soziales Kapital	Ein Maß für soziales Vertrauen in einer Gesellschaft
Soziales Netzwerk	Informationeller, emotionaler und finanzieller Rückhalt durch das soziale Umfeld
Sozioökonomischer Status	→ Meritokratische Triade
Soziotherapie	Für Patienten mit schwerer psychischer Erkrankung, die nicht in der Lage sind, ärztliche Leistungen oder Verordnungen selbstständig in Anspruch zu nehmen. Aufgabe der Soziotherapie ist die erforderliche Koordinierung der verordneten Leistungen sowie Anleitung und Motivation dazu.
Spezifität	Anteil der richtig Negativen an allen Test-Negativen.
Split-Brain	Patienten, bei denen chirurgisch das Corpus callosum durchtrennt wurde.
Splithalf-Methode	Ein Test wird in zwei Hälften geteilt; deren Korrelation kann als Maß für die Reliabilität herangezogen werden.
Sprachcode	Ausdrucksweise eines Menschen - restringiert: Einfache Ausdrucksweise, simple Grammatik, kleiner Wortschatz, keine Fremdwörter. Laut IMPP typisch für Unterschicht - elaboriert: gehobene Ausdrucksweise, komplexe Grammatik, großer Wortschatz, viele Fremdwörter. Laut IMPP typisch für Oberschicht
State	Vorübergehender und situationsabhängiger Zustand (vs. Trait = stabiler Persönlichkeitsbestandteil, → Trait)
Status, zugeschrieben vs. erworben	– Zugeschriebener Status: Geschlecht, Ethnie, soziale Herkunft. – Erworbener Status: im Laufe des Lebens selbst erworben (z. B. Bildung, Beruf)
Statusinkonsistenz	Statusmerkmale passen nicht zueinander, die → Meritokratische Triade lässt sich nicht bestimmen (z. B. Hochschulabsolvent muss Taxi fahren, um zu überleben).
Statuskonsistenz/ Statuskristallisation	Statusmerkmale passen zueinander (z. B. Arzt erfolgreich mit eigener Praxis)

Stereotyp	Gruppenkonform verfestigte kognitive Haltung über eine Person oder die eigene Gruppe (Autostereotyp) bzw. fremde Gruppen (Heterostereotyp)
Stigmatisierung, soziale	Zuschreibung eines diskreditierenden (abwertenden) Merkmals, verbunden mit sozialer Ausgrenzung
Stimulus	→ SORKC-Schema
Stimuluskontrolle	Verhaltenstherapeutische Intervention, die problematische Stimuli vermeidet (Raucher werfen Zigaretten weg, Alkoholiker entfernen alkoholische Getränke aus ihrer Wohnung).
Stoizismus, Fatalismus	Ergebenheit in sein Schicksal, sich seiner Krankheit fügen. Form der Krankheitsbewältigung.
Störvariable	→ Konfundierung
Stressmodell, kognitives (Lazarus)	Kognitives Stress-Copingmodell mit drei Stufen, in denen Stress-Situationen kognitiv bewertet werden: 1. Primär: Ist die Situation angenehm, unangenehm? 2. Sekundär: Welche Bewältigungsmöglichkeiten gibt es? Was kann ich tun? 3. Tertiär: Neubewertung!
Stress-Puffer-Modell	Soziale Faktoren, die Belastungen mildern (puffern) (→ soziales Netzwerk, → Haupteffektthese, → Direkteffektthese)
Strukturqualität	Qualität der technischen Ausstattung, Qualifikation der in der Einrichtung tätigen Berufsgruppen.
Studien	– Fall-Kontroll-Studie (Merkmalszwillinge in einer retrospektiven Kohortenstudie) – Interventionsstudie (Prä- und Posterhebung, → Experiment), – ökologische Studie (Aggregatdaten) – prospektive Kohortenstudie (Längsschnittstudie) – randomisierte kontrollierte Studie (geeignet zum Nachweis kausaler Zusammenhänge) – katamnestische Studie (Nacherhebung) – Querschnittsstudie (ein Messzeitpunkt) – Längsschnittstudie (mehrere Messzeitpunkte) – Epidemiologische Studie (Untersuchungsgegenstand: Krankheitshäufigkeiten) – Multizentrische Studie (an mehreren Orten) – Multivariate Studie (mehrere unabhängige Variablen)
Sublimierung	Abwehrmechanismus in der Psychoanalyse: Unerwünschte Triebimpulse werden durch sozial anerkannte Verhaltensweise befriedigt. Unerwünschte Gedanken werden in Bildern ausgedrückt. Nach Sigmund Freud ist die Fähigkeit zur Sublimierung unerlaubter Triebe die Voraussetzung kultureller Leistungen.
Substanzmittelabhängigkeit	Diagnosekriterien nach ICD-10: – Entzugssymptome – fortgesetzter Konsum trotz Wissen um körperliche oder psychische Schäden – Konsum größerer Mengen als beabsichtigt – Toleranzentwicklung

Systematische Desensibilisierung	Zum Abbau einer gelernten Angstreaktion wird bei einem Patienten stufenweise eine Hierarchie angstauslösender Reize abgearbeitet. Hierzu wird er entspannt und der Reihe nach mit den zuvor in eine Hierarchie gestellten angstauslösenden Situationen in der Vorstellung (in sensu) konfrontiert. Da Angst und Entspannung nicht gleichzeitig empfunden werden können (reziproke Hemmung nach Wolpe), verbleibt der Patient so lange gedanklich in der Situation, bis diese Situation angstfrei erlebt werden kann, und versetzt sich dann gedanklich in die nächst höhere angstauslösende Situation.
Tertiarisierung	Ausweitung des tertiären Sektors = Dienstleistungssektors, da sich dieser Sektor kaum technisieren lässt (→ Fourastié-Hypothese).
Testgütekriterien	→ Objektivität = Auswerterunabhängigkeit → Reliabilität = Genauigkeit → Validität = Gültigkeit (zuvor Genanntes ist Voraussetzung für später Genanntes)
Therapeutische Norm	→ Normen
Tiefschlaf	Schlafstadium 4, vorwiegend Deltawellen
Time-out (Auszeit)	Soziale Isolierung bei unerwünschten Verhaltensweisen, um diese zu bestrafen. Beispiel: Ein Schüler wird aus dem Raum geschickt, wenn er stört.
Tokens	Kleine Belohnungen, werden in der Verhaltenstherapie als Verstärker (→ Verstärkung) eingesetzt.
Trait	Feste, über viele Situationen stabile Verhaltenstendenz (vs. → State).
Transaktionales Stressmodell (Lazarus)	→ Stressmodell, kognitives
Transfereinkommen	gesetzlich geregeltes Einkommen, das bei fehlender Erwerbstätigkeit aus öffentlichen Mitteln gewährt wird (Harz IV)
Transtheoretisches Modell der Verhaltensänderung (Prochaska und DiClemente)	Stufen-Modell, welches Verhaltensänderungsprozesse beschreibt. Dabei verläuft eine Verhaltensänderung (z. B. Ernährungsumstellung) in folgenden Phasen: 1. Absichtslosigkeit (Precontemplation) 2. Absichtsbildung (Contemplation) 3. Vorbereitung (Preparation) 4. Handlung (Action) 5. Aufrechterhaltung (Maintenance) 6. Stabilisierung (Termination)
Trauer	→ Trauerphasen
Trauerphasen (Kübler-Ross)	1. Nicht-Wahrhaben-Wollen 2. Zorn 3. Verhandeln 4. Depression 5. Akzeptanz
Traumdeutung	Methode der tiefenpsychologisch fundierten Psychotherapie, in dem der Patient seine Träume erzählt. Die Traumdeutung ist der „Königsweg ins Unterbewusstsein".

Trennschärfe	Wie hoch korreliert die Beantwortung eines Items mit dem Gesamtergebnis aller Antworten?
Übereinstimmungsvalidität	→ Validität, konvergente
Übertragung	Frühere, lebensgeschichtlich bedeutsame Erfahrungen; Konflikte oder Beziehungsmuster werden in einer aktuellen Beziehung reaktiviert. Beispiel: Patient überträgt Beziehungsmuster zum Vater auf den Arzt.
Unabhängige Variable	→ Variable, unabhängige vs. abhängige
Unkonditionierte/r Reiz/Reaktion	→ klassisches Konditionieren
Validität, interne	Die Sicherheit des Kausalschlusses, mit welcher Änderungen im Ergebniskriterium (Zielgröße) auf die Behandlungsmaßnahme zurückgeführt werden können. Interne Validität ist bei Labor-Experimenten hoch.
Validität, konvergente	Testgütekriterium: Liegt vor, wenn zwei unterschiedliche Testverfahren, die dasselbe Merkmal erfassen, zu ähnlichen Ergebnissen kommen.
Variable, Mediatorvariable	→ Mediatorvariable
Variable, Moderatorvariable	→ Moderatorvariable
Variable, unabhängige vs. abhängige	– Unabhängige Variable: Die Variable, die vom Experimentator planmäßig manipuliert wird. – Abhängige Variable: Variable, die gemessen wird.
Verantwortungsethik	Verpflichtung des Arztes, den Patienten nach bestem Wissen und Gewissen zu behandeln und ihm nach Möglichkeit keinen Schaden zuzufügen.
Verhaltensanalyse	→ SORKC-Schema
Verhaltenskontingenz	Beziehung zwischen Verhalten und der nachfolgenden Konsequenz
Verhaltensprävention	Förderung von gesundem Verhalten (fettarme Ernährung)
Verhaltenstherapie	Psychotherapierichtung mit dem Ziel, gewünschtes Verhalten aufzubauen und unerwünschtes Verhalten zu reduzieren. Bestandteile der Verhaltenstherapie: → Konfrontationstherapie, → systematische Desensibilisierung, → SORKC-Schema, → operante Strategien, → Kognitive Verhaltenstherapie.
Verhältnisprävention	Förderung von gesunden Verhältnissen (Rauchverbot in öffentlichen Gebäuden)
Verleugnung	Abwehrmechanismus, der dazu dient, eine unerträglich erscheinende externe Realität nicht wahrnehmen zu müssen.
Vermeidungsverhalten	Angstauslösende Situationen werden vermieden (Weglaufen vor einem Hund bei Hundephobie). Die Angst lässt nach, das Vermeidungsverhalten wird (negativ) verstärkt und damit verfestigt.
Verstärkung vs. Bestrafung	– Verstärkung (= Belohnung) führt immer zu einer Erhöhung der Auftretenswahrscheinlichkeit einer Verhaltensweise. – Bestrafung senkt die Auftretenswahrscheinlichkeit einer Verhaltensweise.

Verstärkung, kontinuierlich vs. intermittierend	– Kontinuierliche Verstärkung: Jede Verhaltensweise wird belohnt. – Intermittierende Verstärkung: Es wird nicht jedes Mal verstärkt, sondern nur jedes vierte Mal (Quotenverstärkung) oder nach Ablauf einer bestimmten Zeit (Intervallverstärkung); wesentlich löschungsresistenter.
Verstärkung, positiv vs. negativ	Verstärkung ist immer eine Belohnung! – Positive Verstärkung: Es wird etwas Angenehmes (z. B. Schokolade) gegeben. – Negative Verstärkung: Es wird etwas Unangenehmes (z. B. Schmerzen) weggenommen.
Vulnerabilitäts-Stress-Modell	→ Diathese-Stress-Modell
Widerstand	Psychoanalyse: Patient wehrt sich unbewusst gegen therapeutische Intervention.
Wirtschaftssektoren	Drei Wirtschaftssektoren: 1. Primär = Landwirtschaft 2. Sekundär = Industrie 3. Tertiär = Dienstleistungen (→ Tertiarisierung, → Fourastié-Hypothese)
Wisconsin Card Sorting Test (WCST)	Standardverfahren in der neuropsychologischen Diagnostik zu Erfassung frontaler Läsionen
Yerkes-Dodson-Regel	Leistungsfähigkeit hängt von der physiologischen Erregung ab: – Niedrige Erregung führt zu niedriger Leistung. – Mittlere Erregung ermöglicht maximale Leistung. – Hohe Erregung blockiert Leistung, also macht wiederum niedrige Leistung. Es besteht also eine umgekehrt U-förmige Beziehung zwischen Erregung und Leistung.
Zivilisierung	„Bändigung" willkürlicher, spontaner Verhaltens- und Affektäußerungen im Dienste der Ausbreitung von Selbstkontrolle
Zwanghafte Persönlichkeitsstörung	Perfektionismus, übertriebene Gewissenhaftigkeit, Halsstarrigkeit (→ analer Charakter)
Zwangsstörung	Psychische Störung, verbunden mit Zwangshandlung oder Zwangsgedanken zur Reduzierung von Ängsten. Durch Zwangshandlung wird das zwanghafte Verhalten negativ verstärkt.

Dr. Bringfried Müller

Psychologie Band 1

MEDI-LEARN Skriptenreihe

7., komplett überarbeitete Auflage

MEDI-LEARN Verlag GbR

Autoren: Dr. med. Dipl.-Psych. Bringfried Müller, Dipl.-Psych. Franziska Dietz (1. Auflage)

Teil 1 des Psychologiepaketes, nur im Paket erhältlich
ISBN-13: 978-3-95658-017-8

Herausgeber:
MEDI-LEARN Verlag GbR
Dorfstraße 57, 24107 Ottendorf
Tel. 0431 78025-0, Fax 0431 78025-262
E-Mail redaktion@medi-learn.de
www.medi-learn.de

Verlagsredaktion:
Dr. Marlies Weier, Dipl.-Oek./Medizin (FH) Désirée
Weber, Denise Drdacky, Jens Plasger, Sabine
Behnsch, Philipp Dahm, Christine Marx, Florian
Pyschny, Christian Weier

Layout und Satz:
Fritz Ramcke, Kristina Junghans,
Christian Gottschalk

Grafiken:
Dr. Günter Körtner, Irina Kart, Alexander Dospil,
Christine Marx

Illustration:
Daniel Lüdeling

Druck:
Löhnert Druck

7. Auflage 2015
© 2015 MEDI-LEARN Verlag GbR, Kiel

Wichtiger Hinweis für alle Leser
Die Medizin ist als Naturwissenschaft ständigen Veränderungen und Neuerungen unterworfen. Sowohl die Forschung als auch klinische Erfahrungen führen dazu, dass der Wissensstand ständig erweitert wird. Dies gilt insbesondere für medikamentöse Therapie und andere Behandlungen. Alle Dosierungen oder Applikationen in diesem Buch unterliegen diesen Veränderungen.
Obwohl das MEDI-LEARN Team größte Sorgfalt in Bezug auf die Angabe von Dosierungen oder Applikationen hat walten lassen, kann es hierfür keine Gewähr übernehmen. Jeder Leser ist angehalten, durch genaue Lektüre der Beipackzettel oder Rücksprache mit einem Spezialisten zu überprüfen, ob die Dosierung oder die Applikationsdauer oder -menge zutrifft. Jede Dosierung oder Applikation erfolgt auf eigene Gefahr des Benutzers. Sollten Fehler auffallen, bitten wir dringend darum, uns darüber in Kenntnis zu setzen.

Vorwort

Liebe Leserin, lieber Leser,

zu viel Stoff und zu wenig Zeit – diese zwei Faktoren führen stets zu demselben unschönen Ergebnis: Prüfungsstress!

Was soll ich lernen? Wie soll ich lernen? Wie kann ich bis zur Prüfung noch all das verstehen, was ich bisher nicht verstanden habe? Die Antworten auf diese Fragen liegen meist im Dunkeln, die Mission Prüfungsvorbereitung erscheint vielen von vornherein unmöglich. Mit der MEDI-LEARN Skriptenreihe greifen wir dir genau bei diesen Problemen fachlich und lernstrategisch unter die Arme.

Wir helfen dir, die enorme Faktenflut des Prüfungsstoffes zu minimieren und gleichzeitig deine Bestehenschancen zu maximieren. Dazu haben unsere Autoren die bisherigen Examina (vor allem die aktuelleren) sowie mehr als 5000 Prüfungsprotokolle analysiert. Durch den Ausschluss von „exotischen", d. h. nur sehr selten gefragten Themen, und die Identifizierung immer wiederkehrender Inhalte konnte das bestehensrelevante Wissen isoliert werden. Eine didaktisch sinnvolle und nachvollziehbare Präsentation der Prüfungsinhalte sorgt für das notwendige Verständnis.

Grundsätzlich sollte deine Examensvorbereitung systematisch angegangen werden. Hier unsere Empfehlungen für die einzelnen Phasen deines Prüfungscountdowns:

Phase 1: Das Semester vor dem Physikum

Idealerweise solltest du schon jetzt mit der Erarbeitung des Lernstoffs beginnen. So stehen dir für jedes Skript im Durchschnitt drei Tage zur Verfügung. Durch themenweises Kreuzen kannst du das Gelernte fest im Gedächtnis verankern.

Phase 2: Die Zeit zwischen Vorlesungsende und Physikum

Jetzt solltest du täglich ein Skript wiederholen und parallel dazu das entsprechende Fach kreuzen. Unser „30-Tage-Lernplan" hilft dir bei der optimalen Verteilung des Lernpensums auf machbare Portionen. Den Lernplan findest du in Kurzform auf dem Lesezeichen in diesem Skript bzw. du bekommst ihn kostenlos auf unseren Internetseiten oder im Fachbuchhandel.

Phase 3: Die letzten Tage vor der Prüfung

In der heißen Phase der Vorbereitung steht das Kreuzen im Mittelpunkt (jeweils abwechselnd Tag 1 und 2 der aktuellsten Examina). Die Skripte dienen dir jetzt als Nachschlagewerke und – nach dem schriftlichen Prüfungsteil – zur Vorbereitung auf die mündliche Prüfung (siehe „Fürs Mündliche").

Weitere Tipps zur Optimierung deiner persönlichen Prüfungsvorbereitung findest du in dem Band „Lernstrategien, MC-Techniken und Prüfungsrhetorik".

Eine erfolgreiche Prüfungsvorbereitung und viel Glück für das bevorstehende Examen wünscht dir

Dein MEDI-LEARN Team

Mein herzlicher Dank für die hilfreiche Zusammenarbeit gilt meinem Kollegen Dipl.-Psych. Valentin Vrecko!

AB DEM 5. SEMESTER GEHT ES ERST RICHTIG LOS

ABENTEUER KLINIK!

Inhalt

Wissen, das in keinem Lehrplan steht:

- Wo beantrage ich eine **Gratis-Mitgliedschaft** für den **MEDI-LEARN Club** – inkl. Lernhilfen und Examensservice?

- Wo bestelle ich kostenlos **Famulatur-Länderinfos** und das **MEDI-LEARN Biochemie-Poster?**

- Wann macht eine **Studienfinanzierung** Sinn? Wo gibt es ein **gebührenfreies Girokonto?**

- Warum brauche ich schon während des Studiums eine **Arzt-Haftpflichtversicherung?**

Lassen Sie sich beraten!
Nähere Informationen und unseren Repräsentanten vor Ort finden Sie im Internet unter www.aerzte-finanz.de

1   Methodische Grundlagen

Fragen in den letzten 10 Examen: 134

Die methodischen Grundlagen mögen für den einen oder anderen zunächst abschreckend und trocken wirken. Aber zum einen ist es ein Gebiet, das sich wegen der großen Fragenzahl und der geringen Variation der Fragen wirklich zu lernen lohnt, zum anderen werden durch entsprechende Anwendungsbeispiele auch die abstrakten Fakten verständlicher gemacht.

Dazu werden wir uns an einer Beispieluntersuchung entlanghangeln. Stell dir vor, du führst eine Studie über neue Therapiemöglichkeiten bei Aufmerksamkeitsstörungen durch.

Um wissenschaftlich belegen zu können, dass ein neues Konzentrationstraining tatsächlich hilft, benötigst du die folgenden methodischen Grundlagen:

1.1   Formen von Hypothesen

Am Anfang jeder wissenschaftlichen Untersuchung steht die Hypothese (Annahme). Wenn Hypothesen aus klinischen Beobachtungen abgeleitet werden, spricht man von **Induktion**, d. h. es wird aufgrund von vielen einzelnen Beobachtungen auf eine Regel geschlossen. Wenn Annahmen aus allgemeinen Regeln für den Einzelfall abgeleitet werden, spricht man von **Deduktion**.

Beispiel Induktion:
Beobachtung: Kinder mit einem Aufmerksamkeits-Defizit-Syndrom (= ADS) nehmen an einem Konzentrationstraining teil und sind danach aufmerksamer. Aufgrund dieser Einzelfälle kommt man zur Annahme, dass dieses Training die Konzentrationsleistung der Kinder verbessert.

Beispiel Deduktion:
Geltende Regeln: Ein Medikament hilft bei Pferden. Pferde sind Säuger. Menschen sind Säuger. Herr Müller ist ein Mensch. Durch Verknüpfung dieser Regeln macht man die Annahme, dass dieses Medikament Herrn Müller hilft.

1.1.1   Falsifikationsprinzip (Karl Popper)

Nachdem solche Annahmen gemacht wurden, sollten sie noch empirisch belegt werden.

Hier stoßen wir jedoch auf ein logisches Problem, denn wir müssten immer von einzelnen Beobachtungen auf allgemeingültige Regeln schließen. Solange sich die Beobachtungen mit meiner Annahme (Hypothese) decken, bewähren sie sich zwar immer wieder, ich habe aber noch keinen Beweis für die Allgemeingültigkeit. Auch wenn ich bisher nur weiße Schwäne gesehen habe, so ist das noch kein Beleg dafür, dass alle Schwäne weiß sind. Daher lassen sich Annahmen durch noch so viele Beobachtungen niemals als allgemeingültig bestätigen (verifizieren).

Annahmen lassen sich aber empirisch widerlegen (falsifizieren). So reicht eine einzige Beobachtung, um zu belegen, dass eine Annahme falsch ist.

Dieser Idee folgend hat Karl Popper das **Prinzip der Falsifikation** formuliert, in dem er sagt, dass wissenschaftlicher Fortschritt nur dadurch entstehen könne, dass man empirisch falsche Aussagen ausschließt.

Wenn man diesem Denkansatz folgt, wird klar, warum es im Rahmen von empirischen Studien immer darum geht, nicht die eigentliche Annahme zu beweisen, sondern das Gegenteil dieser Annahme zu widerlegen.

Wenn du also glaubst, dass ein Konzentrationstraining bei ADS hilft, so wirst du das nie beweisen können. Du könntest aber widerlegen, dass es nicht hilft.

Du teilst Kinder mit ADS in zwei Gruppen, eine trainierst du, die andere nicht. Wenn sich die Symptome der Kinder mit Training verbessern, so hast du widerlegt, dass es keine Unterschiede gibt und bist damit der Forderung von Karl Popper gerecht geworden.

1.1.2 Null- vs. Alternativhypothese

In der Wissenschaft formuliert man daher immer zwei Hypothesen, die Nullhypothese und die **Alternativhypothese**. Die Alternativhypothese ist das, woran der Forscher glaubt. Da er dies aber nicht direkt beweisen kann, versucht er einfach das Gegenteil zu widerlegen. Dieses Gegenteil ist dann die **Nullhypothese**.

In unserem Beispiel, in dem ich die Wirkung eines Konzentrationstrainings überprüfen möchte, lautet die Alternativhypothese: Trainierte Kinder werden sich von untrainierten Kinder unterscheiden. Die Nullhypothese lautet: Es wird keine (Null) Unterschiede zwischen trainierten und untrainierten Kinder geben.

1.1.3 Falsifizierbarkeit

Damit das Ganze funktioniert, muss ich meine Hypothese allerdings so formulieren, dass sie auch falsifizierbar ist. So wäre die Aussage „Training hilft bei ADS" widerlegt, wenn die untrainierte Gruppe mindestens genauso gut oder gar besser wäre, als die trainierte Gruppe. Mit der Aussage „Training kann bei ADS helfen, muss aber nicht", hätte ich zwar garantiert recht, es wäre aber keine wissenschaftliche Aussage, da sie nicht falsifizierbar ist.
Im Klartext heißt das: Man muss eine Hypothese so formulieren, dass man daraus eine Untersuchung ableiten kann, deren Ergebnis entweder zeigt,

– dass die Vermutung richtig war und es einen Unterschied gibt, dann wird die Alternativhypothese angenommen und die Nullhypothese verworfen;
– dass es keinen Unterschied gibt, dann wird die Nullhypothese beibehalten und die Alternativhypothese verworfen.

> **Merke!**
> Eselsbrücke: Nullhypothese besagt, es besteht „null Unterschied" bzw. „null Zusammenhang".

1.1.4 Probabilistische Hypothese

Bei einer probabilistischen Hypothese treffen die Annahmen nur mit einer bestimmten Wahrscheinlichkeit zu.

> **Beispiel:**
> Ein Mensch, der frustriert wird, reagiert daraufhin wahrscheinlich (aber nicht zwingend) aggressiv.

> **Merke!**
> Alle psychologischen Hypothesen sind probabilistisch.

1.1.5 Deterministische Hypothese

Eine deterministische Hypothese besagt, dass ein Ereignis unter bestimmten Voraussetzungen auf jeden Fall eintrifft.

> **Beispiel:**
> Ein fallengelassener Stein wird mit Sicherheit auf dem Boden aufschlagen.

1.2 Operationalisierung

Um eine Hypothese überprüfen zu können, muss in einem zweiten Schritt – der Operationalisierung – eine Art Übersetzung der theoretisch formulierten Hypothese in beobachtbare und messbare Größen vorgenommen werden.

Beispiel:
Man möchte zeigen, dass durch ein bestimmtes Training Kinder konzentrierter und aufmerksamer werden. Konzentration ist aber ein latentes Konstrukt. Das heißt, man kann sie nicht direkt beobachten, sondern muss sich eine Übersetzung überlegen. Beispielsweise kann man einen Test verwenden, bei dem man alle d's mit zwei Strichen unter d's und p's mit einem und drei Strichen finden und durchstreichen muss (d2-Konzentrationstest von Brickenkamp). Um alles richtig zu machen, muss man sich konzentrieren. Daher kann man behaupten, dass über die Anzahl an richtig markierten d's die Konzentrationsstärke beobachtbar und messbar geworden ist.

Weitere Beispiele für die Operationalisierung von Variablen sind:
- Intelligenz (wird operationalisiert durch die Anzahl richtiger Antworten im Intelligenztest)
- Aggressivität (wird operationalisiert durch die Anzahl von Seitenhieben, die jemand austeilt)

Merke!

- Die Operationalisierung ist die Angabe eines Messverfahrens zur Erfassung eines Konstrukts.
- Messen ist die Zuordnung von empirischen Sachverhalten zu Zahlen, wobei man eine bestimmte Zuordnungsregel anwendet.

Beispiel:
Um die Konzentrationsleistung im gerade beschriebenen Test zu messen, zählt man die richtig markierten d's mit zwei Strichen (= empirischer Sachverhalt) und ordnet die Summe einem Punktwert (z. B. von 1 = sehr unkonzentriert bis 10 = sehr konzentriert) zu.

1.2.1 Skalenniveaus

Messergebnisse können unterschiedlich differenziert dargestellt werden. Entsprechend dem Informationsgehalt einer Messung ordnet man das Ergebnis einem Skalenniveau zu.

Zur Verdeutlichung soll ein 100-Meter-Lauf dienen: Misst man mit einer Stoppuhr die absoluten Zeiten der Läufer, erhält man folgende Informationen:
- Hans brauchte für die 100 m 10,0 Sekunden,
- Fritz 11,0 Sekunden und
- Egon 20,0 Sekunden.

Damit kennt man die absoluten Zeiten der Läufer und kann z. B. sagen, dass Egon doppelt so lange gebraucht hat wie Hans. Mit dieser Messung kann man also auch Verhältnisse angeben. Daher heißt diese Skala **Absolut-**, **Verhältnis-** oder **Rationalskala** (lat. ratio = Verhältnis). Also drei verschiedene Namen für ein und dieselbe Skala.

Hätte man den Start verpasst und daher die Stoppuhr erst starten können, wenn z. B. Hans das Ziel passierte, so wüsste man, dass Fritz das Ziel eine Sekunde und Egon zehn Sekunden später als der auf Hans gesetze Nullpunkt passiert haben. In diesem Fall kennt man also noch die Intervalle, die zwischen den Läufern liegen, nicht aber deren absolute Zeiten. Daher lässt sich auch nicht mehr sagen, ob Egon doppelt so lange gebraucht hat wie Hans, da man ja nicht weiß, wie lange Hans eigentlich gebraucht hat. Diese Skala, bei der nur noch bekannt ist, wie groß die Intervalle oder Differenzen zwischen den Merkmalsausprägungen sind, nennt man **Intervallskala**.

Steht gar keine Uhr zur Verfügung, kann man lediglich die Reihenfolge erfassen, mit der die Läufer die Ziellinie passieren: Hans ist Erster, Fritz ist Zweiter und Egon ist Dritter. Damit kennt man zwar die Ränge der Läufer und kann sie noch ordnen, die Information, welcher Abstand zwischen den Läufern liegt, ist aber verloren gegangen. Diese Skala nennt man **Rang-** oder **Ordinalskala**.

Hat man die Zielpassage der Läufer verschlafen und stellt nur noch fest, wer das Ziel erreicht hat, so kann man die Läufer auch nicht mehr in eine Ordnung bringen. Man kann nur sagen, dass Hans, Fritz und Egon das Ziel erreicht haben. Es lässt sich also das Merkmal (= Ziel erreicht) nur noch benennen. Damit liegt die Information nur noch auf **Nominalskalenniveau** vor.

Doch damit genug der sportlichen Exkurse und hin zur medizinischen und Physikumsrelevanz:

Nominalskala = Kategorialskala

In der Nominalskala werden qualitativ unterschiedliche Sachverhalte ungeordneten Kategorien zugeordnet.
Typische Beispiele:
– Geschlecht: männlich, weiblich
– Blutgruppe: A, B, AB, 0
– Anamnestische Daten zu bereits durchgemachten Krankheiten (Masern: ja/nein; Röteln: ja/nein)
– Erfassung der Schmerzqualität: „pochend", „stechend" oder „dumpf"
Informationsgehalt: Sachverhalte können gleich oder ungleich sein (=, ≠).

Beispiel:
Patient A und Patient B haben die gleiche Blutgruppe, Patient C hat eine andere Blutgruppe.

Als statistischer Kennwert wird auf Nominalskalenniveau der Modus (=Modalwert) verwendet. Er beschreibt das häufigste Merkmal, z. B. Blutgruppe A ist die häufigste Blutgruppe in Deutschland.

Merke!

Qualitativ unterschiedliche Sachverhalte, die man nicht nach ihrer Größe ordnen kann, werden als kategoriale Variablen bezeichnet und immer auf Nominalskalenniveau gemessen.

Ordinalskala

Hierbei erfolgt eine Zuordnung der empirischen Sachverhalte anhand einer Rangreihe (Größe, Schwere, Stärke etc.).
Typische Beispiele:
– Einschätzung des Gesundheitszustands: „schlecht – einigermaßen – gut – hervorragend"
– Schulabschluss: „Hauptschule – Realschule – Abitur"
– Zustimmung zu bestimmter Frage: „stimme überhaupt nicht zu – stimme eher nicht zu – stimme eher zu – stimme sehr zu"
Informationsgehalt: Sachverhalte können kleiner/größer bzw. besser/schlechter sein.

Beispiel:
Patient A kreuzt an, dass es ihm „einigermaßen" geht. Patient B kreuzt an, dass es ihm „gut" geht. Patient C kreuzt „hervorragend" an. Jetzt ist die Aussage möglich, dass es Patient C besser geht als Patient B und Patient B besser als Patient A. Nicht sagen kann man hingegen, dass der Abstand zwischen dem subjektiven Gesundheitszustand von Patient C zu Patient B genauso groß ist wie der von Patient B zu Patient A. Man weiß also nicht, um wie viel besser es z. B. Patient B als Patient A geht, sondern eben nur die Rangfolge.

Merke!

Bei Ordinalskalenniveau kannst du die Daten in eine Rangreihe bringen, weißt aber nichts über ihre Abstände zueinander.

Auf Ordinalskalenniveau kann man die Werte sortieren und eine Rangreihe bilden. Der mittlere Wert dieser Reihe, der Median, ist das Maß der zentralen Tendenz auf diesem Skalenniveau. Ein Maß für die Streuung ist die Spannbreite, die Differenz zwischen dem kleinsten und größten Wert dieser Rangreihe. Teilt man diese Rangreihe in vier gleiche Abschnitte, so erhält man Quartile. Der Interquartilabstand ist ein weiteres Maß für die Streuung auf diesem Skalenniveau.

Intervallskala

Die Zuordnung der empirischen Merkmale erfolgt so, dass die Rangreihe und die Abstände (Intervalle) zwischen den Merkmalen in Zahlen abgebildet werden.
Ein Intervallskalenniveau liegt dann vor, wenn gleiche Testwertdifferenzen gleiche Merkmalsdifferenzen widerspiegeln.
Typische Beispiele:
– psychologische Testverfahren (Persönlichkeitstests, Intelligenztests etc.)
Informationsgehalt: Sachverhalte können bezüglich ihres Abstands/Intervalls miteinander verglichen werden.

> **Beispiel:**
> Patient A hat in einem Intelligenztest einen Punktwert von 110 erzielt, Patient B 120 und Patient C 130. Aufgrund der Intervallskalierung des Testverfahrens kann man sagen, dass Patient C im Vergleich zu Patient B „um genau so viel intelligenter ist" wie Patient B im Vergleich zu Patient A, da jeweils eine Differenz von zehn Punkten zwischen ihnen besteht.

Auf Intervallskalenniveau darf man Subtrahieren und Addieren. So ist es erlaubt, die Summe der Merkmalsausprägungen zu bilden. Wenn man diese Summe dann durch die Anzahl der Summanden teilt, so erhält man das arithmetische Mittel als Maß der zentralen Tendenz.

Als Maß für die Streuung wird auf Intervallskalenniveau die Varianz oder die Standardabweichung (Wurzel aus der Varianz) berechnet. Zur Berechnung der Varianz werden die Abstände vom arithmetischen Mittel zunächst quadriert und anschließend gemittelt. Die Standardabweichung ist dann die Wurzel aus der Varianz.

Rationalskala/Verhältnisskala/Absolutskala

Die Zuordnung der empirischen Sachverhalte erfolgt so, dass Rangreihe, Abstände und das jeweilige Größenverhältnis zwischen den Sachverhalten in Zahlen abgebildet werden. Rationalskalenniveau wird nur bei der Messung physikalischer Größen erreicht, die einen natürlichen Nullpunkt haben.
Typische Beispiele:
– Alter
– Gewicht
– Enzymkonzentration
– Anzahl gerauchter Zigaretten pro Tag
Informationsgehalt: Sachverhalte können bezüglich ihres Verhältnisses zueinander verglichen werden.

> **Beispiel:**
> Patient A raucht zehn Zigaretten am Tag. Patient B raucht ca. 20. Aufgrund der Rationalskalierung kann man sagen, dass Patient B doppelt so viele Zigaretten raucht wie Patient A.

Auf Rationalskalenniveau dürfen Divisionen und Multiplikationen durchgeführt werden. Als Maß für die zentrale Tendenz wird hier das geometrische Mittel berechnet, indem man die Werte mulipliziert und die „nte" Wurzel zieht (n = Anzahl der Multiplikatoren).

Im schriftlichen Physikum wird gerne mal nach den Kennwerten zur Beschreibung der zentralen Tendenz sowie nach den Rechenoperationen gefragt, die auf dem jeweiligen Skalenniveau erlaubt sind. Die Skalen lassen sich hierbei in folgende Reihenfolge bringen:

wichtig!

Skala	statistische Kennwerte	Erlaubte Rechen-operation
Nominalskala = Kategorialskala	Modalwert (häufigster Wert)	gleich oder ungleich
Ordinalskala = Rangskala	Median (mittlerer Rang), Spannbreite, Interquartil-abstand	größer oder kleiner
Intervallskala	arithmetisches Mittel, Varianz u. Standardab-weichung	Differenzen berechnen
Rationalskala = Verhältnisskala = Absolutskala	geometrisches Mittel	Verhältnisse bilden

Tab. 1: Skalen

Merke!

Wenn ich an die Skalen denke, sehe ich noir (franz. noir: „schwarz"). Reihenfolge der Skalen: **N**ominal, **O**rdinal, **I**ntervall, **R**ational   *NOIR*

1.2.2 Selbstbeurteilungsskalen

In der Psychologie steht man häufig vor der Frage, wie Probanden bestimmte Zustände erleben. Hierzu werden je nach Fragestellung folgende Selbstbeurteilungsskalen eingesetzt:

– Die Schmerzintensität wird beispielsweise mit einer **visuellen Analogskala** erfasst, indem der Proband auf einer Geraden zwischen den Punkten „schmerzfrei" bis „vernichtender Todesschmerz" die von ihm empfundene Schmerzintensität markiert. Er kann auch auf einer metrischen Skala von 0–10 seine Schmerzintensität beschreiben. Achtung: In Zusammenhang mit visuellen Analogskalen werden zwar häufig – aber fälschlicherweise – Verhältnisse zwischen Messwerten gebildet. So findet man in vielen Veröffentlichungen die Angabe: „Der Schmerz hat sich auf der visuellen Analog-

skala nach der Therapie auf 50 % des Ausgangswertes reduziert". Solche Aussagen sind nicht zulässig, da der visuellen Analogskala das hierfür notwendige Rationalskalenniveau fehlt. Verhältnisse (siehe Verhältnisskala = Rationalskala = Absolutskala) dürfen aber nur gebildet werden, wenn dieses Skalenniveau vorliegt.

– Mit **Adjektivlisten** lässt sich das subjektive Erleben der Schmerzqualität erfassen, indem der Proband die Wahl hat:
Der Schmerz ist
  • stechend: ja/nein
  • pochend: ja/nein

– Die **Likert-Skala** enthält eine in der Regel fünfstufige Antwortoption pro Frage, deren Werte zu einem Skalenwert addiert werden:
Ich habe Kopfschmerzen
  • 1 = nie
  • 2 = selten
  • 3 = gelegentlich
  • 4 = häufig
  • 5 = ständig

Da sich Fragen zum **Skalenniveau** in fast jedem Physikum finden, noch einmal die wichtigsten Informationen zur Wiederholung:

- Kann man die gemessenen Merkmale **nur qualitativ** unterscheiden (z. B. jemand weist ein Merkmal auf oder nicht), erfolgt die Messung auf **Nominalskalenniveau**.
- Kann man die gemessenen Merkmale in eine **Rangreihe** bringen, weiß aber nichts über die Merkmalsdifferenzen, erfolgt die Messung auf **Ordinalskalenniveau**.

- Handelt es sich um **psychologische Testverfahren** (Intelligenztests oder Persönlichkeitstests), bei denen man immer annimmt, dass die Differenzen der Zahlenwerte die Merkmalsdifferenzen widerspiegeln, erfolgt die Messung auf **Intervallskalenniveau**.
- Misst man physikalische Größen, bei denen es einen **eindeutigen Nullpunkt** gibt, erfolgt die Messung auf **Rationalskalenniveau**.

TODESNACHRICHT 2.0

Pause

Päuschen gefällig?
Das hast du dir verdient!

1

1.3 Entwicklung, Interpretation und Beurteilung eines Testverfahrens

In unserem Beispiel zur Überprüfung eines neuen Therapieverfahrens bei Aufmerksamkeitsstörungen benötigen wir einen Test, mit dem das Ausmaß der Konzentrationsleistung vor und nach dem Training gemessen werden kann. Im Normalfall kann man dabei auf etablierte psychologische Testverfahren zurückgreifen. Wenn nicht, ist eine Neukonstruktion notwendig. Beispiele für etablierte psychologische Testverfahren sind der Hamburg-Wechsler-Intelligenztest für Kinder und Erwachsene (HAWI-K/E) oder das Freiburger Persönlichkeitsinventar (FPI).

1.3.1 Schritte der Testkonstruktion

Wenn für das Konstrukt, das man messen möchte, noch kein etabliertes Testverfahren existiert, muss ein entsprechender Test neu konstruiert werden. Das ist eine aufwändige Sache, die hier nur in Stichpunkten beschrieben wird, da sie für die Fragen nicht direkt notwendig ist. Die Konstruktionsschritte helfen allerdings dabei, die folgenden Abschnitte der Normierung und Testgütekriterien besser einordnen zu können.

Folgende Schritte müssen unternommen werden:
- Auswahl von Items zum Thema (Testaufgaben oder Fragen/Aussagen),
- Items werden einer großen Stichprobe vorgelegt,
- Selektion der Items nach statistischen Kriterien (z. B. nach Trennschärfe, Schwierigkeitsindex),
- Erstellung der Testendform,
- Testendform wird einer weiteren Stichprobe vorgelegt,
- Überprüfung der Testgütekriterien und
- Normierung des Tests an einer großen Stichprobe.

Greift man auf ein bereits existierendes Testverfahren zurück, entfallen die Schritte der Konstruktion. Allerdings sind für den Anwender die Testnormierung und die Testgütekriterien bei der Auswahl des Verfahrens sehr wichtig. Zudem wird im folgenden Abschnitt auf die Interpretation der Testwerte eingegangen – also auf die Frage, was der Testwert eines Patienten eigentlich bedeutet.

1.3.2 Testnormierung

Ziel der Testnormierung ist es, Vergleichswerte (= Normen) zu gewinnen, mit denen die einzelnen Testwerte von Probanden verglichen werden können. Die wichtigsten Normen sind die Mittelwerte bestimmter Gruppen (z. B. geteilt nach Männern, Frauen und verschiedenen Altersstufen), die in Form einer Normtabelle im Testheft stehen. Ohne Normen sind Testergebnisse nicht interpretierbar. Zum Beispiel weiß man ohne Normen nicht, ob das Ergebnis von zehn Punkten in einem Depressionsfragebogen bedeutet, dass der Patient sehr depressiv ist, oder ob gesunde Menschen einen solchen Wert haben.

> **Merke!**
>
> Normierung bedeutet die Eichung eines Testverfahrens an einer repräsentativen Stichprobe.

1.3.3 Interpretation von Testwerten

Die meisten biologischen (und psychologischen) Merkmale weisen – wenn man Messungen an sehr vielen Probanden macht – eine Merkmalsverteilung in Form einer Gauß-Glockenkurve auf. Sie sind „normalverteilt". Trägt man das Merkmal (z. B. Konzentrationsleistung) auf der x-Achse ein und die Anzahl der Merkmalsträger auf der y-Achse, zeigt sich, dass die meisten Personen eine mittlere Ausprägung aufweisen und zu den Extremen hin immer weniger Merkmalsträger zu finden sind.

1

Normalverteilung

Das Praktische an normalverteilten Merkmalen ist, dass man nur zwei Kennwerte benötigt, um die gesamte Verteilung vollständig beschreiben zu können:
- den **Mittelwert** (M) und
- die **Standardabweichung** (SD, von Standard Deviation).

Der Mittelwert teilt die Verteilung der Merkmalsausprägungen in zwei symmetrische Hälften. Die Standardabweichung sagt dagegen etwas über die Breite der Verteilung aus: Eine große SD entspricht einer flacheren Verteilung, eine kleine SD einer steileren Verteilung (s. Abb. 1, S. 9).

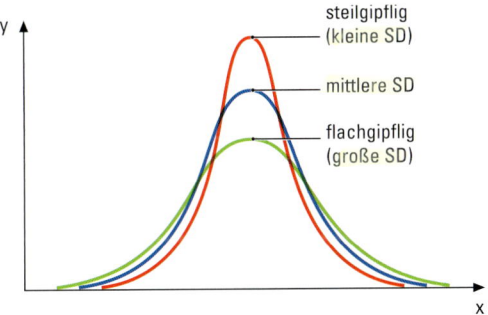

Abb. 1: Normalverteilung mit großer, mittlerer und kleiner Standardabweichung

medi-learn.de/7-psycho1-1

Sind Mittelwert und Standardabweichung bei einem Test bekannt, kann man jeden Testwert, den ein Proband erzielt, in einen **Prozentrang** übersetzen.

Prozentränge sagen aus, wie viel Prozent der Vergleichsstichprobe einen niedrigeren/gleich hohen Testwert haben als/wie der Proband.

Für **normalverteilte Daten** gilt,
- dass 50 % der Verteilung jeweils unter und über dem Mittelwert liegen; „Mittelwert" entspricht einem Prozentrang von 50.
- dass insgesamt ca. 68 % der Verteilung innerhalb der Fläche ± einer Standardabweichung vom Mittelwert liegen; „minus eine Standardabweichung" entspricht einem Prozentrang von 16, „plus eine Standard-

abweichung" entspricht einem Prozentrang von 100 – 16 = 84.
- dass insgesamt ca. 96 % der Verteilung innerhalb der Fläche ± zweier Standardabweichungen vom Mittelwert liegen; „minus zwei Standardabweichungen" entspricht einem Prozentrang von 2, „plus zwei Standardabweichungen" entspricht einem Prozentrang von 100 – 2 = 98.
- dass im Mittelbereich der Normalverteilung kleine Unterschiede in den Testwerten großen Unterschieden im Prozentrang entsprechen, während an den Rändern der Verteilung (= hohe und niedrige Testwerte) große Unterschiede in den Testwerten kleinen Prozentrangunterschieden entsprechen.

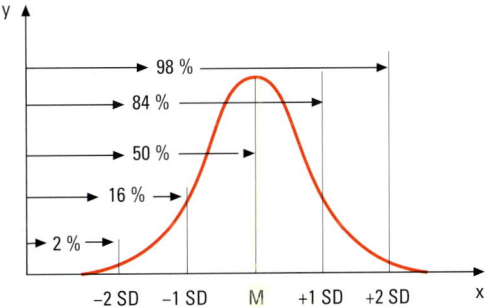

Abb. 2: Normalverteilung mit Prozenträngen

medi-learn.de/7-psycho1-2

Neben der Prozentrangnorm gibt es noch andere Testnormen, z. B. die IQ-Abweichungsnorm oder die Z-Norm. Wie ein Test normiert ist – das heißt, auf welchen Wert man den Mittelwert und die Standardabweichung festlegt – beruht auf Konvention.

Merke!

Die Prozentrangnorm ist die einzige Normierung, die nicht nur für normalverteilte Daten gilt. Sie hat keinerlei Verteilungsvoraussetzungen. Alle anderen Normierungen sind nur bei normalverteilten Daten anwendbar.

Beispiele für Normumrechnungen

Man kann die verschiedenen Testnormen ineinander überführen.

Beispiel:
Ein Proband hat im HAWIE einen Testwert von 115 erzielt. Sein Wert liegt also eine Standardabweichung über dem Mittelwert. Das entspricht einem Prozentrang von 84. Würde er auch den IST bearbeiten, wäre zu erwarten, dass er einen Testwert um 110 erzielt (da beide Tests allgemeine Intelligenz erfassen), denn beim IST beträgt eine Standardabweichung zehn Punkte.
Will ein Forscher eine Studie mit Hochbegabten (IQ ≥ 130) durchführen, kann er aufgrund der Überführung des IQ-Werts in einen Prozentrang ausrechnen, dass nur ca. 2 % der Gesamtbevölkerung so einen hohen IQ haben. Möchte er eine Stichprobe von 100 Hochbegabten zusammenbekommen, muss er also etwa 5 000 Probanden testen (zwei von 100 haben einen IQ ≥ 130), um genügend hochbegabte Probanden zu finden.

1.3.4 Testgütekriterien

Testgütekriterien sagen etwas darüber aus, wie gut ein Testverfahren ist. Die wichtigsten drei Kriterien sind die
- Objektivität,
- die Reliabilität und
- die Validität.

Objektivität

Man kann die Objektivität unterteilen in Durchführungs-, Auswertungs- und Interpretationsobjektivität. Eine hohe Objektivität bedeutet, dass bei einem Test, der an einem bestimmten Probanden durchgeführt wird, immer dasselbe Ergebnis herauskommt, egal, wer den Test durchgeführt, ausgewertet und interpretiert hat.
Erreicht wird Objektivität durch eine hohe **Standardisierung** der Testdurchführung, -auswertung und -interpretation (z. B. vorgeschriebene Instruktionen, die vom Testleiter nur abgelesen werden).
Will man die Objektivität eines Tests überprüfen, vergleicht man, ob verschiedene Testleiter unabhängig voneinander bei denselben Probanden zu identischen Ergebnissen kommen. Als Kennwert berechnet man die Höhe der Übereinstimmung (Korrelation) zwischen den Ergebnissen der Probanden bei den verschiedenen Testleitern.

Merke!

Die Objektivität ist die Unabhängigkeit eines Testverfahrens vom Testleiter.

Reliabilität

Reliabilität wird auch als Zuverlässigkeit oder Messgenauigkeit bezeichnet. Man muss verschiedene Arten der Reliabilität unterscheiden:

Norm	–2 SD	–1 SD	M	+1 SD	+2SD	Beispiel für Testverfahren
Prozentrang	2	16	50	84	98	
IQ-Norm M = 100, SD = 15	70	85	100	115	130	HAWIE, HAWIK (Hamburg-Wechsler Intelligenztest für Erwachsene und Kinder)
Z-Werte M = 100, SD = 10	80	90	100	110	120	IST (Intelligenzstrukturtest)

Tab. 2: Verschiedene Testnormen

- **Retest-Reliabilität**: Wiederholte Messung an denselben Probanden, wobei die Messwerte der ersten Testung und der zweiten Testung miteinander verglichen werden (Berechnung der Korrelation).
- **Paralleltest-Reliabilität**: Vergleich zweier paralleler (= sehr ähnlicher) Testformen an derselben Stichprobe (zu einem Zeitpunkt) und Berechnung der Übereinstimmung über die Korrelation der Messwerte.
- **Split-Half-Reliabilität** (Testhalbierungsverfahren): Vergleich der Ergebnisse zweier Testhälften an derselben Stichprobe und Berechnung der Übereinstimmung über Korrelation der Messwerte. Testhälften werden meistens durch Aufteilung der Items nach dem Zufallssprinzip erstellt.
- **Interne/Innere Konsistenz**: Berechnung der Übereinstimmung (Korrelation) jeder einzelnen Testaufgabe mit allen anderen Testaufgaben, um festzustellen, ob der Test ein homogenes Merkmal misst (und nicht viele verschiedene). Sie stellt eine Verallgemeinerung der Split-Half-Methode dar.

> **Merke!**
>
> - Die Reliabilität gibt an, mit welcher Genauigkeit ein Test ein Merkmal misst.
> - Die Höhe der Reliabilität ist abhängig von der Testlänge: Je länger der Test (mit ähnlichen Aufgaben), desto höher die Reliabilität.

Standardmessfehler

Da ein Test nie perfekt reliabel ist, kann man in Form des Standardmessfehlers angeben, wie groß der Messfehler aufgrund mangelnder Genauigkeit ausfällt. Der Standardmessfehler (SM) ergibt sich aus dem Reliabilitätskoeffizienten (r, zwischen 0 und 1) und der Standardabweichung (SD) des Tests:

$$SM = SD\sqrt{1 - r}$$

Je höher die Reliabilität, desto kleiner der Standardmessfehler.

Konfidenzintervall

Das Konfidenzintervall (= Vertrauensintervall) gibt den Bereich an, in dem der wahre Wert des Probanden mit 95 %iger Wahrscheinlichkeit liegt. Je genauer der Test misst – also je höher seine Reliabilität ist – desto kleiner ist dieser Wertebereich. Das Konfidenzintervall (= KI) berechnet sich aus dem Testwert, den ein Proband erzielt hat ± dem Standardmessfehler.

$$KI = Testwert \pm SM$$

Validität

Die Validität sagt etwas über die inhaltliche Güte eines Testverfahrens aus. Hohe Validität bei einem neu entwickelten Depressionsfragebogen bedeutet z. B., dass depressive Menschen dort auch tatsächlich einen höheren Wert erzielen als nicht depressive und der Test nicht etwas ganz anderes (z. B. Ängstlichkeit) misst.

Auch bei der Validität muss man verschiedene Arten unterscheiden: Möchte man wissen, ob ein neu entwickelter Fragebogen tatsächlich Depressivität misst, kann man Verschiedenes tun:

- **Konvergente Validität**: Man kann das neue Testverfahren mit bereits bewährten Testverfahren vergleichen. Die konvergente Validität (= Übereinstimmungsvalidität) wird über die Korrelation mit einem Außenkriterium berechnet. Das kann entweder ein etabliertes Testverfahren zu dem Bereich sein (bekannter Depressionsfragebogen) oder z. B. das Urteil eines erfahrenen Psychiaters. Eine hohe Übereinstimmungsvalidität bedeutet, dass die Ergebnisse aus den verschiedenen Verfahren hoch korrelieren.
- **Differenzielle Validität**: Man möchte zeigen, dass man mit einem Test zwischen de-

1

pressiven und gesunden Patienten unterscheiden (differenzieren) kann. Hohe differenzielle Validität bedeutet allgemein, dass man mit Hilfe des Testverfahrens relevante Gruppen von Probanden gut unterscheiden kann (z. B. ein Einschulungstest, der zwischen schulreifen und nicht schulreifen Kindern trennen können soll oder ein Test zur Therapiemotivation, der zwischen Probanden, die durchhalten und denen, die abbrechen, trennen können soll).

- **Prädiktive Validität**: Viele Testverfahren sollen eine Vorhersage späterer Ereignisse ermöglichen (z. B. Berufseignungstests, Assessment Center). In diesem Fall ist es wichtig zu wissen, wie gut der Test das Kriterium (späteres Verhalten) vorhersagen kann. Um die prädiktive Validität eines Tests zu ermitteln, korreliert man die Testwerte vom Zeitpunkt eins mit den Werten im relevanten Kriterium, die zu einem späteren Zeitpunkt erhoben werden. Beispielsweise berechnet man den Zusammenhang der Abiturnote mit dem späteren Studienabschluss, um zu wissen, ob die Abiturnote eine gute Vorhersage des Studienerfolgs ermöglicht und somit sinnvollerweise zur Auswahl von Studenten eingesetzt werden sollte. Eine hohe prädiktive Validität bedeutet, dass der Test ein in der Zukunft liegendes Kriterium (z. B. Berufserfolg) zu einem großen Teil vorhersagen kann.

- **Augenscheinvalidität**: Diese Form der Validität bedeutet, dass ein Testverfahren „dem Augenschein nach" das misst, was es messen soll. Beispielsweise ist eine praktische Fahrprüfung als Test für die Fahreignung augenscheinvalide. Verwendete man als Fahrtest stattdessen Gedächtnisaufgaben, würde man als Teilnehmer diesen Test als unpassend für das relevante Kriterium (Fahreignung) empfinden. Augenscheinvalidität ist keine statistisch zu berechnende Größe, sondern entspricht der subjektiven Einschätzung des Probanden, inwiefern die Art des Tests für den angegebenen Zweck geeignet ist.

Merke!

Die Validität eines Testverfahrens bezieht sich auf die Gültigkeit und besagt, ob der Test tatsächlich das misst, was er zu messen vorgibt.

Zusammenhang der Testgütekriterien

Die Testgütekriterien Objektivität, Reliabilität und Validität bauen aufeinander auf. Das heißt, hohe Objektivität (= Unabhängigkeit vom Testleiter) ist eine notwendige Voraussetzung für hohe Reliabilität (= Messgenauigkeit, Zuverlässigkeit) und diese wiederum für hohe Validität (= Gültigkeit). Ein Test, der nicht objektiv oder nicht reliabel ist, kann also gar nicht valide sein.

Andersherum gilt die Beziehung dagegen nicht: Eine hohe Objektivität garantiert NICHT, dass der Test auch reliabel ist. Ebenso wenig führt eine hohe Reliabilität zwingend zu einer  hohen Validität, denn ein Test könnte zwar immer wieder dasselbe Ergebnis bringen (reliabel sein), aber dennoch das falsche Merkmal erfassen (z. B. Konzentrationsleistung statt Intelligenz) und damit nicht valide sein.

Merke!

Objektivität ist eine notwendige Bedingung für Reliabilität, diese wiederum für Validität.

Ökonomie

Ökonomische Überlegungen zu einem Test sind: Rechnet sich der Test? Lohnt sich der zeitliche, finanzielle oder sonstige Aufwand für die mit ihm erzielten Ergebnisse? Um diese Fragen zu beantworten, existieren allerdings keine einheitlichen Vorgehensweisen, da man die Gewinn- und Kostenhöhe eines Testverfahrens häufig nicht eindeutig beziffern kann (z. B. Kosten für eine Fehldiagnose).

Änderungssensitivität

Änderungssensitivität bezieht sich darauf, ob ein Test Änderungen eines Merkmals messen kann, also sensibel genug reagiert, wenn sich bei einem Patienten eine bestimmte Symptomatik verändert.

Beispiel
Ein Test, der zur Evaluation einer Depressionstherapie eingesetzt wird, sollte das Nachlassen der Depression nach Gabe von Antidepressiva sensibel erfassen können.

1.3.5   Beurteilung der Güte einer diagnostischen Entscheidung

Mit jedem Test – verallgemeinert: mit jeder Diagnose – werden im klinischen Bereich Patienten als gesund oder krank kategorisiert. Allerdings sind Diagnoseverfahren niemals perfekt. Patienten können richtig (Kranke als krank, s. Feld A; Gesunde als gesund, s. Feld D) oder falsch (Kranke als gesund, s. Feld C; Gesunde als krank, s. Feld B) diagnostiziert werden. Daraus ergibt sich das in Tab. 3, S. 13 abgebildete Vier-Felder-Schema.

Übrigens ...
Zur Bezeichnung der Felder solltest du dir Folgendes merken:
– Eine **positive Diagnose** entspricht einem **kranken Zustand** (positiv im Sinne von Vorhandensein der Krankheit).
– Eine **negative Diagnose** bedeutet **gesund**, da keine Krankheit vorhanden ist.

Um die Güte eines Diagnostikverfahrens zu beurteilen, gibt es vier Kennwerte: Die ersten beiden – Sensitivität und Spezifität – beziehen sich darauf, wie gut der Test darin ist, Kranke bzw. Gesunde zu identifizieren. Dagegen sagen der positive und der negative Prädiktionswert etwas darüber aus, mit welcher Wahrscheinlichkeit eine Diagnose/ein Testergebnis richtig ist. Am besten kann man sich die Aussagen dieser Kennwerte anhand von Fragen klar machen, die auf der nachfolgenden Seite beschrieben werden.

		tatsächlicher Zustand		
		krank (positiv)	gesund (negativ)	
Diagnose laut Testverfahren	krank (positiv)	A (Der Test ist richtig positiv.)	B (Der Test ist falsch positiv.)	**positiver Prädiktionswert** A/(A + B)
	gesund (negativ)	C (Der Test ist falsch negativ.)	D (Der Test ist richtig negativ.)	**negativer Prädiktionswert** D/(C + D)
		Sensitivität A/(A + C)	**Spezifität** D/(B + D)	

Tab. 3: Vier-Felder-Schema zur Validität von diagnostischen Verfahren

1

Sensitivität

Frage: Wie gut findet man mit dem Test die tatsächlich Kranken (Positiven)?

– Die Sensitivität entspricht dem Anteil der laut Test Positiven (laut Test: „krank") an allen tatsächlich Positiven (tatsächlicher Zustand: „krank").

– Die Sensitivität ist wichtig, wenn man alle Kranken identifizieren möchte, (z. B. um wie bei der SARS-Diagnostik die Ausbreitung einer ansteckenden Krankheit zu verhindern).

Spezifität

Frage: Wie gut findet man mit dem Test die tatsächlich Gesunden (Negativen)?

– Die Spezifität entspricht dem Anteil der laut Test Negativen (laut Test: „gesund") an allen tatsächlich Negativen (= tatsächlicher Zustand: „gesund").

– Die Spezifität ist besonders wichtig, wenn man ausschließen will, dass gesunde Patienten fälschlicherweise als krank identifiziert werden (Beispielsweise sollte vor einer riskanten Operation im Rahmen der Diagnose ausgeschlossen werden können, dass ein scheinbar bösartiger Tumor doch gutartig ist.).

Positiver Prädiktionswert

Frage: Wenn das Testergebnis positiv (im Test: „krank") ausfällt, wie wahrscheinlich ist jemand dann wirklich krank?

– Der positive Prädiktionswert entspricht dem Anteil richtig Positiver (= tatsächlicher Zustand: „krank") an allen als positiv Diagnostizierten.

Negativer Prädiktionswert

Frage: Wenn das Testergebnis negativ (im Test: „gesund") ausfällt, wie wahrscheinlich ist jemand dann wirklich gesund?

– Der negative Prädiktionswert entspricht dem Anteil richtig Negativer (= tatsächlicher Zustand: „gesund") an allen als negativ Diagnostizierten.

1.3.6 Diagnostische Klassifikationssysteme

Auch im medizinischen Bereich soll die Güte diagnostischer Entscheidungen erhöht werden. So legen international gültige Klassifikationssysteme fest, welche Symptome in welcher Ausprägung vorliegen müssen, damit eine bestimmte Diagnose gestellt werden darf. Solche Klassifikationssysteme schränken durch diese operationale Definition der Diagnosen den subjektiven Ermessensspielraum ein und verbessern damit Objektivität, Reliabilität und schließlich auch die Validität. Zu den bekanntesten Klassifikationssystemen gehört die ICD-10. Sie ist in Deutschland für die Dokumentation von Diagnosen verbindlich. Während die ICD-10 alle Erkrankungen umfasst, bezieht sich das multiaxiale DSM-IV (Diagnostic and Statistical Manual of Mental Disorders) vorwiegend auf psychische Störungen. Neben der ICD-10 zur Klassifizierung von Gesundheitsstörungen gibt es die **ICF** (International Classification of Functioning, Disability and Health), die Folgeerscheinung von Erkrankungen klassifiziert. Hierbei werden die

– **Körperstrukturen** (sind physiologische Funktionen, Organe, Gliedmaßen vorhanden?),

– **Aktivitäten** (sind Selbstversorgung, häusliches Leben, Bewegungen möglich?) und

– **Partizipationen** (ist eine Person gesellschaftlich isoliert?) berücksichtigt.

> **Merke!**
>
> Der positive prädiktive Wert hängt stark von der Prävalenz (relativen Häufigkeit) einer Erkrankung ab. Am besten du merkst dir **Ppp** für **P**rävalenz und **p**ositiver **p**rädiktiver Wert.

Aus diesem Kapitel sind die **Testgütekriterien Objektivität, Reliabilität und Validität** sehr wichtig. Deswegen hier noch eine kleine Auffrischung der wichtigsten Fakten:

– **Objektivität** ist die Unabhängigkeit des Tests vom Versuchsleiter. Je weniger Einfluss der Versuchsleiter bei der Durchführung, Auswertung und Interpretation des Tests hat, desto höher fällt die Objektivität aus.

– **Reliabilität** bezeichnet die Messgenauigkeit oder Zuverlässigkeit eines Tests. Sie fällt dann hoch aus, wenn bei demselben Probanden auch bei wiederholter Messung die Testwerte sehr ähnlich ausfallen. Auch die verschiedenen Arten der Reliabilitätsermittlung (= Retest-Reliabilität, Parallel-Test-Reliabilität, Split-Half-Relibilität, Interne Kon-

sistenz) solltest du unbedingt lernen, damit du sie in den Fragen wiedererkennst.

– **Validität** steht für die Gültigkeit eines Tests und beschäftigt sich mit der Frage, ob eigentlich das gemessen wird, was gemessen werden soll. Sie ist dann hoch, wenn der Test eng mit anderen Verfahren zusammenhängt, die dasselbe messen sollen.

– Auch bei der **Validität** gibt es verschiedene Arten, sie zu **bestimmen**: Übereinstimmungsvalidität, differenzielle Validität, prädiktive Validität und Augenscheinvalidität. Schau dir unbedingt nochmal an, was sich hinter den verschiedenen Validitätsarten verbirgt.

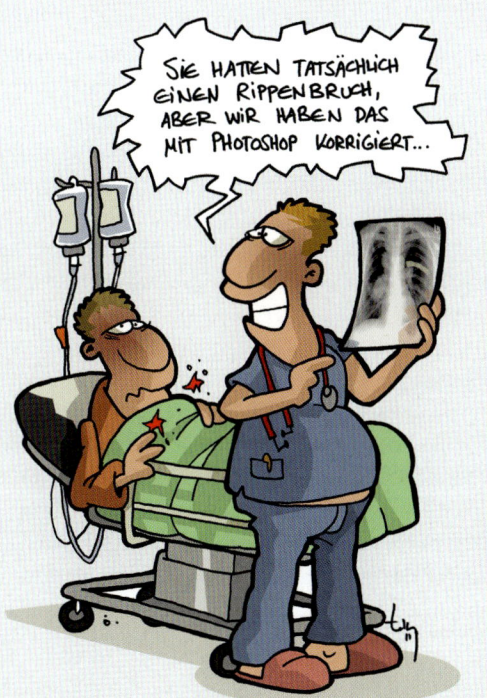

Mehr Cartoons unter www.medi-learn.de/cartoons

Pause

Kurze Pause!
Jetzt ist erst einmal ein
wenig Entspannung angesagt.

1

1.4 Untersuchungsarten

Nachdem man seine Fragestellung operationalisiert hat, muss man sich überlegen, mit welcher Art von Untersuchung sie am besten zu überprüfen ist. Die wissenschaftlich sauberste Methode ist das Experiment.
Häufig sind die Voraussetzungen für eine experimentelle Untersuchung allerdings nicht gegeben, sodass man zugunsten der leichteren Durchführbarkeit oder der größeren ökologischen Validität (Alltagsnähe) eine weniger kontrollierte Untersuchungsart wählt.

1.4.1 Experiment

Merke!

Nur mit Hilfe von Experimenten können Ursache-Wirkungs-Beziehungen zwischen verschiedenen Variablen untersucht werden.

Prinzip von Experimenten

Experimente dienen der Überprüfung von Ursache-Wirkungs-Zusammenhängen. Eine **unabhängige Variable** (Variable, die man für die Ursache hält) wird vom Versuchsleiter planmäßig variiert und die Wirkung dieser Variation auf eine **abhängige Variable** (andere Variable) beobachtet. Alle anderen Einflussfaktoren müssen konstant gehalten werden.

Beispiel

Man plant ein Experiment, um die Wirksamkeit des neu entwickelten Konzentrationstrainings zu überprüfen. In der Sprache von Ursache-Wirkungs-Beziehungen bedeutet das: Man nimmt an, dass das Konzentrationstraining die Ursache für eine verbesserte Konzentrationsleistung ist.

Unabhängige Variable (UV)

Die Annahme ist, dass unterschiedliche Ausprägungen der UV zu unterschiedlichen Wirkungen führen. Um das zu überprüfen, wird die UV planmäßig vom Experimentator variiert. Die Variation geschieht meist durch Einteilung der Probanden in Versuchsgruppen (Versuchsbedingungen).

Beispiel

Die UV wäre in unserem Fall die Art der Behandlung, die die aufmerksamkeitsgestörten Kinder bekommen. Wir könnten die UV dreifach variieren:
1. Teilnahme an dem Konzentrationstraining (Trainingsgruppe) im Vergleich zur
2. Einnahme von Medikamenten (Medikamentengruppe) oder
3. keinerlei Maßnahmen (Kontrollgruppe).

Merke!

Die unabhängige Variable ist die Variable, die vom Experimentator variiert wird und deren Auswirkung man überprüfen möchte.

Abhängige Variable (AV)

Die abhängige Variable ist die Variable, die gemessen wird, um die unterschiedlichen Auswirkungen der Variationen der UV zu sehen. Sie verändert sich abhängig von den Versuchsbedingungen.

Beispiel

Wir wollen wissen, wie sich die verschiedenen Behandlungsmethoden (= UV) auf die Konzentrationsleistung in einem Konzentrationstest auswirken. AV ist damit die Konzentrationsleistung der Kinder nach dem Training, der medikamentösen Behandlung oder ohne Behandlung.

Moderator- versus Mediatorvariable

In einem Gymnasium müssen die zwei bestehenden Eingangstüren jeweils von innen nach
außen geöffnet werden.
Schüler, die neu in diese Schule kommen,
laufen gelegentlich dagegen, da sie die Türen
auch von außen nach innen öffnen wollen.
Nun will man wirksame Interventionsmög-
lichkeiten testen, um Schüler und Türen zu
schonen. Man schreibt daher außen an eine
Tür „pull", die andere Tür bleibt unbeschriftet.
Ein Lehrer zählt am folgenden Tag die richtigen Versuche. Die unabhängige Variable war
also die Beschriftung (die hat man variiert),
abhängig waren die Fehlversuche beim Öffnen der Tür (die hat man gezählt).
Die Fehler an der beschrifteten Tür wurden
jedoch nur von Schülern aus Grundschule A
gemacht. Bei Schülern aus Grundschule B waren alle Versuche fehlerfrei. Damit verändert
(moderiert) die Herkunft der Schüler den Effekt. Die Variable „Herkunft" ist also **Modera-
torvariable**.
Es stellte sich heraus, dass in Schule A kein
Englisch gelehrt wurde, in Schule B hingegen schon. Der Effekt wird also kausal erklärt
durch die englischen Sprachkenntnisse. Damit
ist „Englischkenntnis" der **Mediator (Vermitt-
ler)** zwischen Herkunft und Fehler beim Türöff-
nen. Mediatorvariablen erklären also kausal
den Zusammenhang zwischen zwei anderen
Variablen.

> **Merke!**
>
> – Die **un**abhängige (als **u**rsächlich angenom-
>   mene) Variable wird planmäßig variiert.
> – Die abhängige Variable wird gemessen.
> – Die Moderatorvariable moderiert den Effekt.
> – Die Mediatorvariable vermittelt den Effekt.

**Weitere wichtige Kennzeichen eines
Experiments**

Damit Ursache-Wirkungs-Beziehungen zwischen verschiedenen Variablen tatsächlich untersucht werden können, muss
ein Experiment die folgenden
Bedingungen erfüllen:

– **Willkürlichkeit**: Die Bedingungen sind je-
  derzeit willkürlich herzustellen.
– **Wiederholbarkeit**: Das Experiment muss je-
  derzeit wiederholt werden können.
– **Variierbarkeit**: Die unabhängige Variable
  muss vom Versuchsleiter frei variiert werden
  können. Ist das nicht der Fall, nennt man die
  Untersuchung ein Quasi-Experiment (z. B.
  ein Vergleich zwischen der Arbeitsqualität
  von Ärzteteams mit unterschiedlicher tech-
  nischer Ausstattung: Zwei Teams hatten bereits neue Operationsausstattungen bekommen, die anderen zwei arbeiteten noch mit
  der alten Ausstattung, ohne dass die Verteilung der technischen Ausstattung (UV) vom
  Versuchsleiter vorgenommen wurde).

Interne/externe Validität von Experimenten

Auch bei Experimenten stellt sich die Frage,
ob die gefundenen Ergebnisse gültig (valide)
sind. Hier unterscheidet man zwischen inter-
ner und externer Validität.
– Die **interne Validität** beschreibt die Sicher-
  heit, mit der in dem Experiment die Änderung der abhängigen Variable kausal auf
  die unabhängige Variable zurückgeführt
  werden kann (Ist das Experiment „intern"
  schlüssig?).
– Die **externe Validität** beschreibt die Sicher-
  heit, mit der in dem Experiment an einer
  kleinen Stichprobe gefundene Ergebnisse
  auf die Allgemeinheit (nach extern) übertragen werden können.

Verteilung der Versuchspersonen auf die Versuchsbedingungen

– **Randomisierung**: Die Zuordnung der Probanden zu den Versuchsgruppen geschieht nach dem Zufallsprinzip. Dadurch sollen Selektionseffekte ausgeschlossen werden. Selektionseffekte liegen vor, wenn die Gruppen sich schon von vornherein in einem Merkmal unterscheiden, das evtl. die abhängige Variable beeinflusst (wenn z. B. in der Medikamentengruppe besonders schwer aufmerksamkeitsgestörte Kinder wären). Bei Experimenten müssen randomisierte Versuchsgruppen vorliegen.

Parallelisierung

Wenn man nur sehr kleine Versuchsgruppen hat, kann es bei einer randomisierten Zuteilung leicht zu Gruppenunterschieden kommen (z. B. weil die drei schwersten Fälle zufällig in der einen Gruppe landen). Aus diesem Grund wählt man bei kleinen Stichproben das Verfahren der Parallelisierung. Dabei werden die Versuchsgruppen so gebildet, dass sie sich in allen relevanten Merkmalen möglichst ähnlich sind.

> **Beispiel**
> Im Falle der Behandlungsgruppen sollte man garantieren, dass die anfängliche Aufmerksamkeitsstörung im Schnitt in allen Gruppen gleich ist.

Konstanthaltung

Um einen gefundenen Unterschied in der AV eindeutig auf die verschiedenen Bedingungen der UV zurückführen zu können, sollten alle anderen Variablen konstant gehalten werden (z. B. Versuch immer im gleichen Raum, gleicher Versuchsleiter etc.).

> **Übrigens …**
> Die Wirkung einer Therapie lässt sich am besten überprüfen, wenn die unabhängige Variable planmäßig variiert, die Störvariablen konstant gehalten werden und die Aufteilung der Probanden zufällig vorgenommen wird. Da alle Variablen kontrolliert und die Probanden zufällig auf die Gruppen verteilt wurden, spricht man von einer **kontrollierten randomisierten Studie**.

1.4.2 Ökologische Studie

Im Gegensatz zum Experiment werden hier keine künstlichen Bedingungen hergestellt, sondern natürlich vorkommende (= ökologische) Daten analysiert (z. B. Untersuchung der psychischen Auswirkung von Arbeitslosigkeit bei einer Stichprobe von zu diesem Zeitpunkt erwerbslosen Personen).

1.4.3 Längsschnitt- und Querschnittstudie

Längsschnitt- und Querschnittstudien werden eingesetzt, um Veränderungen über die Zeit zu

	1. Messzeitpunkt	2. Messzeitpunkt	3. Messzeitpunkt	4. Messzeitpunkt
Alter der Probanden	neugeboren	2 Jahre	6 Jahre	10 Jahre
Anzahl	(1000)	981	949	911
% der urspr. Stichprobe	100	98	95	91
Testzeitpunkt	1970	1972	1976	1980

Tab. 4: Längsschnittstudie

analysieren. Beispielsweise kann man zur Frage, wie sich die Intelligenz über das Lebensalter entwickelt, beide Studien einsetzen.

Längsschnittstudie

Dieselbe Gruppe von Personen wird zu mehreren Zeitpunkten untersucht/getestet.
Vorteil:
– Es sind Aussagen über individuelle Entwicklungsverläufe möglich.
Nachteile:
– aufwändige, lange Untersuchung,
– selektive Veränderung der Stichprobe (z. B. Ausstieg unmotivierter oder kranker Probanden),
– Konfundierung von Alter und Erhebungszeitpunkt: Man kann nicht unterscheiden, ob eine beobachtete Veränderung wirklich auf das Alter zurückzuführen ist oder auf den Zeitpunkt der Testung. Wenn man die Emotionalitätsentwicklung im Alter untersuchen möchte, kann es sein, dass eine der Messungen an einem schönen Sommertag stattfindet. Dann ist es unklar, ob eine gemessene Stimmungsverbesserung vom Wetter zum Testzeitpunkt oder vom höheren Alter der Probanden verursacht wurde.

Querschnittstudie

Zu einem Zeitpunkt werden Probanden verschiedener Altersgruppen untersucht/getestet.
– Mit einer Querschnittuntersuchung kann man die **Prävalenz** (relative Häufigkeit einer Erkrankung zu einem Zeitpunkt) erfassen.
– Die Bestimmung der **Inzidenz** (Anzahl an Neuerkrankungen) erfordert mehrere Messzeitpunkte und lässt sich daher durch eine Querschnittstudie nicht bestimmen.

> **Merke!**
>
> Von einer Querschnittstudie spricht man, wenn nur zu einem einzigen Zeitpunkt gemessen wird.

Vorteil:
– kurzer Erhebungszeitraum

Nachteil:
– Konfundierung von Alter und Generation: Man kann nicht unterscheiden, ob Unterschiede zwischen den verschiedenen Altersgruppen allein auf das Alter zurückzuführen sind oder auf die Generation und damit die Umstände, in denen die verschiedenen Altersgruppen aufgewachsen sind.
– keine Aussage zu Wirkungszusammenhängen möglich

2003

Vp	1	30-jährig (IQ 130)	**Generation 2**
	2	35-jährig (IQ 110)	
	3	40-jährig (IQ 120)	
	…		
	7	60-jährig (IQ 125)	**Generation 1**
	…		

Tab. 5: Querschnittstudie

> **Merke!**
>
> Bei Querschnittstudien erfährt man nichts über die Ursachen der beobachtbaren Merkmale. Es handelt sich um ein rein deskriptives (beschreibendes) Verfahren.

1.4.4   Kohortenanalyse

Eine Kohorte ist eine Personengruppe, die das gleiche Ereignis zur selben Zeit erfahren hat (z. B. gemeinsamer Schulabschluss oder Zugehörigkeit zu einem Geburtsjahrgang).

Prospektive Kohortenstudie

Eine prospektive Kohortenstudie wird zur Analyse der Auswirkung (bekannter) Risikofaktoren eingesetzt (z. B. welche gesundheitlichen Konsequenzen hat der Verlust des Arbeitsplatzes? = gemeinsames Ereignis). Es handelt sich um eine **Längsschnittbeobachtung** vom Zeitpunkt des gleichen Ereignisses ausgehend. Dabei ist es wichtig, dass die untersuchten Personen wiederholt nach Eintritt des Ereignisses untersucht werden (**Follow-Up-Untersuchungen**).

Retrospektive Kohortenstudie

Eine retrospektive Kohortenstudie wird zur Suche nach zurückliegenden Risikofaktoren für Krankheiten eingesetzt (Gab es z. B. einschneidende Lebensereignisse bei depressiven Patienten?). Es handelt sich also um einen Rückblick vom Zeitpunkt des Eintretens eines Ereignisses (z. B. Erkrankung) aus.

1.4.5 Fall-Kontroll-Studie

> **Merke!**
>
> – Bei Fall-Kontroll-Studien werden immer zwei Gruppen – Erkrankte und Gesunde – bezüglich ihrer Exposition (dem Risikofaktor ausgesetzt sein) zu einem Risikofaktor verglichen.
> – Eine Fall-Kontroll-Studie entspricht einer retrospektiven Kohortenstudie mit zusätzlicher Kontrollgruppe.

Beispiel

Personen mit einem seltenen Tumor bilden die Fallgruppe; Merkmalszwillinge, die z. B. in Alter, Geschlecht, Beruf und Familienstand je einem Erkrankten entsprechen, bilden die Kontrollgruppe.

Es wird retrospektiv erfasst, mit welcher Häufigkeit die Gruppenmitglieder einer Exposition, z. B. Röntgenstrahlungen, ausgesetzt waren.

Nehmen wir an, bei den Erkrankten (= Fallgruppe) waren 60 % Röntgenstrahlungen ausgesetzt und in der Kontrollgruppe waren es 20 %. Dies spricht für ein erhöhtes Tumorrisiko aufgrund der Röntgenstrahlung.

– Aus dem Verhältnis (ratio) dieser Quoten (odds) wird die odds-ratio berechnet (hier beträgt sie 60 % ÷ 20 % = 3). Sie bildet ein Maß für das relative Risiko von Röntgenstrahlen auf Grundlage einer Fallkontrollstudie.

1.4.6 Risikoberechnung

Möchte man beurteilen, welches Gesundheitsrisiko vom Rauchen ausgeht, so beobachtet man 100 Raucher und 100 Nichtraucher über einen sehr langen Zeitraum und zählt die Zahl der Krebserkrankungen, die in dieser Zeit neu entstehen (= Inzidenz von Krebserkrankungen).

Angenommen, bei den Rauchern besteht eine Inzidenz von 10 % (= zehn von 100 Rauchern erkranken neu), bei den Nichtrauchern von 1 %. Für die Risikoerhöhung gibt es zwei anschauliche Maße – das relative und das absolute Risiko.

– Zur Berechnung des **relativen Risikos** dividiert man die Krebsfälle der Raucher durch die der Nichtraucher (10 % ÷ 1 % = 10). So erhält man den Faktor, um den sich das Risiko durch Rauchen erhöht.

– Das **absolute Risiko** berechnet man, indem man die Krebsfälle der Nichtraucher von den Krebsfällen der Raucher **subtrahiert**. Dies liefert die absolute Zahl der durch Rauchen verursachten Krebsfälle (= absolutes Risiko) oder die Zahl der Krebsfälle, die dem Rauchen zugeschriebenen werden können (= zugeschriebenes Risiko oder attributionales Risiko). In unserem Beispiel sind das neun Krebserkrankungen von 100 Rauchern, die auf das Rauchen zurückgeführt (attribuiert) werden können. Berechnung: (10 ÷ 100) – (1 ÷ 100) = 9 ÷ 100 oder 9 %.

Würde man 100 Rauchern das Rauchen verbieten, so könnten damit neun Krebsfälle verhindert werden. Um einen Krebsfall zu verhindern, müsste man daher 11,11 Rauchern das Rauchen verbieten (NNT).

– Die **NNT (number needed to treat)** ist ein anschauliches Maß zur Beurteilung von Präventions- und Behandlungsmaßnahmen. Es ist die Anzahl an Patienten, die behandelt werden müssen, um einen einzigen Krankheitsfall zu verhindern. Berechnet wird die NNT durch den Kehrwert der absoluten Risikoreduktion.

Beispiel

Nehmen wir an, ohne Prophylaxe erkrankten 8 %, mit Prophylaxe 3 % (= 5 % weniger). Die NNT errechnet sich dann wie folgt:
100 ÷ (8 − 3) oder anders ausgedrückt 100 ÷ 5 = 20.
In diesem Fall müssen also 20 Personen behandelt werden, um einen Krankheitsfall zu vermeiden.

Merke!

– **Relatives Risiko** = Erkrankungshäufigkeit der Exponierten dividiert durch Erkrankungshäufigkeit der nicht Exponierten.
– **Odds-Ratio** = ein Näherungsmaß für das relative Risiko.
– **Absolutes Risiko** = zugeschriebenes Risiko = attributionales Risiko = Erkrankungshäufigkeit der Exponierten MINUS Erkrankungshäufigkeit der nicht Exponierten.
– **NNT (number needed to treat)** = Anzahl an Patienten, die behandelt werden müssen, um einen einzigen Krankheitsfall zu verhindern = Kehrwert der absoluten Risikoreduktion.

Um zweifelsfrei nachzuweisen, dass Rauchen wirklich Krebs verursacht, müsste man ein echtes Experiment bzw. eine kontrollierte randomisierte Studie durchführen, bei der man eine Gruppe zufällig ausgewählter Jugendlicher nikotinabhängig macht und eine zweite Gruppe hiervor bewahrt (unabhängige Variable). Anschließend zählt man die Krebserkrankungen in beiden Gruppen (abhängige Variable).

Ein solches Experiment würde sich schon aus ethischen Gründen verbieten, daher gelten im Rahmen der Epidemiologie andere Kriterien für das Vorliegen einer **kausalen Beziehung**:
– Biologische Plausibilität (= Pathomechanismen plausibel),
– Dosis-Wirkungs-Beziehung (= je mehr Rauch, desto mehr Krebs),
– Replizierbarkeit der Befunde (= Raucher aller Nationen und Zeiten zeigen höheres Risiko) und
– zeitliche Ordnung (= erst rauchen, dann Krebs).

Merkmale, die ein erhöhtes Krankheitsrisiko verursachen, bezeichnet man als Risikofaktoren, Merkmale, die zwar ein erhöhtes Krankheitsrisiko vorhersagen lassen, es jedoch nicht kausal hervorrufen, nennt man Risikoindikatoren (Marker).

1.4.7 Untersuchungsfehler

Um die Ergebnisse einer Untersuchung interpretieren zu können, ist die Kontrolle aller störenden Einflüsse wichtig. Folgende Fehler können auftreten:

Reihenfolgeeffekte

Von einem Reihenfolgeeffekt spricht man, wenn die Abfolge, in der Versuchspersonen ihnen gestellte Aufgaben bearbeiten, einen Einfluss auf das Ergebnis (die abhängige Variable) hat. Was kann man in solchen Fällen tun?

Ausbalancieren bedeutet, dass man Reihenfolgeeffekte durch die systematische Variation der Aufgaben ausschließt (Person 1: Aufgabe 1, 2, 3; Person 2: Aufgabe 2, 3, 1; Person 3: Aufgabe 3, 1, 2; etc.). Reihenfolgeeffekte gleichen sich so über die Mittelwerte aus.

1

Hawthorne-Effekt/Versuchspersonenfehler

Der Hawthorne-Effekt beschreibt folgendes Phänomen: Die Versuchspersonen verhalten sich anders, weil sie wissen, dass sie an einer Untersuchung teilnehmen und sich z. B. beobachtet fühlen (unabhängig davon, in welcher Versuchsbedingung sie sind). Dadurch können die Ergebnisse natürlich verzerrt werden.

Rosenthal-Effekt/Versuchsleiterfehler

Dieser Effekt geht vom Versuchsleiter aus und betrifft dessen Erwartungen an die Versuchspersonen. Die Erwartungen des Versuchsleiters beeinflussen nämlich dessen Wahrnehmung und Verhalten. Wenn z. B. ein Arzt schon eine bestimmte Diagnose vermutet, so besteht die Gefahr, dass er durch suggestive Anamnesefragen wie z. B. „Ihnen wird doch bestimmt auch übel?", seine (Fehl-)Diagnose bestätigt.

Was kann man gegen Versuchspersonen- und Versuchsleiterfehler tun? Durch **Doppelblindstudien** werden der Versuchspersonenfehler und der Versuchsleiterfehler vermieden. „Doppelblind" bedeutet, dass weder die Versuchspersonen noch der Versuchsleiter wissen, wer in welcher Versuchsbedingung ist.

Placeboeffekte

Placeboeffekt bedeutet, dass allein durch die mit der Behandlung verbundenen Erwartungen ein Effekt/eine Verbesserung auftritt (z. B. bei Gabe unwirksamer Placebo).
Placeboeffekte sind abhängig von der Vorerfahrung mit Medikamenten/Behandlungsmethoden und hängen von der Darreichungsform ab (z. B. sind sie wahrscheinlicher, wenn auf die Einnahme des Medikaments großen Wert gelegt wird). Placeboeffekte können unterschiedliche Ursachen haben:

– Autosuggestion: Der Patient redet sich selbst ein, es ginge ihm besser und schließlich geht es ihm besser.
– Heterosuggestion: Andere reden dem Patienten ein, es ginge ihm besser und schließlich geht es ihm besser.
– Rosenthal-Effekt (s. o.): Der Versuchsleiter erwartet von dem Patienten eine Besserung seines Zustands, woraufhin diese auch eintritt.

Was kann man tun, um Placeboeffekte zu verhindern?
Durch **Kontrollgruppen** können Placeboeffekte von tatsächlichen Behandlungseffekten unterschieden werden. Dazu werden eine oder mehrere Experimentalgruppen (Therapiegruppen) mit einer Kontrollgruppe verglichen, die nur ein Placebo (z. B. ein wirkungsloses Medikament) erhält.

Konfundierung

Eine Konfundierung liegt vor, wenn eine Störvariable einen systematischen Zusammenhang zwischen zwei Variablen vortäuscht, der eigentlich gar nicht existiert. Beispiel: Ein Therapieerfolg bei Depressiven geht gar nicht auf die Therapie zurück, sondern auf die Verbesserung des Wetters.

Reaktivität

Reaktivität bezeichnet die Tatsache, dass der Vorgang des Messens selbst einen Einfluss auf das zu analysierende Phänomen hat. Beispiel: Der Blutdruck des Patienten steigt allein aufgrund der Tatsache, dass er gemessen wird und er deswegen aufgeregt ist.

1.5 Stichprobenarten

Bei wissenschaftlichen Fragestellungen wäre eine **Vollerhebung** die Methode der Wahl, da hier alle Personen der Grundgesamtheit untersucht werden. Ist dies jedoch – meist aus ökonomischen Gründen – nicht möglich, nimmt man eine Stichprobe. Die Auswahl der Versuchspersonen muss hierbei so erfolgen, dass das Ergebnis auf die Grundgesamtheit (Grundpopulation) übertragbar ist (externe Validität). Die **Repräsentativität** der Stichprobe kann durch die Selektivität der Versuchspersonen gefährdet werden. Beispiel: Nur besonders motivierte Personen nehmen an einer Umfrage teil.

Mangelnde Repräsentativität führt zu **Stichprobenfehlern** (Übergeneralisierung eines Ergebnisses, das nicht für die Allgemeinheit gilt).

Es kommt auch vor, dass bei klinischen Studien Probanden die Behandlung abbrechen, weil sie keine Wirkung der Behandlung verspüren. Nach dem „Intention-to-treat-Prinzip" werden diese Studienabbrecher dennoch mit in die Datenauswertung eingeschlossen, obwohl sie die Intervention nicht vollständig erhalten haben. Hierdurch entsteht eine geringere Verfälschung der Studienergebnisse, als wenn man diese Probanden nicht berücksichtigen würde.

Im Rahmen von Metaanalysen werden die Ergebnisse vieler einzelner Studien zusammengefasst. So werden viele kleine Stichproben zu einer großen Stichprobe. Damit erhöht man die Genauigkeit statistischer Berechnungen.

1.5.1 Zufallsstichproben (randomisierte Stichproben)

Bei randomisierten Stichproben geschieht die Auswahl aus der Grundgesamtheit zufällig (Prinzip der Randomisierung). Als Voraussetzung gilt, dass jede Person die gleiche Chance hat, an der Untersuchung teilzunehmen.

Klumpenstichprobe

Die Klumpenstichprobe ist eine besondere Form der Zufallsstichprobe, bei der Gruppen von Versuchspersonen (Klumpen) per Zufall ausgewählt und alle ihre Mitglieder untersucht werden.

> **Beispiel**
> Klumpen sind alle Universitäten in Deutschland. Die Zufallsauswahl ermittelt fünf Universitäten, von denen dann alle Studenten untersucht werden.

Geschichtete Zufallsauswahl (Strata-Stichprobe)

Die geschichtete Zufallsauswahl ist ebenfalls eine besondere Form der Zufallsstichprobe, bei der die Grundgesamtheit zunächst nach einem relevanten Merkmal in Schichten aufgegliedert wird. Innerhalb dieser Schichten erfolgt die Auswahl der Versuchspersonen dann randomisiert (nach dem Zufallsprinzip).

> **Beispiel**
> Aufgliederung der Bevölkerung nach Schulabschlüssen: Aus Schichten mit Hauptschulabschluss, Realschulabschluss, Abitur etc. werden Personen per Zufall ausgewählt.

1.5.2 Quotastichprobe

Bei der Quotastichprobe erfolgt die Auswahl einer Personengruppe unter der Berücksichtigung untersuchungsrelevanter Merkmale (z. B. soziale Schicht, Geschlecht), deren Verteilung in der Grundgesamtheit bekannt ist.

> **Beispiel**
> Die Stichprobe setzt sich entsprechend relevanter Bevölkerungsparameter zusammen (z. B. 50 % Frauen, 2 % aus der Oberschicht etc.).

Die Quotastichprobe kann man sich als eine Art Miniaturexemplar der eigentlich zu unter suchenden Grundgesamtheit vorstellen. In ihr sind die ausgewählten Merkmale wie in der großen Gesamtheit verteilt, nur dass es eben ein verkleinerter Ausschnitt ist.

1.6   Methoden der Datengewinnung

Um Informationen über Probanden zu gewinnen, kann man die Probanden befragen (Interview), beobachten (Verhaltensbeobachtung) oder testen (Testverfahren). Welcher Art die erhobenen Informationen (Daten) sein sollen, hängt von der Fragestellung ab.

1.6.1   Datenarten

Man kann die Daten danach unterscheiden, ob sie sich auf Einzelpersonen oder ganze Gruppen beziehen und ob sie „frisch" erhoben wurden oder bereits vorhanden waren.

Individualdaten und Aggregatdaten

- **Individualdaten** sind individuelle Daten einzelner Probanden (z. B. Blutdruck, Körpergröße etc. einer Person).
- **Aggregatdaten** sind zusammengefasste Individualdaten (z. B. Mittelwerte verschiedener Untergruppen).

Primär- und Sekundärdaten

- **Primärdaten** wurden vom Forscher selbst erhoben (z. B. im Labor, durch eigenes Experiment).
- **Sekundärdaten** sind „Second-Hand"-Daten, die bereits vorhanden waren und nicht extra neu erhoben wurden (z. B. aus Krankenakten, aus anderen Experimenten).

Index

Ein Index bezeichnet eine aus zwei oder mehreren quantitativen Merkmalen zusammengefasste Größe, die nach einer spezifischen Rechenvorschrift gebildet wird.

Beispiel: Der Index zur Erfassung des sozio-ökonomischen Status wird aus den Punktwerten für Einkommen, Bildungsabschluss und beruflicher Stellung gebildet.

1.6.2   Interview

Das Interview wird als Untersuchungsmethode häufig eingesetzt, wenn man zu einem neuen Themengebiet erst einmal Informationen sammeln möchte.

Interviews können sehr verschieden aussehen, je nachdem, wie standardisiert sie ablaufen und welchen Inhalt sie betreffen.

Grad der Standardisierung der Befragung

Gemäß der Standardisierung kann man Interviews in drei Gruppen einteilen:

- **Standardisierte Interviews**: Der Interviewer hat strenge Vorgaben einzuhalten, z. B. sind Reihenfolge, Inhalt und Wortlaut der Fragen vorgegeben. Der Vorteil für ein solches Vorgehen liegt in der besseren Vergleichbarkeit der Ergebnisse und einer höheren Objektivität.
- **Teilstandardisierte Interviews**: Nur die abzufragende Themengebiete sind vorgegeben (Interview-Leitfaden), der Wortlaut der Fragen und die Reihenfolge sind dem Interviewer freigestellt.
- **Unstandardisierte Interviews**: Hier gibt es abgesehen vom Hauptthema keine Vorgaben zur Durchführung.

Fragenarten

Auch die Art der gestellten Fragen kann man unterscheiden:

- **Offene Fragen**: Hier sind die Antwortmöglichkeiten für die Befragten uneingeschränkt (z. B. „Was führt Sie zu mir?").
- **Geschlossene Fragen**: Hier sind Antwortmöglichkeiten vorgegeben. Man kann wiederum zwei Arten unterscheiden:
  - Die **dichotome Frage** mit zwei Antwortmöglichkeiten („Haben Sie Schmerzen?")

- die **Katalogfrage** mit mehreren Antwortmöglichkeiten („Sind Ihre Schmerzen stechend, brennend oder schneidend?")

Übrigens ...
Offene Fragen sind in jeder Art des Interviews – auch im standardisierten möglich – z. B. zur Gesprächseröffnung im Anamnesegespräch.

1.6.3   Beobachtungsmethoden

Beobachtungsmethoden kann man auf drei Arten beschreiben, die frei miteinander kombiniert werden können:
- **Systematische vs. unsystematische Beobachtung**: Die zu beobachtenden Verhaltensweisen werden nach vorher festgelegten Regeln registriert (systematisch) oder erst während der Beobachtung festgelegt (unsystematisch).
  Vorteil: hohe Objektivität und hohe Reliabilität (Zuverlässigkeit) der systematischen Methode im Vergleich zur unsystematischen Beobachtung.
- **Teilnehmende vs. nicht teilnehmende Beobachtung**: Der Beobachter nimmt an der Aktivität der Beobachteten teil (z. B. Analyse des Verhaltens von Pauschaltouristen durch Teilnahme an Pauschalreise) oder nicht.
- **Verdeckte vs. offene Beobachtung**: Der Beobachter gibt sich nicht als solcher zu erkennen (z. B. verdeckter Ermittler) oder die Probanden wissen, dass sie beobachtet werden.

Ein Vorteil der verdeckten Beobachtung ist die Reduzierung der Reaktivität bzw. des Hawthorne-Effekts (= verändertes Verhalten, weil man weiß, dass man beobachtet wird).

1.6.4   Testverfahren

Testverfahren dienen dazu, quantitative Aussagen zum Ausprägungsgrad eines empirisch klar definierten Merkmals einer Person zu machen. Sie sind standardisiert und normiert (individueller Testwert kann mit der Normstichprobe in Beziehung gesetzt werden) und sollten den Testgütekriterien genügen. Die Testverfahren können in zwei Kategorien eingeteilt werden:
- Leistungstests und
- Persönlichkeitstests.

Leistungstests/Intelligenztests

Die zwei wichtigsten Intelligenztests sind der IST (Intelligenz-Struktur-Test) und der HAWIE/K (Hamburg-Wechsler-Intelligenztest für Erwachsene/Kinder).
- Der **IST** misst sprachliche, numerische und anschauungsgebundene Fähigkeiten. Die Durchführung erfolgt als Gruppentest (beliebig viele Teilnehmer, die alle einzeln und still arbeiten). Er ist nach der Z-Norm normiert (Mittelwert: 100, Standardabweichung: 10).
- Der **HAWIE/K** besteht aus einem Verbalteil (z. B. Allgemeinwissen) und einem Handlungsteil (z. B. Nachlegen eines Mosaikmusters) und ist nur als Einzeltest anwendbar. Er ist nach der IQ-Norm normiert (Mittelwert: 100, Standardabweichung: 15).
Folgende Fakten zeichnen einen guten Intelligenztest aus:
- Er verfügt über aktuelle Normen einer repräsentativen Stichprobe.
- Es gibt die Möglichkeit der Profilbildung bezüglich verschiedener Intelligenzbereiche (z. B. sprachliche vs. mathematische Fähigkeiten).
- Die Ergebnisse haben eine große Streuung innerhalb einer Population (verschieden intelligente Personen sollen unterschiedliche Ergebnisse haben).
- Die Gütekriterien (Objektivität, Reliabilität, Validität) sind erfüllt.

Persönlichkeitstests

Persönlichkeitstests sollen Aussagen zur Ausprägung von überdauernden Persönlichkeitsmerkmalen der Probanden erlauben (z. B. zum Ausmaß von Ängstlichkeit, Extraversion etc.). Bei Persönlichkeitstests unterscheidet man zwischen objektiven und projektiven Verfahren:

– Bei **objektiven Persönlichkeitstests** (z. B. FPI = Freiburger Persönlichkeitsinventar) gibt der Proband eine Selbsteinschätzung zu vorgegebenen Aussagen ab (z. B. „Ich gehe gerne auf Partys." – stimmt/stimmt nicht).

Ein Vorteil objektiver Tests ist ihre hohe Objektivität aufgrund der hohen Standardisierung. Der Nachteil ist die Verfälschbarkeit der Ergebnisse durch den Probanden.

Übrigens …

Ein besonderes Problem bei diesen Tests ist die **soziale Erwünschtheit**: Das heißt, dass Personen so antworten, dass sie sich möglichst vorteilhaft darstellen (z. B. bei Einstellungstests).

Merke!

Soziale Erwünschtheit kann bei allen Untersuchungsarten auftreten und die Ergebnisse verfälschen. Eine anonyme Datenerfassung macht sozial erwünschte Antworttendenzen unwahrscheinlicher.

– **Projektive Tests** (z. B. TAT = Thematischer Auffassungstest; Rorschach-Test) basieren auf der Idee der Projektion (s. Psychoanalyse). Es sollen unbewusste Wünsche und Gefühle des Probanden auf das mehrdeutige Testmaterial projiziert werden.

Der Vorteil projektiver Verfahren ist, dass sie unbewusste Motive aufdecken können und eine große Bandbreite an Merkmalen erfasst werden kann. Der Nachteil liegt darin, dass die Objektivität der Auswertung und Interpretation schwerer zu gewährleisten ist.

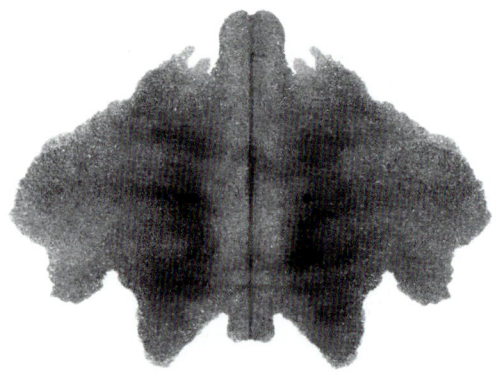

Abb. 3: Rorschach-Tafel   *medi-learn.de/7-psycho1-3*

1.6.5   Beurteilung und Beurteilungsfehler

Die erhobenen Daten werden häufig zur Beurteilung einer Person genutzt (z. B. Einstellungstest, Prüfung, Rentenbegehren etc.). Man unterscheidet hierbei die Selbst- von der Fremdbeurteilung:

– Bei der **Selbstbeurteilung** beurteilt sich die Person selbst (z. B. anhand eines Fragebogens).
– Bei der **Fremdbeurteilung** wird die Person von anderen beurteilt (z. B. von Angehörigen, Ärzten, Prüfern).

Beurteilungsfehler

Besonders bei der Fremdbeurteilung kommt es hin und wieder zu Verzerrungen. Häufige Fehler sind:

– **Haloeffekt** = Hofeffekt, Überstrahlungseffekt: Aufgrund des Einflusses eines Stereotyps wird von einer Eigenschaft auf eine andere geschlossen. Beispiel: Ein gut gekleideter Patient wird für intelligent gehalten.
– **Kontrasteffekt**: Eine Person wird schlechter beurteilt, wenn die zuvor beurteilten Personen besser waren oder umgekehrt.
– **Strenge- und Mildeeffekt**: Beurteilungen fallen entweder zu streng oder unangemessen milde aus.

– **Projektion**: Der Beobachter schreibt eigene Wünsche und Gefühle dem zu Beobachtenden zu (psychoanalytischer Abwehrmechanismus).

– **Actor-Observer-Bias = Akteur-Beobachter-Verzerrung**: Dieser Beurteilungsfehler beschreibt die Tendenz, dass Akteure (Handelnde) und Beobachter Ereignissen jeweils unterschiedliche Ursachen zuschreiben. Der Akteur führt seine Handlungen primär auf Faktoren der Situation zurück, der Beobachter führt die beobachtete Handlung primär auf Personenmerkmale des Akteurs zurück.

Beispiel

Ein Student begründet sein hastiges Sprechen in der Prüfung mit der unangenehmen Prüfungsatmosphäre (situationale Attribution), während der Prüfer sich denkt, dass der Student wohl ein sehr nervöser Mensch sei (personale Attribution). Solche Akteur-Beobachter-Verzerrungen können durch Perspektivenwechsel vermieden werden.

Die Akteur-Beobachter-Verzerrung wird auch als **fundamentaler Attributionsfehler** bezeichnet und – unter seinen verschiedenen Bezeichnungen – häufig gefragt.

1

Im schriftlichen Physikum tauchen Fragen zu den **Datenarten** (= Individual- und Aggregatdaten; primäre und sekundäre Daten) immer mal wieder auf. Deswegen solltest du dir die Definitionen gut einprägen.

Die Begriffe der **unabhängigen Variable (UV)** und der **abhängigen Variable (AV)** solltest du unbedingt richtig zuordnen können. Dazu noch ein Beispiel: Wenn man wissen will, wie sich das Trinken von Alkohol auf die Fahrsicherheit auswirkt, kann man das schematisch so darstellen:
Verschiedene Mengen von Alkohol → Fahrsicherheit

– Die UV ist immer die links stehende (= Ursachen-) Variable, die die AV (mehr oder weniger) beeinflusst.
– Die AV ist immer die rechts stehende Variable, die man misst, um den Einfluss der UV abschätzen zu können.

Auch die **verschiedenen Beobachterfehler** solltest du kennen. Und bitte dabei nicht verwirren lassen:

– **Hawthorne-Effekt** und Versuchspersonenfehler bezeichnen dasselbe, nämlich, dass sich die Versuchspersonen anders verhalten, weil sie wissen, dass sie beobachtet werden.
– **Rosenthal-Effekt** und Versuchsleiterfehler sind auch zwei Namen für dieselbe Tatsache: Erwartungen des Versuchsleiters verzerren die Effekte.

Mehr Cartoons unter www.medi-learn.de/cartoons

Pause

Ein paar Seiten hast du schon wieder geschafft!
Päuschen und weiter geht's!

1.7 Datenauswertung

Wie die gewonnen Daten ausgewertet werden, hängt zum einen von der Art der Daten (qualitativ oder quantitativ) und zum anderen von der speziellen Fragestellung ab.
Zur Datenauswertung zählen die zwei Schritte:
- die Beschreibung der Daten (Deskription) und
- das Überprüfen der erzielten Befunde auf ihre statistische Bedeutsamkeit (Signifikanz, Inferenzstatistik).

1.7.1 Quantitative Auswertungsverfahren

Die prüfungsrelevanten quantitativen Auswertungsverfahren sind deskriptive Statistik, Korrelation und Inferenzstatistik/Signifikanzprüfung.

Deskriptive Statistik

Deskriptive Statistik bezieht sich auf die Beschreibung und Zusammenfassung der Daten. Folgende Kennwerte sind dabei wichtig:
- **Häufigkeiten** von Merkmalsausprägungen werden in Tabellen oder Diagrammen (z. B. Säulen-/Balkendiagramm) dargestellt (z. B. Anzahl der Krankenhaustage nach Blinddarmoperation).
- **Mittelwert**: Die Ergebnisse der Probanden werden summiert und durch die Anzahl der Probanden geteilt:

$$\left(\frac{\sum x_i}{N}\right)$$

(z. B. durchschnittliche Dauer des Krankenhausaufenthalts nach verschiedenen Operationen).
- Die **Varianz** ist ein Maß für die Streuung der Daten und gibt die Breite der Verteilung an.

$$\frac{\sum (x_i - M)^2}{N}$$

- Die **Standardabweichung** entspricht der Wurzel aus der Varianz (s. Abb. 1, S. 9).

Beispiel

Werte: 2, 4, 6 → Mittelwert: 4
Varianz: $(2-4)^2+(4-4)^2+(6-4)^2$:3=8/3 oder 2,67
Standardabweichung: Wurzel aus 8/3 oder aus 2,67

Korrelation

Die Korrelation ist ein Maß für den Zusammenhang zweier Variablen. Eine Korrelation liegt vor, wenn der Ausprägungsgrad des einen Merkmals mit der Ausprägung des anderen Merkmals zusammenhängt.

Beispiel

Der Zusammenhang zwischen der Höhe der Geschwindigkeit und der Zahl der Unfälle beim Autofahren.

Von einer **Scheinkorrelation** spricht man, wenn eine Korrelation zwischen zwei Merkmalen darauf zurückzuführen ist, dass beide durch ein drittes Merkmal beeinflusst werden.

Beispiel

Der Zusammenhang zwischen dem Neupreis von Autos und der Zahl der Unfälle bei diesem Modell. Allerdings steckt hinter diesem Zusammenhang eigentlich die Geschwindigkeit als auslösende Variable, da teure Autos im Schnitt schneller fahren können und schneller gefahren werden. Die Unfälle hängen also nur scheinbar vom Preis ab ...

Der **Korrelationskoeffizient** (r) sagt allgemein etwas darüber aus, ob es einen systematischen Zusammenhang zwischen den Variablen gibt und wenn ja, ob große Werte in der einen Variable mit großen oder kleinen Werten in der anderen Variablen einhergehen. Er hat einen Wertebereich von $-1 < r < +1$, wobei sich die Stärke des Zusammenhangs in der Höhe des Koeffizienten widerspiegelt (je näher an $+1/-1$, desto größer).

1

1

Nullkorrelation (r = 0) bedeutet, dass kein Zusammenhang zwischen den Variablen besteht.

Übrigens …
Nullkorrelation bedeutet NICHT notwendigerweise, dass der Zusammenhang genau r = 0,00 sein muss, sondern: Wenn in den Fragen Werte zwischen r = –0,10 und r = 0,10 auftauchen, kann man sie im Sinne einer Nullkorrelation (= kein Zusammenhang) interpretieren.

Die Richtung des Zusammenhangs wird durch das Vorzeichen des Koeffizienten ausgedrückt:
–   Ein **negativer Zusammenhang** bedeutet: je mehr A, desto weniger B und umgekehrt;
–   ein **positiver Zusammenhang** bedeutet: je mehr A, desto mehr B und umgekehrt.

Besteht eine Korrelation zwischen zwei Variablen, kann aus Kenntnis der einen Variable die andere vorhergesagt werden. Der Anteil, den die eine Variable an der anderen erklärt, wird als gemeinsame Varianz bezeichnet. Die Berechnung der gemeinsamen Varianz funktioniert folgendermaßen:
Korrelationskoeffizient zum Quadrat (r^2).

Beispiel
r = 0,80, gemeinsame Varianz = 0,80 · 0,80 = 0,64, ergibt 64 % gemeinsame Varianz

Merke!

Korrelationen sagen NICHTS über kausale Zusammenhänge (Ursache-Wirkungs-Beziehungen) aus. Man weiß also nicht, ob die eine Variable die andere verursacht oder umgekehrt. Zur Klärung von Kausalzusammenhängen dienen Experimente.

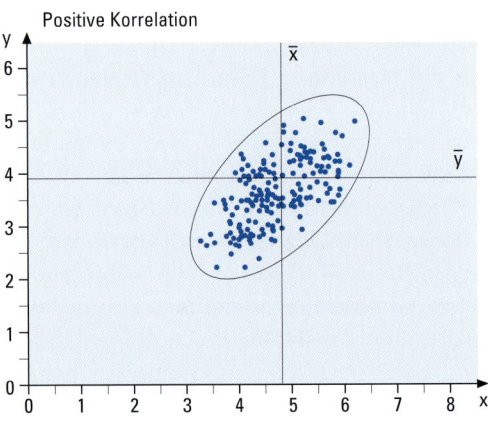

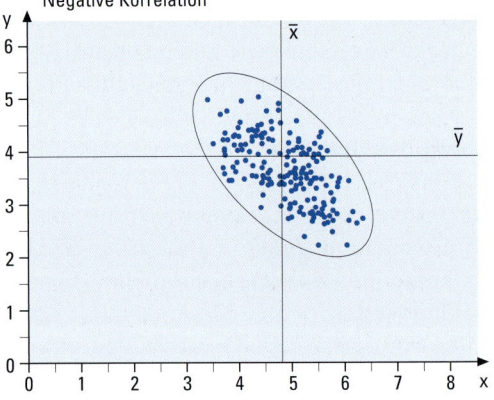

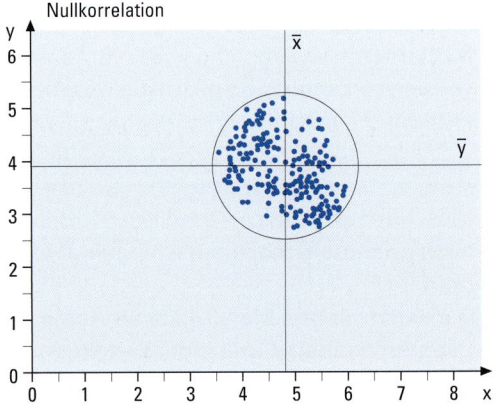

Abb. 4: Korrelationen   *medi-learn.de/7-psycho1-4*

1.7.2   Inferenzstatistik und Signifikanzprüfung

Will man experimentell prüfen, ob Koffein Einfluss auf die Konzentrationsleistung hat, so variiert man die Menge Koffein (**unabhängige Variable**) und erfasst anschließend die Konzentrationsleistung (**abhängige Variable**).

Man gibt einer Gruppe eine Tasse koffeinfreien Kaffee, der anderen Gruppe eine Tasse koffeinhaltigen Kaffee. Anschließend werden die durchschnittlichen Leistungen der beiden Gruppen in einem Intelligenztest gemessen.

Die **Nullhypothese** lautet: Koffein hat keinen Einfluss auf die Konzentrationsfähigkeit. Somit dürften also keine Unterschiede der durchschnittlichen Konzentrationsleistungen zwischen den Gruppen zu finden sein.

Die Alternativhypothese lautet: Koffein hat Einfluss auf die Konzentrationsleistungen. Hier sind also Unterschiede zwischen den Gruppen zu erwarten.

Nachdem das Experiment mit jeweils zehn Personen pro Gruppe durchgeführt wurde, findet man ganz bestimmt keine identischen durchschnittlichen Gruppenleistungen, da diese sich zufallsbedingt immer unterscheiden werden, selbst wenn man beiden Gruppen die identische Menge Koffein verabreicht. Man berechnet daher zunächst mit statistischen Verfahren, mit welcher Wahrscheinlichkeit p ein Gruppenunterschied zu erwarten wäre, wenn die unabhängige Variable keinen Einfluss hätte.

Ist der gefundene Unterschied unter der Annahme, die unabhängige Variable habe keinen Einfluss (Nullhypothese), sehr unwahrscheinlich, spricht man von einem **signifikanten Unterschied**. Konventionell ist immer dann von einem solchen signifikanten Unterschied die Rede, wenn die Wahrscheinlichkeit für den gefundenen Gruppenunterschied unter der Annahme der Nullhypothese kleiner als 5 % ist. Wenn man auf diesem Signifikanzniveau die Nullhypothese ablehnt, sollte man sich klar machen, dass man sich irren kann, denn der gefundene Unterschied wäre ja auch unter der Annahme der Nullhypothese immer noch zufallsbedingt mit einer Wahrscheinlichkeit von 5 % zu erwarten.

> **Merke!**
>
> Vereinfacht kann man sagen, dass „p" für die Wahrscheinlichkeit, mit der die Nullhypothese zutrifft, steht: Ist p < 5 %, nimmt man die Alternativhypothese an.

Vom **Fehler erster Art oder Alpha-Fehler** spricht man, wenn die Nullhypothese fälschlicherweise abgelehnt wird. Das festgelegte Signifikanzniveau ist die Wahrscheinlichkeit für den Fehler erster Art (= Irrtumswahrscheinlichkeit). Vom **Fehler zweiter Art oder vom Beta-Fehler** spricht man, wenn man die Alternativhypothese fälschlicherweise ablehnt und die Nullhypothese fälschlicherweise beibehält. Dieser Fehler ist sehr aufwendig zu berechnen.

Effektstärke (Cohens d)

Will man experimentell nachweisen, dass ein neues Therapieverfahren zur Blutdrucksenkung wirksam ist, so sollte man eine kontrollierte randomisierte Studie durchführen.

Hier werden Patienten nach dem Zufallsprinzip (randomisiert) entweder der Interventionsgruppe oder einer Kontrollwartegruppe zugewiesen. Die Interventionsgruppe wird behandelt, die Kontrollwartegruppe wird nicht behandelt. Nach Abschluss der Intervention wird das Outcome der Gruppen miteinander verglichen. Nehmen wir an, die Therapiegruppe hat einen im Mittel 10 mmHg niedrigeren diastolischen Blutdruck als die Kontrollwartegruppe, so sagt uns die absolute Differenz noch nichts über den eigentlichen Effekt, da ein Mittelwertunterschied von 10 mmHg auch im Bereich normaler Schwankungen liegen könnte.

Nehmen wir an, die Blutdruckwerte würden in den Gruppen eine sehr große Variabilität aufweisen und zwischen 70 und 220 mmHg liegen, so wären 10 mmHg anders zu beurteilen, als wenn die Blutdruckwerte innerhalb der Gruppen in sehr engen Grenzen schwanken würden (z. B. nur zwischen 100 und 130 mmHg). Im ersten Fall würden die gefunden Mittelwertunterschiede gemessen an der natürlichen (sehr großen) Variabilität des Blutdrucks gering sein, im zweiten Fall würden die gefundenen Differenzen weit über der natürlichen Variabilität liegen.

Um bei der Beurteilung von Mittelwertdifferenzen diese Variabilitäten zu berücksichtigen, wird die absolute Mittelwertdifferenz in Relation zu diesen Schwankungen gesetzt, indem man die Differenz zwischen den Gruppen durch die „gepoolte Standardabweichung" (als Maß für die natürlichen Schwankungen) teilt. Dieser Quotient ist als Cohens Effektstärke in die Literatur eingegangen.

Die Effektstärke ist also ein standardisiertes Maß zur Beurteilung der Wirksamkeit einer Behandlung (Treatmenteffekte). Die Effektstärke eignet sich daher auch für Metaanalysen, um die Treatmenteffekte mehrerer Studien zusammenzufassen.

An der **Interpretation von Korrelationen** kommst du im Physikum einfach nicht vorbei. Deswegen hierzu nochmal die wichtigsten Stichworte:

Findet man bei einer Untersuchung eine **Nullkorrelation**, z. B. bei der Überprüfung der Wirksamkeit eines Therapieverfahrens, bei dem Ausgangswerte in Depressivität mit den Depressionswerten nach Abschluss der Therapie verglichen werden, bedeutet das:

- Es besteht kein systematischer Zusammenhang zwischen Anfangs- und Endwerten (= die Testwerte fielen unterschiedlich aus: Manche Patienten sind jetzt also weniger depressiv, andere noch depressiver und wieder andere haben sich gar nicht verändert).
- Über die Wirksamkeit der Therapie kann man also keine Aussage machen, da sie bei manchen anscheinend gut wirkt, bei anderen keinen Effekt hat und bei wieder anderen sogar zu einer Verschlechterung führt.
- Beide Merkmale sind daher statistisch voneinander unabhängig.

Findet man eine **positive Korrelation** (z. B. $r = 0,70$) zwischen zwei Merkmalen (z. B. bei Durchführung einer Validitätsuntersuchung), bei der Testwerte aus einem neuen Verfahren mit denen aus einem bewährten Verfahren verglichen werden, bedeutet das:

- Die Merkmale haben ca. 50 % gemeinsame Varianz ($r^2 = 0,70 \cdot 0,70 = 0,49$); man kann also aus der Kenntnis des einen Merkmals die Variabilität des anderen zu ca. 50 % vorhersagen.
- Hohe Ausprägungen in einem Merkmal gehen mit hohen Ausprägungen beim anderen Merkmal einher, entsprechend mit niedrigen Ausprägungen.
- Man weiß nichts darüber, welches Merkmal das andere hervorruft (= Kausalität), sondern nur, dass sie zusammenhängen.

Findet man eine **negative Korrelation** (z. B. $r = -0,80$) zwischen zwei Merkmalen, bedeutet das:

- Beide Merkmale haben eine gemeinsame Varianz von 64 %: $r^2 = -0,80 \cdot -0,80 = 0,64$ Man kann aus der Kenntnis des einen Merkmals die Variabilität des anderen zu 64 % vorhersagen.
- Geringe Ausprägungen in einem Merkmal gehen mit hohen Ausprägungen im anderen Merkmal einher.
- Man weiß nichts darüber, welches Merkmal das andere hervorruft (Kausalität), sondern nur, dass sie zusammenhängen.

Pause

Lehn dich zurück und mach doch einfach mal kurz Pause ...

2 Biopsychologische Modelle von Gesundheit und Krankheit

📊 Fragen in den letzten 10 Examen: 38

Biopsychologische Modelle gehen davon aus, dass Gesundheit und Krankheit durch die Wechselwirkung physiologischer und psychologischer Faktoren bestimmt werden (z. B. Stress und chronische Darmerkrankungen, Ärger und Bluthochdruck). In den folgenden Abschnitten geht es um die physikumsrelevanten Themen

- Stress,
- Aktivation,
- Schlaf,
- Schmerz und
- Sexualität.

2.1 Was ist Stress?

In der Medizin bezeichnet **Stress** ein Muster spezifischer und unspezifischer Reaktionen eines Organismus auf Ereignisse (von innen oder außen), die sein Gleichgewicht stören und seine Fähigkeit zur Bewältigung herausfordern oder überschreiten. **Stressoren** sind Reizereignisse, die vom Organismus eine Anpassungsreaktion verlangen und somit eine Stressreaktion auslösen.

Beispiele für Stressoren sind

- physische Stressoren (z. B. Lärm, physische Krankheit, Schlafmangel)
- psychische Stressoren (z. B. kritische Lebensereignisse, Isolation, psychische Folgen einer Krankheit)

Übrigens …
Der Begriff Stress wird in der wissenschaftlichen Terminologie anders als in der Alltagssprache verwendet.

2.1.1 Wodurch wird Stress ausgelöst?

Stressreaktionen sind besonders wahrscheinlich und intensiv, wenn kritische Lebensereignisse

- **früh im Leben auftreten** (früher biografischer Einschnitt),
- **unvorhergesehen, unerwartet** (z. B. plötzliche Kündigung vs. absehbares Auslaufen des Vertrags),
- **neu** (z. B. erster Umzug in eine neue Stadt vs. erneuter Wohnortwechsel) oder
- **unkontrollierbar** (z. B. Umweltkatastrophe) sind.

Die Konsequenzen von stresshaften Ereignissen kann man auf zwei Ebenen betrachten:

- Auf der physiologischen Ebene werden die körperlichen Reaktionen beschrieben.
- Auf der psychologischen Ebene werden die psychischen (emotionalen, kognitiven und das Verhalten betreffenden) Reaktionen beschrieben.

Zwischen beiden Stressreaktionen bestehen wechselseitige Beziehungen (z. B. starke emotionale Stressreaktion führt zu verstärkter physiologischer Aktivierung etc.).

2.1.2 Physiologische Stressmodelle

Physiologische Stressmodelle richten ihre Aufmerksamkeit auf die körperlichen Reaktionen, die mit dem Stresserleben einhergehen. Dabei kann man sich verschiedene Fragen stellen: Zum Beispiel, ob Stressreaktionen immer nach einem bestimmten Muster ablaufen (allgemeines Adaptationsmodell) und ob die körperlichen Reaktionen von verschiedenen Menschen immer gleich ausfallen oder ob es an der Art des Stressors liegt, wie jemand reagiert (individual- vs. reizspezifische Stressreaktion).

Allgemeines Adaptationssyndrom (AAS)

Das allgemeine Adaptationssyndrom von Hans **Selye** beschreibt eine typische Phasenabfolge der **physiologischen Stressreaktion** eines Organismus. Selye geht von einer unspezifischen Anpassungsreaktion aus, die bei chronischem Stress – unabhängig von der Art des Stressors oder den Bewältigungskompetenzen des Individuums – immer ähnlich abläuft.

Diese Stressreaktion gliedert sich in drei Phasen:

- **Alarmphase**: Die körpereigenen Abwehrkräfte werden mobilisiert, um das Gleichgewicht wiederherzustellen (z. B. durch Erhöhung des Hormonspiegels, Schwellung der Lymphknoten).
- **Widerstandsphase**: Der Organismus ist durch gesteigerte Hormonausschüttung (ACTH, Cortisol) resistent gegenüber dem Stressor. Gleichzeitig jedoch ist die Resistenz gegenüber anderen Stressoren verringert.
- **Erschöpfungsphase**: Der Widerstand bricht zusammen. Eine weitere Anpassung ist nicht mehr möglich (Immunsuppression und Krankheiten).

Individualspezifische und reizspezifische Stressreaktion

Grundidee der folgenden Hypothesen zur Stressreaktion ist es, übergreifende Reaktionen zu beschreiben, und zwar einmal aus der Perspektive des Individuums (individualspezifisch), einmal aus der Perspektive des Stressors (reizspezifisch).

- **Individualspezifische Reaktion**: Ein Individuum reagiert auf unterschiedliche Reize mit einem bestimmten, intraindividuell stabilen (immer gleichen) psychophysiologischen Reaktionsmuster (Jemandem schlägt z. B. einfach alles auf den Magen).
- **Reizspezifische Reaktion** (stimulusspezifisch): Dieselben Umweltreize rufen bei unterschiedlichen Individuen gleiche stabile und spezifische psychophysiologische Reaktionsmuster hervor. Plötzlicher Lärm führt z. B. bei allen Menschen zu einer kurzzeitigen Aktivationssteigerung.

2.1.3 Psychologische Stressmodelle

Bei den psychologischen Stressmodellen steht die psychische Stressbewältigung des Individuums im Vordergrund. Schließlich reagieren verschiedene Menschen sehr unterschiedlich auf bestimmte Stressoren. Warum das so ist, soll z. B. mit Lazarus' kognitiver Stresstheorie erklärt werden.

Coping-Modell von Lazarus

Die Grundidee des Coping-Modells von Lazarus ist es, zu beschreiben, wie ein Individuum psychisch auf einen Stressor reagiert.

Es lassen sich drei Arten des Copings (der Bewältigung) unterscheiden:

- **Problemorientiertes Coping** (Bewältigung durch Handeln): Eine Bewältigung der Stresssituation geschieht durch aktive Auseinandersetzung mit dem Stressor.

> **Beispiel**
> Der Stressor ist eine nahende wichtige Prüfung. Problemorientiertes Coping kann darin bestehen, den Stress zu reduzieren, indem man sich den Lernstoff zeitlich einteilt, neue Informationen sucht oder die Prüfung verschiebt.

- **Kognitives Coping**: Die Bewältigung der Stresssituation geschieht auf gedanklicher Ebene (kognitiv = gedanklich), wobei die Situation anders interpretiert und bewertet werden kann.

> **Beispiel**
> Die Relevanz der stressauslösenden Prüfung wird heruntergespielt, wodurch das Ereignis seinen Schrecken verliert.

Emotionales Coping: Die Bewältigung der Stresssituation geschieht auf Gefühlsebene.

> **Beispiel**
> Der Prüfungsstress wird emotional abgebaut, z. B. durch große Wut auf das ungerechte System oder Resignation angesichts der eigenen Machtlosigkeit.

Nach dem **transaktionalen Stressmodell** von Lazarus verläuft die psychische Stressreaktion in drei Phasen. Dabei kommt es jedes Mal darauf an, wie das Individuum die Situation bewertet. Deswegen wird das Lazarus-Modell auch als **kognitive Stresstheorie** bezeichnet. Der Ablauf bei Auftreten des Stressors sieht folgendermaßen aus:
– **Primäre Bewertung** (primary appraisal): Das Individuum bewertet den Stressor/die Situation als relevant oder irrelevant, günstig/positiv oder belastend:
  Ist diese Prüfung wirklich wichtig (oder irrelevant)? Wenn ja, ist die Situation eine Herausforderung oder eine Belastung für mich (günstig/positiv oder belastend)?
– **Sekundäre Bewertung** (secondary appraisal): Das Individuum bewertet seine eigenen Bewältigungsressourcen. Was kann ich angesichts der belastenden Situation tun?
– **Tertiäre Bewertung** (tertiary appraisal): Es erfolgt eine Neubewertung oder Umbewertung der Situation. Ist die Prüfung angesichts der eigenen Bewältigungsmöglichkeiten immer noch belastend?

Kritische Lebensereignisse (Critical Life Events)

Als kritische Lebensereignisse werden in der Stressforschung positive und negative soziale Veränderungen (psychosoziale Stressoren) bezeichnet, die von einem Individuum eine **Anpassungsleistung** an eine neue Situation erfordern. Beispiel: Tod des Partners, Hochzeit, Umzug …

Grundidee der Life-Event-Forschung ist es, herauszubekommen, welche Art von Ereignissen stressverstärkende Konsequenzen hat.
Kritische Lebensereignisse haben Auswirkungen auf den Gesundheitszustand des Individuums, sie erhöhen z. B. das Risiko für psychische und physische Krankheiten (z. B. durch Schwächung des Immunsystems). Sie erhöhen das Suizid- und Todesrisiko (z. B. bei alten Menschen nach Tod des Lebenspartners). Ihre Auswirkung auf die Gesundheit ist abhängig von den Bewältigungsmechanismen der betroffenen Person.

> **Merke!**
> Als kritische Lebensereignisse werden sowohl positive als auch negative einschneidende Ereignisse bezeichnet.

Die Messung der „Stresswirkung" eines Ereignisses kann durch **Life-Event-Skalen** (z. B. Tod von Partner = 100 Punkte, Geburt von Kind = 50 Punkte …) erfolgen. Die Skalen erfassen den „Stressgehalt" des Ereignisses, NICHT jedoch die Fähigkeit des Individuums, darauf zu reagieren.

2.1.4 Psychophysiologische Stressmodelle

Die Grundidee psychophysiologischer Stressmodelle ist, dass sie das Zusammenspiel psychischer und physiologischer Faktoren bei der Stressreaktion und -verarbeitung thematisieren.

Psychoendokrines Stressmodell nach Henry

Das Stressmodell von Henry geht davon aus, dass ein Zusammenhang von bestimmten Emotionen (psychologische Reaktion) und dem endokrinen System (physiologische Reaktion) existiert. Folgende Emotionen und psychophysiologische Veränderungen hängen zusammen:

– **Ärger**: verstärkte Ausschüttung von Noradrenalin und Testosteron (Vorbereitung zum Kampf),
– **Furcht**: verstärkte Ausschüttung von Adrenalin (Vorbereitung zur Flucht),
– **Depression**: Cortisol erhöht, Testosteron erniedrigt.

Übrigens ...

Es gibt auch angenehme Hormonwirkungen: So wird im Physikum z. B. gerne nach Oxytocin gefragt. Neben der Kontraktion des Uterus und des Milcheinschusses fördert es die Bereitschaft zur Pflege des Neugeborenen, steigert die sexuelle Lust, erhöht die Orgasmusqualität und festigt die soziale Bindung. Daher wird es auch als „Kuschelhormon" bezeichnet.
Außerdem sollte dir bekannt sein, dass eine erhöhte Ausschüttung von Dopamin im Gehirn zu einem Glücksgefühl führt.

2.1.5   Modell der allostatischen Last von McEwen

Die physiologischen Reaktionen unseres Körpers unterliegen einem homöostatischen Prinzip: Bestimmte Körperfunktionen werden in engen Grenzen um einen vorgegebenen Sollwert gehalten. Beim systolischen Blutdruck z. B. liegt dieser Sollwert bei 120 mmHg. Weicht der Blutdruck in Ruhe von diesem Sollwert ab, so ergreift der Körper entsprechende Gegenmaßnahmen.
Nun gibt es aber besondere Belastungen, in denen es durchaus sinnvoll ist, dass der Blutdruck steigt, z. B. wenn wir vor einem Tiger flüchten wollen. Für solche Belastungen wird der Sollwert des Blutdrucks kurzfristig nach oben verschoben. Wenn lang andauernde und besonders intensive Anforderungen zu einer dauerhaften Sollwertverschiebung führen, spricht man von Allostase (= dauerhafte Sollwertverschiebung).

Die allostatische Last ist die Summe solcher dauerhaften Sollwertverschiebungen verschiedener Systeme. Zur Messung der allostatischen Last eignet sich der **Allostatic Load Index** (ALI). Dieser gilt als Maß für pathophysiologische Veränderungen. Dazu gehören u. a. der Body-Mass-Index, das Verhältnis von Taille zu Hüfte (waist-to-hip ratio) als Index für chronische Fettablagerung an der Taille, die für eine erhöhte glucokortikoide Aktivität sprechen, HDL- und Gesamtcholesterol sowie der Blutdruck.

2.2   Aktivation

Die Aktivation beschreibt das Ausmaß der physiologischen Aktiviertheit oder Wachheit eines Menschen.

2.2.1   Yerkes-Dodson-Gesetz

Wie Aktivation mit Leistungsfähigkeit zusammenhängen, wird in der Yerkes-Dodson-Regel beschrieben. Sie bezieht sich also auf die Frage, bei welchem Ausmaß von Aktivierung die höchste Leistungsfähigkeit besteht.

Merke!

Die Yerkes-Dodson-Regel postuliert eine umgekehrt U-förmige Beziehung zwischen Aktivation und Leistung.

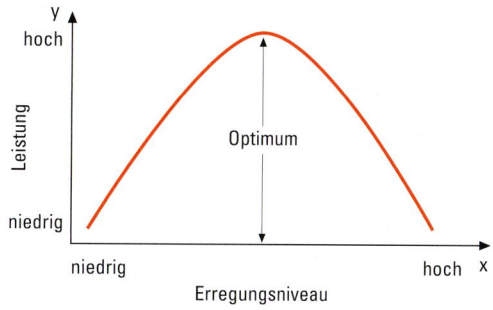

Abb. 5: Yerkes-Dodson-Gesetz

medi-learn.de/7-psycho1-5

Das bedeutet, dass die höchste Leistungsfähigkeit bei einem mittleren Aktivationsniveau besteht, während sowohl geringe Aktivation als auch eine Übererregung zu einer Leistungsabnahme führen. Diese Regel gilt für Aufgaben mittlerer Schwierigkeit. Schwere Aufgaben lassen sich besser in einem niedrigeren, leichte Aufgaben in einem höheren Aktivationsbereich lösen.

2.2.2 Elektrodermale Aktivität (EDA) und Elektroenzephalogramm (EEG)

Das Ausmaß allgemeiner Aktivation kann man an verschiedenen Indikatoren ablesen. Besonders eindeutig ist die Beziehung zur elektrodermalen Aktivität (EDA) und dem spezifischen Muster im Elektroenzephalogramm (EEG). Diese Indikatoren machen dagegen keine Aussage über die zu Grunde liegenden Emotionen (z. B. ob die Aktivierung durch Freude oder Ärger entstanden ist).

Elektrodermale Aktivität und Aktivation

Als Indikatoren für die elektrodermale Aktivität werden folgende Maße erhoben:
- Hautleitfähigkeit (SCL, Skin Conductance Level),
- Hautwiderstand (SRL, Skin Resistance Level) und
- Hautleitpotenzial (Variabilitätsmaß).
- Hautleitfähigkeit und Hautwiderstand stehen in einer negativ proportionalen Beziehung zueinander. Das bedeutet: je höher der Widerstand, desto geringer die Leitfähigkeit und umgekehrt. Statistisch formuliert heißt das:
- Zwischen allgemeiner Aktivation und Hautleitfähigkeit existiert eine positive korrelative Beziehung (= je höher die Aktivierung, desto mehr schwitzt man).
- Zwischen allgemeiner Aktivation und Hautwiderstand existiert dagegen eine negative korrelative Beziehung (= je höher die Aktivierung, desto geringer der Widerstand).

EEG (Elektroenzephalogramm)

Die elektrischen Signale der Kortexneurone können mit Hilfe von Elektroden auf der Kopfhaut registriert werden. Die ableitbaren Potenzialschwankungen werden Elektroenzephalogramm genannt.
Ein paar Grundbegriffe zur Beschreibung und Interpretation des EEGs: Um ein Elektroenzephalogramm beschreiben und interpretieren zu können, benutzt man die folgenden Begriffe:
- **Frequenz**: Häufigkeiten der Potenzialschwankungen pro Zeit, gemessen in cps (=cycles per second = Hertz; Bandbreite: 1–80 cps);
- **Amplitude**: Höhe des Potenzialausschlags, gemessen in Mikrovolt;
- **Spontan-EEG**: Potenzialschwankungen, die ohne zusätzliche Reizdarbietung (spontan) auftreten;
- **Ereigniskorrelierte Potenziale** (evozierte Potenziale oder provozierte Potenziale): Dabei handelt es sich um gemittelte EEG-Amplituden in einem stimulusnahen Zeitfenster. Exogene Potenziale sind hirnelektrische Aktivitäten nach Außenreizen (Töne, Bilder), endogene Potenziale spiegeln psychische Prozesse wieder. Die aufgezeichneten Potenziale hängen mit diesem Reizereignis zusammen (ereigniskorreliert).

Spontan-EEG und Aktivation

Im Spontan-EEG kann es auch bei einem wachen Individuum zu Veränderungen kommen, wenn es von einem entspannten Wachzustand in einen aufmerksamen Wachzustand überwechselt. Diese Veränderung wird als **EEG-Desynchronisation** bezeichnet. Die EEG-Desynchronisation beschreibt das Auftreten von Beta-Wellen (höhere Frequenz) statt Alpha-Aktivität und wird deswegen auch **Alpha-Blockade** genannt. Sie tritt auf, wenn die Aktivation z. B. durch das Öffnen der Augen von einem entspannten Wachzustand (Alpha-Wellen) in einen aufmerksamen Wachzustand wechselt (s. Abb. 6, S. 39).

> **Merke!**
>
> Eine hohe Aktivierung geht mit einem niedrigen Zackenmuster (= hochfrequent, niedrigamplitudig) einher. Eine niedrige Aktivierung erkennt man an einem hohen Wellenmuster (= niedrigfrequent, hochamplitudig).

Aktivationszustand	Frequenz-band	cps (Hertz)
aufmerksamer Wachzustand	Beta	14–30 cps
entspannter Wach-zustand	Alpha	8–13 cps
Leichtschlaf	Theta	4–7 cps
Tiefschlaf oder Bewusstlosigkeit	Delta	0,5–3 cps

Tab. 6: Aktivationszustände und zugehöriges EEG-Frequenzband

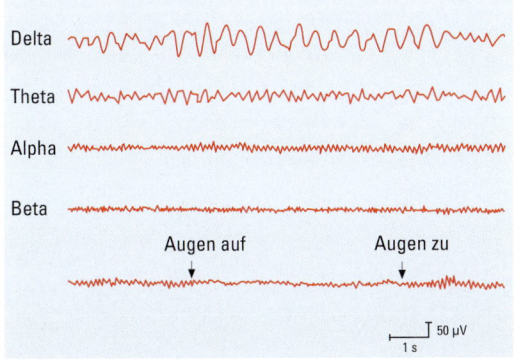

Abb. 6: EEG-Frequenzbänder

medi-learn.de/7-psycho1-6

Evozierte Potenziale: Je nach Art der Reizdarbietung findet man im EEG typische evozierte Potenziale, die als Indikatoren bestimmter Verarbeitungsprozesse angesehen werden. Untersucht werden können z. B. Aufmerksamkeitsprozesse, Informationsverarbeitung, Reizerwartungen oder auch Störungen von Sinnessystemen.

Ein Beispiel für ein evoziertes Potenzial ist die CNV (contingent negative variation) oder das Bereitschaftspotenzial/Erwartungswelle, eine typische, langsame negative Potenzialverschiebung im EEG-Muster, die auftritt, wenn durch einen ersten Signalreiz (Alarmreiz) ein zweiter Reiz angekündigt wird, auf den die Versuchsperson reagieren soll (imperativer Reiz).

2.2.3   Orientierungsreaktion, Habituation und Adaptation

Wie intensiv auf Reize reagiert wird, hängt von ihrer Intensität und Neuheit ab. Während bei neuen Reizen mittlerer Intensität eine Orientierungsreaktion ausgelöst wird, kann es bei wiederholter Darbietung eines Reizes zu Habituations- oder Adaptationsreaktionen kommen.

Orientierungsreaktion

Bei unerwarteten Reizen mittlerer Intensität (z. B. Händeklatschen) tritt ein charakteristischer Aktivationsanstieg auf, der als **Orientierungsreaktion** bezeichnet wird. Die physiologischen Veränderungen dienen einer schnellen Informationsaufnahme. Mit kürzester Latenz findet sich eine Alpha-Blockade (EEG-Desynchronisation). Es folgen:

– Ausschüttung von ACTH, Katecholaminen
– Zunahme der Pulsfrequenz
– Anstieg des Muskeltonus
– Weiten der Pupillen
– Sinken des Hautwiderstands, Steigen der Hautleitfähigkeit
– Sinken der Wahrnehmungsschwelle der angesprochenen Sinnesmodalität (erhöhte Sensitivität),
– Gefühl der Anspannung
– Unterbrechung motorischer Aktivität, Hinwendung zur Reizquelle

Habituation und Adaptation

Diese beiden Reaktionsformen treten auf, wenn Reize wiederholt oder dauerhaft auftreten. Beiden Begriffe lassen sich mit „Gewöhnung" übersetzen.

– **Habituation** beschreibt die Gewöhnung des reizverarbeitenden Systems an wiederkehrende Reize (z. B. das Ticken einer Uhr), indem diese nicht mehr als bedrohlich wahrgenommen werden und die auf neue Reize übliche Orientierungsreaktion ausbleibt. Habituation ist daher ein einfacher (nichtassoziativer) Lernprozess.

– **Sensitivierung** ist das Gegenteil der Habituation. Ein Organismus reagierte zunächst auf einen leichten Reiz (leises Geräusch) jeweils mit einer schwachen Reaktion. Nachdem dann ein aversiver Reiz (lautes, unangenehmes Geräusch) präsentiert worden ist, tritt auch auf ein leises Geräusch hin eine starke Reaktion auf.

2.2.4 Zirkadiane Rhythmen

Individuen unterliegen in ihren biologischen und psychologischen Funktionen (z. B. Reaktionsgeschwindigkeiten, Hormonspiegel, Körpertemperatur) zeitlichen Rhythmen, d. h. über den Tagesverlauf verändert sich die Aktivation des Organismus (z. B. Schlaf-Wach-Rhythmus).

Übrigens …
Zirkadiane Rhythmen sind angeboren und werden durch soziale Zeitgeber (z. B. bestimmte Uhrzeiten für Aufstehen und Schlafen) synchronisiert. Sie werden in Isolation länger (ca. 25-Stunden- statt 24-Stunden-Rhythmus).

Lazarus' kognitives Coping-Modell und speziell die Frage nach der **primären Bewertung** ist im Physikum ein Fragen-Dauerbrenner. Deswegen noch mal zur Erinnerung:

– Bei der primären Bewertung einer Stresssituation geht es um die Einschätzung als relevant oder irrelevant, günstig/positiv oder belastend.

Auch **Selyes Allgemeines Adaptationsmodell** mit den drei Phasen der Stressreaktion solltest du dir gut einprägen:

– Es beginnt mit der Alarmphase,
– dann kommt die Widerstandsphase und
– schließlich die Erschöpfungsphase.

Sehr beliebt zum Thema **Aktivation** ist die Frage nach dem Zusammenhang zwischen **elektrodermaler Aktivität** und **allgemeiner Aktivation**. Daher solltest du dir besonders einprägen, dass

– **Hautleitfähigkeit** und Aktivation positiv zusammenhängen: Bei höherer Aktivierung steigt die Hautleitfähigkeit.
– **Hautwiderstand** und Aktivation negativ zusammenhängen: Bei höherer Aktivation sinkt der Hautwiderstand.
– auch eine **Orientierungsreaktion** einen Anstieg der Aktivation (mit sinkendem Hautwiderstand bzw. steigender Hautleitfähigkeit) bedeutet.

Zudem werden die **physiologischen Veränderungen der Orientierungsreaktion** gerne gefragt. Mach dir dazu bitte klar,

– dass diese Reaktion der optimierten Reizaufnahme dient: Alle Sinnesantennen sind auf besonders guten Empfang gestellt und eine erhöhte Gesamtaktivierung (EEG-Desynchronisation, höhere Pulsfrequenz, höherer Muskeltonus etc.) erlaubt eine schnelle Reaktion.

Pause

Kurze Grinspause & dann auf zum letzten Kapitel!

Mehr Cartoons unter www.medi-learn.de/cartoons

Ein besonderer Berufsstand braucht besondere Finanzberatung.

Als einzige heilberufespezifische Finanz- und Wirtschaftsberatung in Deutschland bieten wir Ihnen seit Jahrzehnten Lösungen und Services auf höchstem Niveau. Immer ausgerichtet an Ihrem ganz besonderen Bedarf – damit Sie den Rücken frei haben für Ihre anspruchsvolle Arbeit.

- Services und Produktlösungen vom Studium bis zur Niederlassung

- Berufliche und private Finanzplanung

- Beratung zu und Vermittlung von Altersvorsorge, Versicherungen, Finanzierungen, Kapitalanlagen

- Niederlassungsplanung & Praxisvermittlung

- Betriebswirtschaftliche Beratung

Lassen Sie sich beraten!

Nähere Informationen und unseren Repräsentanten vor Ort finden Sie im Internet unter www.aerzte-finanz.de

Deutsche Ärzte Finanz

Standesgemäße Finanz- und Wirtschaftsberatung

2.3   Schlaf

Der Schlaf ist gewissermaßen ein Teil des Aktivationsspektrums des Menschen. Die im Kapitel zur Aktivation dargestellten Zusammenhänge zwischen der Art der EEG-Wellen und dem Ausmaß an Aktivierung sind also auch für die Schlafphasen relevant.

2.3.1   Schlafstadien nach Kleitman

Menschen durchlaufen pro Nacht ca. drei- bis fünfmal den gesamten Schlafzyklus (s. Tab. 7, S. 43 und Abb. 7, S. 44), wobei sich der Anteil an REM-Schlaf vergrößert, sodass in der zweiten Nachthälfte beispielsweise deutlich mehr geträumt wird als in der ersten. Der Tiefschlafanteil ist dagegen in der ersten Nachthälfte größer.

Die Charakteristika der einzelnen Schlafstadien sind in Tab. 7, S. 43 aufgelistet.

Merke!

REM-Schlaf wird als paradoxer Schlaf bezeichnet, weil die Gehirndurchblutung und das EEG-Muster für eine hohe Aktivation sprechen, gleichzeitig die Muskeln aber atonisch (erschlafft) sind.

Schlaf und Alter

Das charakteristische Schlafmuster verändert sich mit dem Alter: Sowohl der Anteil der REM-Phasen (Säuglinge 50 %, 80-Jährige 14 %) als auch die Gesamtschlafdauer nimmt ab (Säugling ca. 16 Stunden, Erwachsene ca. acht Stunden).

2.3.2   Schlafentzug

Man unterscheidet den totalen vom selektiven Schlafentzug, bei dem nur der REM-Schlaf verhindert wird.

Stadium 1 (Einschlafstadium)	– Alpha-Wellen abnehmend – einige Theta-Wellen – Muskeltonus abnehmend
Stadium 2 (Leichtschlafstadium)	– Theta-Wellen – Schlafspindeln – K-Komplexe
Stadium 3	– Übergang zu Delta-Wellen Slow-Wave-Sleep
Stadium 4 (Tiefschlafstadium)	– mehr als 50 % Delta-Wellen Slow-Wave-Sleep
REM-Schlaf (paradoxer Schlaf)	– Rapid Eye Movements (REM) – Träumen – Sägezahnwellen im EEG (niedrige Amplitude, hohe Frequenz, desynchronisiert) – Zunahme der Gehirndurchblutung – Atonie der Muskulatur durch Hemmung der Motoneurone, aber Myoklonien (Muskelzuckungen) – große Variabilität der Herz- und Atemfrequenz

Tab. 7: Schlafstadien und ihre Charakteristika

Nach **totalem Schlafentzug**
– kommt es zu einer Verlängerung der Gesamtschlafzeit,
– wird in der ersten Nacht der Tiefschlaf nachgeholt,
– wird in der zweiten Nacht der REM-Schlaf partiell nachgeholt.

Nach **selektivem Schlafentzug** (kein REM-Schlaf)
– wird der REM-Schlaf nur teilweise nachgeholt,
– sind Menschen tagsüber gereizt und psychisch labil.

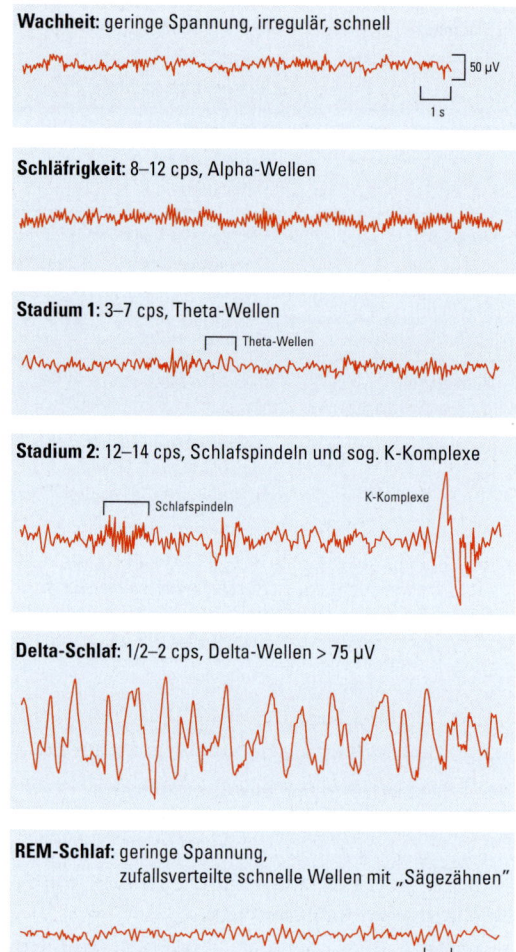

Wachheit: geringe Spannung, irregulär, schnell

50 µV

1 s

Schläfrigkeit: 8–12 cps, Alpha-Wellen

Stadium 1: 3–7 cps, Theta-Wellen

Theta-Wellen

Stadium 2: 12–14 cps, Schlafspindeln und sog. K-Komplexe

Schlafspindeln   K-Komplexe

Delta-Schlaf: 1/2–2 cps, Delta-Wellen > 75 µV

REM-Schlaf: geringe Spannung,
zufallsverteilte schnelle Wellen mit „Sägezähnen"

Wellen mit „Sägezähnen"

Abb. 7: Schlafstadien   *medi-learn.de/7-psycho1-7*

Übrigens ...
Eine Verkürzung des REM-Schlafs kann
auch durch Alkohol oder bestimmte
Schlafmittel verursacht werden.

2.3.3 Schlafstörungen

Beispiele für Schlafstörungen sind:
- **Schlafapnoesyndrom**: Hier treten während
  des Schlafs anfallsweise Atemstillstände
  von mehr als zehn Sekunden, Schnarchen
  und Tagesmüdigkeit auf.
- **Narkolepsie**: Hier treten anfallsweise Schlaf-
  attacken am Tage auf, die meist einige Sekunden andauern.

2.4 Schmerz

Laut der International Association for the Stu-
dy of Pain wird Schmerz definiert als ein „unangenehmes Sinnes- und Gefühlserleben, das
mit aktueller oder potenzieller Gewebsschä-
digung verknüpft ist". Doch bevor wir den
Schmerz genauer unter die Lupe nehmen,
werden zunächst ein paar Vokabeln zur Wahrnehmung von Schmerzen eingeführt.

2.4.1 Wahrnehmung körpereigener Prozesse

Bei der Wahrnehmung der eigenen Körper-
prozesse muss man folgende Begriffe unterscheiden:
- **Interozeption** bezeichnet allgemein die
  Wahrnehmung von Vorgängen innerhalb
  des Körpers. Sie ist bei Männern und Frau-
  en übrigens gleich gut ausgeprägt.
- **Propriozeption** bezeichnet die Wahrnehmung der Prozesse des Bewegungsappa-
  rats.
- **Viszerozeption** bezeichnet die Wahrnehmung der Organe und ihrer Tätigkeit.
- **Nozizeption** bezeichnet die Wahrnehmung
  von Schmerz.

Übrigens ...
Die Wahrnehmung körpereigener Prozesse kann erlernt werden (z. B. durch
Biofeedback), was man
sich bei Patienten zu Nut-
ze macht, die beispiels-
weise unter Spannungs-
kopfschmerzen oder
Migräne leiden.

2.4.2 Schmerzkomponenten

Schmerz ist keine einheitliche Wahrnehmung,
sondern kann in verschiedene Komponenten
aufgegliedert werden. Man unterscheidet hierbei die
- **sensorisch-diskriminative Komponente**:
  Aussagen zu Intensität, Lokalisation und

Einwirkungsdauer (Der Schmerz ist z. B. stark/schwach/stechend …),

– **vegetative Komponente**: Reaktionen des vegetativen Systems (z. B. Übelkeit),
– **affektive Komponente**: Aussagen zum Grad des Unlusterlebens (Der Schmerz ist z. B. schrecklich/unerträglich …),
– **kognitive Komponente**: Bewertung und Interpretation des Schmerzes (z. B. Bagatellisieren= „Halb so schlimm" o. Katastrophisieren= „Alles ganz furchtbar"),
– **motorische Komponente**: reflektorisch ausgelöste Schutz- und Fluchtreaktionen.

2.4.3   Schmerzempfindung und Schmerzempfindlichkeit

Die subjektive Schmerzempfindung spiegelt nicht das Ausmaß der schmerzverursachenden Gewebeschädigung wider.

Die **Schmerzempfindung** wird durch die Kontrollmöglichkeiten, die man über das Auftreten seines Schmerzes hat und/oder die allgemeine Kontrollorientierung eines Menschen (je höher, desto geringer der Schmerz) beeinflusst. Zudem ist das Empfinden abhängig von sozialen Normen. Gilt in einer Gesellschaft beispielsweise, dass „der echte Mann keinen Schmerz kennt", dann werden Männer diesen im Schnitt auch als geringer empfinden. Außerdem spielt die Ursache der Schmerzen eine Rolle. Fügt man sich die Schmerzen freiwillig zu, z. B. weil man sich eine Tätowierung stechen lässt, empfindet man die Schmerzen weniger schlimm, als wenn man die Ursache negativer bewerten würde.

Die **Schmerzempfindlichkeit** sinkt außerdem bei Hoffnung und Ablenkung. Zudem sind alte Menschen weniger schmerzempfindlich als junge. Verstärkt wird die Schmerzempfindlichkeit dagegen durch depressive Verstimmungen und Isolation.

Messen der Schmerzempfindlichkeit

Das Messen der Schmerzempfindlichkeit bezeichnet man als subjektive Algesimetrie.

Eine Messmethode dazu ist der **Cold-Pressure-Test**, bei dem die Person ihren Arm in eiskaltes Wasser taucht und die Intensität ihres Schmerzes (z. B. auf einer Skala von 1–10) angeben muss. Neben der Intensität können weitere sensorische und affektive Schmerzqualitäten durch Adjektivlisten erfasst werden (z. B. mit dem McGill-Pain-Questionnaire).

2.4.4   Schmerztherapie

Wenn man die Ursache von Schmerzen nicht medizinisch behandeln kann, dienen psychologische Schmerztherapien dazu, einen besseren Umgang mit dem Schmerz zu erlernen. Zudem spielen psychische Komponenten bezüglich der Schmerzempfindung eine große Rolle (s. o.).

Beispiele für Therapieverfahren bei Schmerzen sind:

– **Kognitiv-verhaltenstherapeutische Ansätze** zur Schmerzkontrolle (verhaltensmedizinische Verfahren): Diese Ansätze bestehen wiederum aus mehreren Komponenten, z. B. **Entspannungstechniken** wie progressive Muskelrelaxation; sie wird eingesetzt, um muskuläre, schmerzverursachende oder -verstärkende Verspannungen zu lösen.
– **Biofeedback**: Dabei werden autonome Funktionen dem Patienten sichtbar gemacht, um eine bessere Interozeption und Steuerung dieser Funktionen zu erreichen (z. B. bei Migränepatienten).
– **Operante Verfahren**: Die Grundidee operanter Verfahren im Sinne des operanten Konditionierens ist es, dass schmerzfreies Verhalten positiv verstärkt und alle mit Schmerzen assoziierten Verhaltensweisen gelöscht werden. Zum Beispiel erfolgt keine schmerzkontingente Medikation oder Aufmerksamkeit (also kein Schmerzmittel, wenn der Schmerz auftritt), damit die Medikamenteneinnahme nicht negativ verstärkt wird. Stattdessen soll der Patient lernen, die schmerzauslösenden Bedingungen zu

2

erkennen und alternative Verhaltensweisen aufzubauen.

– **Kognitive Verhaltenstherapie**: Neben der bereits skizzierten Verstärkung von nicht schmerzbezogenem Verhalten wird hier besonders an der Bewertung und Interpretation der Schmerzen gearbeitet (z. B. besseres Bewältigungsverhalten trainieren).

Übrigens …
Wird der Schmerz einer anderen Person miterlebt, so werden im Gehirn Netzwerke aktiviert, die dem neuronalen Korrelat der Empathie und NICHT dem des Schmerzgedächtnisses entsprechen.

2.5 Sexualität

Die Psychologie behandelt vor allem den normalen im Vergleich zum problematischen Ablauf der sexuellen Reaktion. Zudem werden im Folgenden sexuelle Abweichungen vorgestellt.

2.5.1 Phasen des sexuellen Reaktionszyklus nach Masters & Johnson

Masters und Johnson haben als Sexualtherapeuten den normalen Ablauf des sexuellen Reaktionszyklus beschrieben. Er besteht aus:
– Erregungsphase,
– Plateauphase,
– Orgasmusphase,
– Rückbildungsphase und
– Refraktärphase.
Im schriftlichen Physikum fanden sich bislang gehäuft Fragen nach körperlichen Reaktionen, die den einzelnen Phasen zugeordnet werden sollen. Daher findest du in Tab. 8, S. 47 eine Übersichtstabelle, die alle in diesem Zusammenhang relevanten Fakten abdeckt.

Übrigens …
Ein Unterschied zwischen weiblichem und männlichem Reaktionszyklus liegt im Fehlen einer absoluten Refraktärphase nach dem Orgasmus bei der Frau.

2.5.2 Sexuelle Funktionsstörungen

Sexuelle Funktionsstörungen werden definiert als **Störung im normalen Ablauf des Reaktionszyklus**. Konkret bedeutet das, dass innerhalb einer der oben aufgeführten Phasen Probleme auftreten. Beispiele dafür sind Erektionsstörungen, Ejakulationsstörungen, Alibidimie (Frigidität, Störung der sexuellen Appetenz), Anorgasmie (kein sexueller Höhepunkt), Vaginismus (Scheidenkrampf), Dyspareunie (Schmerzen beim Verkehr).

2.5.3 Sexuelle Abweichungen

Als sexuelle Abweichungen oder Paraphilien bezeichnet man Störungen der Sexualpräferenzen.

Merke!

Als sexuelle Abweichungen – im Gegensatz zu sexuellen Funktionsstörungen – bezeichnet man sexuelle Vorlieben, die von der „Norm" abweichen.

Der Katalog dieser Abweichungen ist nicht starr, sondern unterliegt einem ständigen Wandel. Während in den siebziger Jahren Homosexualität als Paraphilie galt und sogar unter Strafe stand (§ 175), gibt es heute gleichgeschlechtliche Eheschließungen.

Was die Paraphilien zu psychischen Störungen und nicht einfach zu extravaganten Vorlieben macht, ist, dass Menschen, die von einer Paraphilie betroffen sind, anderen oder sich selbst Leid zufügen. Hierzu können je nach Ausprägung folgende Vorlieben zählen:

– Exhibitionismus (Lust, sich nackt zu zeigen),
– Voyeurismus (Lust, andere beim Sex zu beobachten),
– Fetischismus (Lust auf bestimmte Objekte),
– Sadismus (Lust, Schmerz zuzufügen).

Phase	allgemein	Frau	Mann
Erregung	Dauer: Minuten bis Stunden, Puls und Blutdruck steigen, Hautrötung (Sexflush)	Brustwarzen, Schamlippen und Klitoris schwellen an, Vagina wird feucht (Lubrikation)	Erektion
Plateau	Puls und Blutdruck steigen weiter, Muskelspannung steigt	Weitung der äußeren Schamlippen, Schwellung des äußeren Drittels der Vagina	Präejakulat
Orgasmus	Höhepunkt der Lust; Blutdruck, Puls- und Atemfrequenz steigen bis zum doppelten der Ruhewerte; Bewusstseinsverlust möglich	5–15 Kontraktionen im äußeren Scheidendrittel (orgastische Manschette) und in der Analregion; multiple Orgasmen möglich	Ejakulation
Rückbildung	Plus, Blutdruck und Atmung nehmen Ruhewerte an; Müdigkeit	Schamlippen, Brustwarzen, Klitoris schwellen ab	Erektion geht zurück; für sexuelle Reize unempfänglich (refraktär)

Tab. 8: Sexuelle Phasen

2

Zum Thema **Schlaf** solltest du dir besonders die verschiedenen Schlafstadien nach Kleitman inklusive der jeweiligen Charakteristika gut einprägen (s. 2.3.1, S. 43). Gerade die Art der EEG-Wellen in den einzelnen Stadien taucht häufig in den Fragen auf (z. B. Stadium 4 = Tiefschlaf mit über 50 % Delta-Wellen).

Vom **Schmerzkapitel** tauchen Fragen zur richtigen Zuordnung der Schmerzkomponenten häufiger auf. Zur Erinnerung hier nochmal die Komponenten und worauf sie sich jeweils beziehen:

– Die **sensorische Komponente**: Hier geht es um die Intensität und die Einwirkungsdauer, also sozusagen um die objektivierbaren Eigenschaften des Schmerzes.
– Die **vegetative Komponente**: Sie umfasst die vegetativen/autonomen Reaktionen.
– Die **affektive Komponente**: Hierunter fällt das emotionale Schmerzerleben.
– Die **kognitive Komponente**: Hier geht es um die Bewertung des Schmerzes.
– Die **motorische Komponente**: Sie umfasst die beobachtbaren Reaktionen.

Pause

Geschafft! Hier noch ein kleiner Cartoon als Belohnung ... Dann kann gekreuzt werden ...

Mehr Cartoons unter www.medi-learn.de/cartoons

Index

Dr. Bringfried Müller

Psychologie Band 2

MEDI-LEARN Skriptenreihe

7., komplett überarbeitete Auflage

MEDI-LEARN Verlag GbR

Autoren: Dr. med. Dipl.-Psych. Bringfried Müller, Dipl.-Psych. Franziska Dietz (1. Auflage)

Teil 2 des Psychologiepaketes, nur im Paket erhältlich
ISBN-13: 978-3-95658-017-8

Herausgeber:
MEDI-LEARN Verlag GbR
Dorfstraße 57, 24107 Ottendorf
Tel. 0431 78025-0, Fax 0431 78025-262
E-Mail redaktion@medi-learn.de
www.medi-learn.de

Verlagsredaktion:
Dr. Marlies Weier, Dipl.-Oek./Medizin (FH) Désirée
Weber, Denise Drdacky, Jens Plasger, Sabine
Behnsch, Philipp Dahm, Christine Marx, Florian
Pyschny, Christian Weier

Layout und Satz:
Fritz Ramcke, Kristina Junghans,
Christian Gottschalk

Grafiken:
Dr. Günter Körtner, Irina Kart, Alexander Dospil,
Christine Marx

Illustration:
Daniel Lüdeling

Druck:
Löhnert Druck

7. Auflage 2015
© 2015 MEDI-LEARN Verlag GbR, Kiel

Wichtiger Hinweis für alle Leser
Die Medizin ist als Naturwissenschaft ständigen Veränderungen und Neuerungen unterworfen. Sowohl die Forschung als auch klinische Erfahrungen führen dazu, dass der Wissensstand ständig erweitert wird. Dies gilt insbesondere für medikamentöse Therapie und andere Behandlungen. Alle Dosierungen oder Applikationen in diesem Buch unterliegen diesen Veränderungen.
Obwohl das MEDI-LEARN Team größte Sorgfalt in Bezug auf die Angabe von Dosierungen oder Applikationen hat walten lassen, kann es hierfür keine Gewähr übernehmen. Jeder Leser ist angehalten, durch genaue Lektüre der Beipackzettel oder Rücksprache mit einem Spezialisten zu überprüfen, ob die Dosierung oder die Applikationsdauer oder -menge zutrifft. Jede Dosierung oder Applikation erfolgt auf eigene Gefahr des Benutzers. Sollten Fehler auffallen, bitten wir dringend darum, uns darüber in Kenntnis zu setzen.

Inhalt

Ihre Arbeitskraft ist Ihr Startkapital. Schützen Sie es!

DocD'or – intelligenter Berufsunfähigkeitsschutz für Medizinstudierende und junge Ärzte:

- Mehrfach ausgezeichneter Berufsunfähigkeitsschutz für Mediziner, empfohlen von den großen Berufsverbänden

- Stark reduzierte Beiträge, exklusiv für Berufseinsteiger und Verbandsmitglieder

- Versicherung der zuletzt ausgeübten bzw. der angestrebten Tätigkeit, kein Verweis in einen anderen Beruf

- Volle Leistung bereits ab 50 % Berufsunfähigkeit

- Inklusive Altersvorsorge mit vielen individuellen Gestaltungsmöglichkeiten

Lassen Sie sich beraten!

Nähere Informationen und unseren Repräsentanten vor Ort finden Sie im Internet unter www.aerzte-finanz.de

Deutsche Ärzte Finanz

Standesgemäße Finanz- und Wirtschaftsberatung

1 Theoretische Grundlagen

▮▮▮ Fragen in den letzten 10 Examen: 105

Dieses Skript gliedert sich in zwei Teile: Im ersten Teil werden die theoretischen Grundlagen besprochen, im zweiten geht es um Gesundheits- bzw. Krankheitsmodelle sowie Psychotherapie. Die physikumsrelevanten theoretischen Grundlagen stammen aus verschiedenen Bereichen: Biologie, Lernformen, Kognition, Emotion, Motivation, Persönlichkeit und Verhaltensstile, Entwicklung und primäre Sozialisation sowie Entwicklung über die weitere Lebensspanne.

1.1 Biologische Grundlagen

In diesem Kapitel geht es um die Lokalisation psychischer Prozesse im Gehirn. Um herauszufinden, wo genau etwas im Gehirn abläuft, bedient man sich verschiedener Methoden:

- Das EEG, bei dem mittlere Potenzialschwankungen auf der Kopfhaut abgeleitet werden, liefert eine hohe zeitliche Auflösung von Hirnaktivitäten.
- Magnetresonanztomografische Verfahren bieten eine hohe räumliche Auflösung.
- funktionelle Magnetresonanztomographische Verfahren erlauben es, über Unterschiede in der Sauerstoffsättigung des Blutes Aktivitäten von Hirnarealen zu erkennen.
- Bei der Positronen-Emissions-Tomographie (PET) werden zunächst leicht radioaktive Substanzen (Tracer) injiziert. Die Verteilung dieser Substanzen wird dann im PET sichtbar gemacht, um Stoffwechselaktivitäten verschiedener Hirnregionen zu lokalisieren.
- Durch Untersuchung der Funktionseinschränkungen nach lokalisierten Hirnschädigungen kann man auf die anatomischen Korrelate psychischer Prozesse schließen. Man fand z. B. heraus, dass sich der „Sitz der Persönlichkeit" im Frontalhirn befindet, da bei einer Schädigung in diesem Bereich

sämtliche Hemmungen wegfallen (Witzelsucht) und darüber hinaus auch planvolles Handeln kaum mehr möglich ist. Eine Störung im Hippokampus dagegen erschwert die Speicherung von Informationen im Langzeitgedächtnis, was auf eine Beteiligung des Hippokampus am Lernprozess schließen lässt. Eine Störung im Bereich der Amygdala führt zum Verlust von Furcht und Aggression, aber auch zur Unfähigkeit, Gesichtsausdrücke emotional bewerten zu können, was nahelegt, dass die Amygdala für unsere Gefühlswelt bedeutsam ist.
- Durch Elektrostimulation ließ sich z. B. das Belohnungszentrum im Ncl. accumbens lokalisieren: Erhöhung der Dopaminausschüttung wird als Glück empfunden.

1.1.1 Lokalisation von Hirnfunktionen

Grundsätzlich lässt sich unser Hirn in einen vorderen und hinteren Teil sowie einen rechten und linken Teil gliedern. Vorne sind motorische Prozesse lokalisiert, hinten sensorische Prozesse. Die Spezialisierung der rechten und linken Hirnhälften nennt man **Lateralisierung**. Hierbei unterscheidet man die dominante von der nichtdominanten Hemisphäre:

- Die dominante Hirnhälfte ist in der Regel kontralateral zur Händigkeit. Bei Rechtshändern ist also meist die linke Hemisphäre dominant, bei Linkshändern häufiger die rechte. In der dominanten Hemisphäre befinden sich die Sprachfunktionen und das verbale Gedächtnis. Mit ihr denken wir rational.
- Die nichtdominante Hemisphäre nutzen wir für räumlich-visuelle und taktile Aufgaben.

Mit Hilfe des groben Schemas

links	= sprachliches Denken,
rechts	= räumlich visuelles Denken,
vorne	= motorische Areale und
hinten	= sensorische Areale,

1

lassen sich spezielle Funktionen und deren Störungen bereits gut lokalisieren.

> **Beispiel**
> Bei Rechtshändern befindet sich links vorne das motorische, links hinten das sensorische Sprachzentrum. Einer Broca-Aphasie liegt eine motorische Sprachstörung im Frontallappen zugrunde, bei der die Sprachproduktion gestört ist.
> Bei der Wernicke-Aphasie liegt eine sensorische Sprachstörung im Temporallappen vor. Gestört ist hier das Sprachverständnis.
> Läsionen im Parietallappen können zu folgenden Symptomen führen:
> – Agraphie = Unfähigkeit zu schreiben,
> – Alexie = Unfähigkeit zu lesen,
> – Objektagnosie = Unfähigkeit, Objekte zu erkennen,
> – Apraxie = Unfähigkeit, zielgerichtete Bewegungen auszuführen.

Bei Epilepsie durchtrennt man gelegentlich aus therapeutischen Gründen das Corpus callosum (die Brücke zwischen den Hemisphären) als ultima ratio. Solche Patienten nennt man „split-brain-Patienten". Hier lässt sich die Hemisphärenlokalisation psychischer Funktionen beobachten. Wenn man einem solchen Patienten einen Gegenstand im linken Gesichtsfeld zeigt, so wird dieses Bild zunächst in der rechten Hemisphäre verarbeitet. Der Gegenstand kann dann jedoch nicht benannt werden, da sich das Sprachzentrum der meisten Menschen in der linken Hemisphäre befindet.

> **Merke!**
>
> Broca-Frontallappen-Produktion (oh, ich kann nicht mehr sprechen).
> Wernicke-Temporallappen-Verständnis (he, verstehe ich nicht).
> Parietallappen, Agrafie, Alexie, Objektagnosie, Apraxie (arrrg, alles im Argen).

1.1.2 Gedächtnis

Zur Funktionsweise des Gedächtnisses gibt es verschiedene **Modelle und Theorien**.
Im Physikum wird gerne nach den Modellen von Markowitsch gefragt. Markowitsch beschreibt einen sequenziellen Ablauf, in dem Informationen über den sensorischen Speicher ins Arbeitsgedächtnis und anschließend ins Langzeitgedächtnis gelangen.
Innerhalb dieser sequenziellen Abstufungen finden sich verschiedene Modalitäten, die in Tab. 1, S. 2 zusammengefasst sind.
Im **sensorischen Speicher** (Ultrakurzzeitgedächtnis) verweilen Wahrnehmungen nur wenige Sekunden. So empfinden wir noch Reize, obwohl sie nicht mehr wirken, wir hören gerade verklungene Töne (echoisches Gedächtnis) oder sehen gerade verschwundene Bilder (ikonisches Gedächtnis). Die Informationen liegen hier in Form kreisender elektrischer Erregungen vor. Im **Arbeitsgedächtnis** wird die Information weiter verarbeitet. Auch hier lie-

Informationsfluss	Modalität
sensorisches Gedächtnis = Ultrakurzzeitgedächtnis wenige Sekunden	– ikonisches Gedächtnis – echoisches Gedächtnis
Arbeitsgedächtnis = Kurzzeitgedächtnis wenige Minuten	– **verbal**: 7 Informationseinheiten – **visuell**: vier Objekte mit je 16 Eigenschaften
Langzeitgedächtnis auf unbestimmte Zeit	– **reflexiv (unbewusst):** **implizites Wissen** • **priming** = Bahnung, Reizwiedererkennung • **prozedural** = Bewegungsabläufe • **perzeptuell** = Objekte erkennen – **deklarativ (bewusst):** **explizites Wissen** • **semantisch** = allgemeines, teilbares Wissen • **episodisch** = persönliche Erlebnisse

Tab. 1: Informationsfluss und Modalitäten

gen die Informationen als kreisende elektrische Erregungen vor. Im verbalen Arbeitsgedächtnis können wir 7 Informationseinheiten verarbeiten, im visuellen **Arbeitsgedächtnis** sind es vier Objekte mit 16 verschiedenen Eigenschaften. Das Arbeitsgedächtnis ist im präfrontalen Kortex lokalisiert. Hier findet sich auch die Fähigkeit, Regeln zu erkennen, nach denen neue Reize kategorisiert werden können. Diese Fähigkeit erleichtert die Speicherung und Verknüpfung mit bereits bekannten Informationen und lässt sich mit dem Wisconsin Card Sorting Test (WCST) erfassen, einem Test zur Diagnose frontaler Läsionen.

In das **Langzeitgedächtnis** kommen neue Informationen bereits nach wenigen Minuten. Dabei ändert sich dauerhaft die Erregbarkeit von Neuronen im Hippokampus und im Kortex. Diesen Vorgang nennt man Langzeitpotenzierung.

Das Langzeitgedächtnis lässt sich in fünf hierarchisch geordnete Gedächtnissysteme unterteilen, die der Reihenfolge in Tabelle 1 entsprechend vom Priming-Gedächtnis bis hin zum episodischen Gedächtnis an Komplexität der Inhalte und Bewusstseinsgrad zunehmen; entsprechend sind auch die beteiligten neuroanatomischen Hirnstrukturen zunehmend höher entwickelt.

Das im Neokortex lokalisierte episodische Gedächtnis gibt es nur bei Menschen, die anderen vier Systeme sind auch bei Tieren vorhanden. Die Gedächtnissysteme lassen sich grob in unbewusste (reflexive) und bewusste (deklarative) Gedächtnissysteme unterteilen, wobei das perzeptuelle Gedächtnis am Übergang zwischen „unbewusst" und „bewusst" steht. Die unbewussten laufen im Vergleich zu den bewussten kognitiven Prozessen wesentlich schneller ab.

Das **reflexive Gedächtnis** beinhaltet implizites Wissen, d. h. Fähigkeiten, die wir zwar ausführen, nicht aber erklären können. Hierzu gehören das Priming-Gedächtnis, mit dessen Hilfe Reize wiedererkannt werden, und das prozedurale Gedächtnis, in dem Bewegungsabläufe gespeichert sind.

An der Grenze zu unserem Bewusstsein steht das **perzeptuelle Gedächtnis**, mit dem wir Gegenstände als solche erkennen und benennen können. Wir erkennen sofort einen Apfel, können aber nicht erklären, welche Merkmale es genau sind, die uns so sicher machen. Auch Reiz-Reaktionsverknüpfungen (Konditionierungsprozesse) sind hier gespeichert.

Das **deklarative Gedächtnis** beinhaltet unser explizites Wissen, das wir auch verbalisieren können. Es ist im Neokortex lokalisiert. Bei den Speicherprozessen spielen der Hippokampus, der Papez-Kreis und die Amygdala eine wichtige Rolle.

Im **semantischen Teil** befindet sich allgemeines Wissen (z. B. Hauptstädte, berufliches Wissen, Begriffe etc.). Wir wissen, dass Paris die Hauptstadt von Frankreich ist, können uns aber nicht mehr erinnern, wann und wo wir das gelernt haben.

Im **episodischen Teil** hingegen speichern wir persönlich erlebte Geschichten unter zusätzlicher Berücksichtigung von Raum und Zeit.

1.1.3   Gedächtnisstörungen

Gedächtnisstörungen können durch ein Trauma hervorgerufen werden. Kann man sich nicht mehr an die Zeit vor dem Trauma erinnern, spricht man von retrograder Amnesie, Erinnerungslücken nach dem Unfall bezeichnet man als anterograde Amnesie.

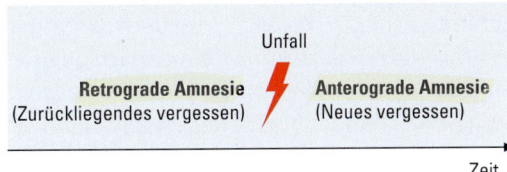

Abb. 1: Retrograde und anterograde Amnesie

medi-learn.de/7-psycho2-1

Gedächtnisstörungen können sich auch nur auf Teilbereiche beziehen. Wird z. B. der Hippocampus geschädigt, so können ab der Schädigung keine neuen Erlebnisse mehr gespeichert werden, alte Erinnerungen bis zum Zeitpunkt der Schädigung können aber weiterhin abgerufen werden. Patienten mit dieser Störung beschweren sich gerne darüber, dass sie jeden Tag von einem anderen Pfleger betreut werden. Im Examen werden z. B. Patienten mit isolierten Ausfällen beschrieben, denen dann eine Gedächtnismodalität zugeordnet werden soll. So können sich Patienten z. B. noch an alle Hauptstädte Europas erinnern, nicht aber an die eigene Hochzeit. Dies wäre eine isolierte Störung des episodischen Gedächtnisses, das semantische Gedächtnis wäre hier noch intakt. Psychogene Gedächtnisstörungen betreffen häufig den episodischen Teil. Nicht erinnerbare Inhalte stehen dabei oft in zeitlichem Zusammenhang mit schweren psychischen Belastungen.

Interferenztheorie

Auch im Bereich des Gesunden gibt es Phänomene, die das Behalten erschweren: Die Interferenztheorie beschreibt Überlagerungseffekte, die die Speicherung neuer Informationen erschweren. Man unterscheidet zwischen **pro- und retroaktiver Hemmung**. Wenn zwei Lerninhalte hintereinander gelernt werden und der erste Lernstoff den zweiten überlagert, man also den ersten Lernstoff besser behält, so spricht man von proaktiver Hemmung, im umgekehrten Fall von retroaktiver Hemmung. Also: Proaktiv hemmt nach vorne, retroaktiv hemmt nach hinten. Das in der Mitte gelernte wird also proaktiv von dem zuvor gelernten und retroaktiv von dem danach gelernten überlagert und am schnellsten vergessen. Man behält daher Informationen zu Beginn einer Lektion (Primacy-Effekt) oder am Ende einer Lektion (Recency-Effekt) am besten.

Der Zeigarnikeffekt

Der Zeigarnikeffekt besagt, dass Dinge, die eine besondere Spannung erzeugen, d. h. unerledigte Aufgaben, angebissene Brötchen,

ungelöste Klausurfragen etc. besonders gut behalten werden. Erledigte, abgeschlossene Dinge werden schnell wieder vergessen.

Übrigens ...
Solche Interferenzen kannst du beim Lernen vermeiden, wenn du zwischen der Bearbeitung verschiedener Themen Pausen machst, statt gleich mit dem neuen Inhalt zu beginnen.

1.1.4 Neuronale Plastizität

Obwohl bestimmte kognitive Leistungen bestimmten Hirnarealen zugeordnet sind, können diese Funktionen wandern. Dieses Phänomen nennt man **neuronale Plastizität**. Es beschreibt die morphologische und funktionale Änderung der Synapsen sowie die Lokalisationsänderung bestimmter kognitiver Leistungen. Die morphologische Plastizität lässt sich durch Volumenänderung bestimmter Hirnareale nachweisen und durch gezieltes neuropsychologisches Training nutzen, um die Funktionen geschädigter Hirnareale auf gesunde zu verlagern.

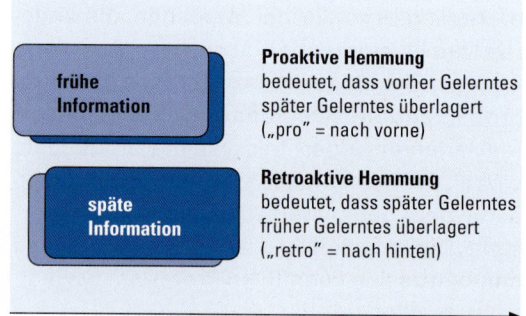

Proaktive Hemmung
bedeutet, dass vorher Gelerntes später Gelerntes überlagert („pro" = nach vorne)

Retroaktive Hemmung
bedeutet, dass später Gelerntes früher Gelerntes überlagert („retro" = nach hinten)

frühe Information

späte Information

Zeit

Abb. 2: Proaktive und retroaktive Hemmung

medi-learn.de/7-psycho2-2

1.1.5 Perseveration

Perseveration ist ein Symptom, das nach Schädigung des Frontalhirns auftreten kann.

Es bedeutet, dass die Betroffenen Probleme haben, sich auf neue Situationen oder Regeln einzustellen. Beispielsweise können solche Patienten nicht auf veränderte Aufgabeninstruktionen reagieren. Wenn sie etwas erzählen, wiederholen sie sich dabei ständig.

Übrigens ...
Du kannst dir die Symptomatik der Perseveration gut merken, wenn du dir eine Schallplatte mit einem Sprung vorstellst, an dem der Patient beim Erzählen immer wieder hängenbleibt.

1.1.6 Konfabulieren

Konfabulieren bezeichnet das phantasievolle Überspielen von Gedächtnislücken durch erfundene Geschichten. Es tritt häufig bei Patienten mit Korsakoff-Syndrom nach starkem Alkoholmissbrauch und Schädigungen in temporalen Kortexarealen auf. Dabei ist schwer zu entscheiden, ob die Patienten absichtsvoll lügen oder tatsächlich nicht mehr zwischen Realität und Fiktion unterscheiden können.

1.2 Lernen

In diesem Kapitel geht es um drei verschiedene Lernformen, die im Folgenden detailliert vorgestellt werden:
– das klassische Konditionieren,
– das operante Konditionieren und
– das Modelllernen.
Lernen hat dabei nicht viel mit dem zu tun, was wir im Alltag unter diesem Begriff verstehen (z. B. deine momentane Tätigkeit), sondern wird im Sinne des klassischen Behaviorismus als eine sichtbare Verhaltensänderung definiert, die Übung erfordert und nicht reifungsbedingt (= biologisch determiniert) ist.

Merke!

Die Behavioristen wollten Verhalten empirisch möglichst sauber erfassen, indem sie sich auf beobachtbare Reaktionen konzentrierten. Alles

andere – beispielsweise die Prozesse, die im Gehirn während des Lernens ablaufen – werden in diesen Lerntheorien nicht oder nur am Rande (beim Modelllernen) behandelt.

1.2.1 Klassisches Konditionieren (Signallernen)

Beim klassischen Konditionieren wird ein bisher neutraler Reiz durch wiederholte Darbietung/Koppelung mit einem unkonditionierten Reiz zu einem konditionierten Reiz. Daher wird hier eine Reiz-Reiz-Assoziation gelernt.

Begriffe des klassischen Konditionierens

Um das klassische Konditionieren verstehen zu können, muss man sich das Vokabular der Behavioristen aneignen. Hier sind alle wichtigen Vokabeln inklusive ihrer Übersetzung aufgeführt:
– **unkonditionierter Reiz/unbedingter Reiz** (UCS für unconditioned stimulus): entspricht einem ungelernten Reiz (= kein Lernen notwendig), der eine (meist) angeborene Reaktion auslöst.
– **unkonditionierte Reaktion/unbedingte Reaktion** (UCR für unconditioned reaction): eine Reaktion, die automatisch (= ohne vorheriges Lernen) auf den unkonditionierten Reiz erfolgt.
– **neutraler Reiz** (NS für neutral stimulus): Reiz, der vor dem Lernvorgang keine bestimmte Reaktion auslöste, also keine Bedeutung hatte.
– **konditionierter Reiz/bedingter Reiz** (CS für conditioned stimulus): ehemals neutraler Reiz, der durch die Konditionierung zu einem Signalreiz geworden ist und dadurch (auch ohne Kopplung mit dem unkonditionierten Reiz) eine Reaktion auslöst.
– **konditionierte Reaktion/bedingte Reaktion** (CR für conditioned reaction): Reaktion, die jetzt auf den konditionierten Reiz erfolgt (dasselbe Verhalten, das vorher nur auf den unkonditionierten Reiz hin gezeigt wurde).

Ablauf des klassischen Konditionierens

Das klassische Konditionieren ist eine Lernform, die immer nach demselben Schema verläuft (s. Abb. 3, S. 6). Am Beispiel des Pawlowschen Hundes wäre das folgendermaßen: Zunächst löst der Geruch von Futter (unkonditionierter Reiz/UCS) beim Pawlowschen Hund eine Speichelreaktion (unkonditionierte Reaktion/UCR) aus. Das Futter wird nun mit einem Klingelton (neutraler Reiz/NS) gekoppelt, wobei vor dem Futter immer der Klingelton dargeboten wird. Der Klingelton wird damit zum **Signal** für Futter. Nach mehrfacher gekoppelter Darbietung des Futters (unkonditionierter Reiz/UCS) und dem bisher neutralen Klingelton löst auch der bisher neutrale Reiz allein die Speichelflussreaktion aus und wird damit zum konditionierten Reiz (CS).

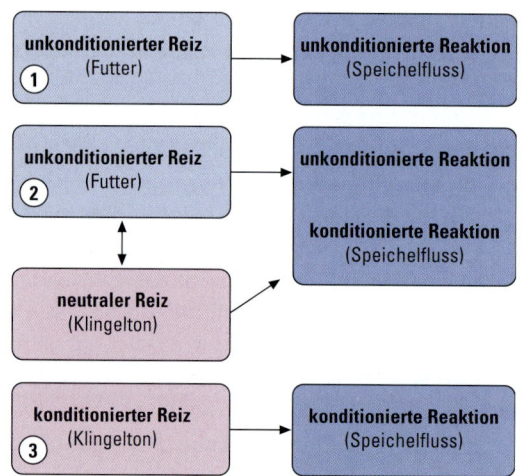

Abb. 3: Schema des klassischen Konditionierens

medi-learn.de/7-psycho2-3

Am besten versuchst du jetzt gleich einmal die Begriffe des klassischen Konditionierens beim folgenden Beispiel richtig zuzuordnen.

> **Beispiel**
> Susanne wird beim Autofahren immer schlecht. Im Auto ihrer Eltern riecht es nach einem Vanilleduftbaum. Nach einigen Autofahrten reicht schon der Geruch von Vanille aus, damit ihr schlecht wird.

> **Merke!**
> Am besten klappt die klassische Konditionierung, wenn der konditionierte Reiz (CS) etwa eine halbe Sekunde vor dem unkonditionierten Reiz (UCS) dargeboten wird. Dann ist der CS ein **Signal** für den folgenden UCS!

Konditionierung höherer Ordnung

Ein konditionierter Reiz (Klingelton in Pawlows Hundebeispiel) wird mit einem weiteren, bisher neutralen Reiz gekoppelt (z. B. Lichtblitz), sodass schließlich bereits der zweite, vorher neutrale Reiz die konditionierte Reaktion auslöst (Lichtblitz wird zum Signal für Klingel, Klingel wird zum Signal für Futter, Futter löst Speichelfluss aus).

> **Beispiel**
> Frau M. hat eine Hundeaversion. Ein neuer Nachbar mit Hund zieht ein. Frau M. mag den Nachbarn nicht.

Preparedness

Die neutralen Reize beim klassischen Konditionieren sind nicht wirklich neutral. Verschiedene „neutrale Reize" eignen sich unterschiedlich gut zur Konditionierung (z. B. häufig Angst vor Spinnen, aber niemals Angst vor Steckdosen). Diese Unterschiede deuten auf eine **biologische Basis** bestimmter Reize hin, die wahrscheinlich früher für den Menschen von lebenswichtiger Bedeutung waren. Preparedness kann man als eine Art „Vorbereitetsein" zum Erlernen einer Reaktion auf bestimmte leicht konditionierbare Reize verstehen.

Klinisch relevante Beispiele für klassische Konditionierung

Geschmacksaversion: Aversionen gegen bestimmte Nahrungsmittel können durch klassisches Konditionieren erlernt werden. Isst man beispielsweise Erdbeeren und fährt danach so oft mit der Achterbahn, bis einem schlecht ist, können die Erdbeeren von einem neutralen zu einem konditionierten Reiz werden, der auch ohne nachträgliches Achterbahnfahren Übelkeit auslöst. Geschmacksaversionslernen macht man sich zum Teil in der Therapie mit Alkoholsüchtigen zunutze, indem der Alkohol mit einem Übelkeit verursachenden Medikament gekoppelt wird.

Antizipatorische Übelkeit: Bei Krebspatienten in chemotherapeutischer Behandlung kommt es häufig vor, dass durch eine Kopplung der Klinikumgebung mit der durch die Zytostatika ausgelösten Übelkeit diese Übelkeit bereits ohne Medikamenteneinnahme beim Betreten der Klinik beginnt (vorher neutraler Anblick der Klinik wird zum konditionierten Reiz).

1.2.2 Operantes Konditionieren (Lernen am Erfolg)

Die Grundidee des operanten Konditionierens/instrumentellen Lernens besteht darin, dass die Auftretenswahrscheinlichkeit eines Verhaltens durch seine Konsequenzen, das heißt durch Belohnung und Bestrafung verändert wird.

Effektgesetz des Lernens

Das Effektgesetz des Lernens lautet folgendermaßen:
– Wird eine Verhaltensweise belohnt, tritt sie häufiger auf (Verstärkung).
– Wird eine Verhaltensweise bestraft, tritt sie seltener auf (Bestrafung).
– Die beiden im Gesetz beschriebenen Lernmechanismen des operanten Konditionierens kann man über die Veränderung der Häufigkeit, mit der ein Verhalten gezeigt wird, unterscheiden.

> **Merke!**
>
> **Verstärkung** liegt immer dann vor, wenn die Auftretenswahrscheinlichkeit eines Verhaltens steigt, das Verhalten also häufiger gezeigt wird. Reduziert sich die Häufigkeit eines Verhaltens, handelt es sich um **Bestrafung.**

Positive und Negative Verstärkung

Möchte man die Häufigkeit eines Verhaltens steigern (Beispiel: Ein Kind soll häufiger seine Hausaufgaben machen), so gibt es zwei Möglichkeiten:
– **Positive Verstärkung** bedeutet, dass man das erwünschte Verhalten durch die Hinzugabe einer angenehmen Konsequenz belohnt (z. B. Kind bekommt nach den gemachten Hausaufgaben ein Eis).
– **Negative Verstärkung** bedeutet, dass eine unangenehme (= aversive) Konsequenz

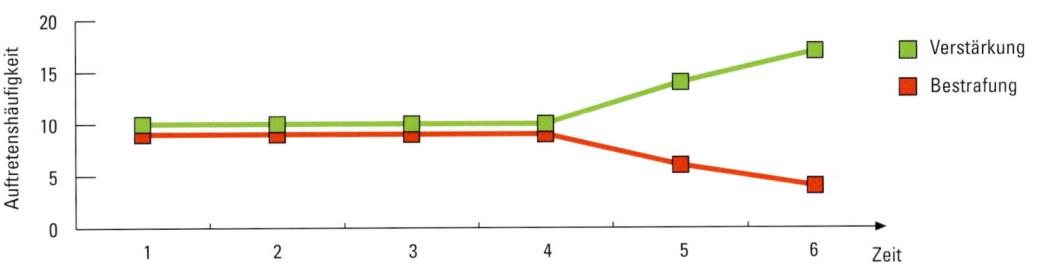

Abb. 4: Diagramm zu Verstärkung und Bestrafung

medi-learn.de/7-psycho2-4

ausbleibt (z. B. wenn es die Hausaufgaben gemacht hat, gibt es keine Streitigkeiten mit der Mutter).

> **Merke!**
>
> Der Begriff der positiven Verstärkung wird benutzt, weil eine Konsequenz dazukommt („plus Konsequenz"); Negative Verstärkung dagegen bedeutet, dass eine Konsequenz weggenommen wird („minus Konsequenz"). Positiv und negativ hat also NICHTS mit der Qualität der Konsequenz zu tun.

Im Bereich der klinischen Psychologie wird häufig thematisiert, dass Verstärkungsprozesse dazu führen, dass eigentlich unerwünschtes Verhalten beibehalten wird. Beispielsweise werden manche Patienten nicht so schnell gesund, wie es eigentlich „medizinisch möglich" wäre,

- da sie in ihrer Krankenrolle besonders viel Zuwendung (positive Verstärkung) bekommen oder
- da sie als Kranke von lästigen Pflichten entbunden sind (negative Verstärkung).

Weitere Beispiele von Verhaltensänderungen, die mit **negativen Verstärkungsmechanismen** erklärt werden können, sind

- die Steigerung der Medikamenteneinnahme bei Schmerzpatienten, da bei Einnahme die unangenehmen Schmerzen (= aversiver Reiz) ausbleiben,
- dass ein Diabetes-Patient sein körperliches Trainingsprogramm intensiviert, um dadurch das ihm unangenehme Insulinspritzen zu reduzieren,
- das Aufrechterhalten von irrationalen Ängsten (z. B. bei Phobikern) durch das Vermeiden der gefürchteten Situation, da das Vermeidungsverhalten zu einer Reduzierung unangenehmer Ängste führt.

Bestrafung

Wird die Auftretenswahrscheinlichkeit eines Verhaltens reduziert, spricht man von Bestra-

fung. Eine Reduzierung unerwünschter Verhaltensweisen (z. B. Verringerung des Zigarettenkonsums) erreicht man entweder dadurch,

- dass auf das unerwünschte Verhalten eine unangenehme Konsequenz folgt (z. B. Vorwürfe vom Partner beim Anzünden der Zigarette) oder dadurch,
- dass, wenn das unerwünschte Verhalten gezeigt wird, eine angenehme Konsequenz entfällt (z. B. geplantes gemütliches Zusammensitzen wird aufgrund des Rauchens abgebrochen).

> **Merke!**
>
> Unter dem Begriff Bestrafung werden sowohl das Folgen einer unangenehmen Konsequenz als auch das Entfallen einer angenehmen Konsequenz zusammengefasst.

Um Verhalten zu verändern, sollte man nicht mit Bestrafung arbeiten, da sie sich nicht zum Aufbau von erwünschtem Verhalten eignet. Unerwünschte Verhaltensweisen sollten konsequent ignoriert werden. Erwünschtes Verhalten sollte verstärkt werden. Also: Wenn ein Kind seinen Spinat ausspuckt, sollte man nicht mit ihm schimpfen, sondern man sollte das erwünschte Verhalten verstärken. Wenn das Kind den Spinat isst, darf es anschließend z. B. Fußball spielen. Als Verstärker dient in diesem Beispiel eine gerne ausgeführte Handlung. Wenn eine solche gerne oder häufig gezeigte Handlung als Verstärker verwendet wird, spricht man vom **Premackprinzip**.

Verstärkerpläne

Die Verstärkung (Konsequenz auf bestimmtes Verhalten) kann nach unterschiedlichem Muster ablaufen. Verstärkerpläne beschreiben die Kontingenz zwischen Verhalten und Verstärkung. Der Begriff der Kontingenz beschreibt dabei die Enge des Zusammenhangs zwischen Verhalten und Konsequenz.

– **hohe Kontingenz** bedeutet, dass auf jedes Verhalten eine bestimmte Konsequenz erfolgt (z. B. jedes Mal wenn ein Kind weint, wird es von der Mutter getröstet),
– **niedrige Kontingenz** bedeutet, dass nur ab und zu bestimmte Konsequenzen eintreten (z. B. ab und zu führt das Lernen für die bevorstehende Arbeit zu einer guten Note).

Man unterscheidet daher folgende Verstärkerpläne:
– **Kontinuierliche Verstärkung:** Die Verstärkung erfolgt nach jeder Reaktion. Dadurch wird Verhalten besonders schnell aufgebaut.
– **Intermittierende Verstärkung:** Die Verstärkung erfolgt NICHT nach jedem gezeigten Verhalten, sondern
– **Quotenverstärkung:** Konsequenz erfolgt entweder nach fester oder variabler Quote (jedes fünfte Mal wird verstärkt oder durchschnittlich jedes fünfte Mal).
– **Intervallverstärkung:** Konsequenz erfolgt nach festem oder variablen **Zeitintervall** (alle drei Stunden wird Verhalten verstärkt oder durchschnittlich alle drei Stunden).

Die Geschwindigkeit des Lernens, aber auch die **Löschungsresistenz** von Verhalten hängen von der Art des Verstärkerplans ab:

Bei kontinuierlicher Verstärkung wird Verhalten besonders schnell gelernt, kann jedoch auch schnell wieder gelöscht werden.

Bei variabel intermittierender Verstärkung (z. B. einer Mischung aus Quoten- und Intervallplänen) wird Verhalten zwar langsam gelernt, ist aber – wenn es einmal erworben wurde – besonders stabil/löschungsresistent (z. B. beim Glücksspiel).

1.2.3   Reizgeneralisierung und Reizdiskriminierung

Je nachdem unter welchen Bedingungen ein Verhalten gelernt wird, kann es auf andere Situationen ausgeweitet werden oder nicht.

Als **Reizgeneralisierung** wird die Ausweitung der gelernten Reaktion auf ähnliche Reize bezeichnet.

Beispiel
Die gelernte Angst vor dem Zahnarztbohrer führt zu einer generalisierten Angst vor allen Bohrgeräuschen.

Als **Reizdiskrimination** wird die Einengung der gelernten Reaktion auf einen ganz bestimmten Reiz bezeichnet. Bei ähnlichen Reizen wird das gelernte Verhalten nicht gezeigt.

Beispiel
Ein Hund sabbert nur bei einem speziellem Klingelton, nicht bei ähnlichen Tönen.

1.2.4   Extinktion (Löschung von Verhalten)

Die Grundidee des klassischen und des operanten Konditionerens ist, dass alles erlernte Verhalten auch wieder verlernt oder umgelernt werden kann. Extinktion bedeutet, dass ein vorher gelerntes und gezeigtes Verhalten weniger wird oder ganz unterbleibt. Zur Extinktion kommt es
– beim **klassischen Konditionieren,** wenn der konditionierte/gelernte Reiz mehrmals ohne den unkonditionierten Reiz dargeboten wird (Klingelton ohne Futter) und so irgendwann seine Signalwirkung verliert. So findet eine Entkopplung von konditioniertem und unkonditioniertem Reiz statt.
– beim **operanten Konditionieren,** wenn auf das gelernte Verhalten keine Konsequenz mehr folgt (z. B. das Kind für das Hausaufgabenmachen nicht mehr gelobt wird oder die Mutter bei nicht gemachten Hausaufgaben aufhört zu schimpfen).

Wird ein vorher gelöschtes Verhalten spontan wieder gezeigt, spricht man von **Remission**. Beispiel: Beim Pawlowschen Hund wurde die Speichelflussreaktion auf den Klingelton gelöscht. Als er Tage später einen Klingelton hört, zeigt er sie wieder.

Merke!

Reizgeneralisierung, Reizdiskrimination und Extinktion sind Mechanismen, die sowohl bei klassisch konditionierten Verhaltensweisen als auch bei operant gelerntem Verhalten existieren.

1.2.5 Modelllernen/Sozial-kognitive Lerntheorie

Die sozial-kognitive Lerntheorie wurde von Albert Bandura entwickelt. Die Grundidee dabei ist folgende: Ein Verhalten kann auch stellvertretend **durch Beobachtung** gelernt werden, ohne dass das Individuum die Konsequenzen des Verhaltens selber erleben muss (**Modeling-Effekt**). Das geschieht, indem das Individuum das Modellverhalten und die folgenden Konsequenzen beobachtet. Über Modelllernen kann man erklären, wie sich Menschen neue Verhaltensweisen aneignen, ohne jeweils im Versuch-und-Irrtum-Verfahren alle Möglichkeiten ausprobieren zu müssen. Allein die Beobachtung eines Modells und der Konsequenzen, die auf sein Verhalten folgen, reichen aus, um verstärkte Verhaltensweisen zu übernehmen und bestrafte Verhaltensweisen zu unterlassen.

1.3 Kognition

Die Kognitionspsychologie umfasst alle höheren Prozesse der Informationsaufnahme und -verarbeitung (z. B. Wahrnehmung, Gedächtnis, Sprache, Denken, Problemlösen).

1.3.1 Wahrnehmung

Als Wahrnehmungsprozesse werden alle Prozesse bezeichnet, mit denen der ungeordnete Input der äußeren Welt (visuelle, akustische, taktile Informationen etc.) über die Sinnesorgane aufgenommen und organisiert wird. Die Organisation dieser Informationen ist wichtig, um möglichst schnell zu einem interpretierbaren Eindruck zu kommen (z. B. ein Muster aus visuell wahrgenommenen Punkten und Flächen wird als Person erkannt). Die **Gestaltpsychologie** hat untersucht, nach welchen Prinzipien Menschen visuelle Infor-

mationen organisieren, d. h., nach welchen Regeln wir Elemente als zusammengehörig oder getrennt wahrnehmen.

- **Prinzip der Prägnanz:** Wenn mehrere Interpretationen möglich sind, werden die Elemente nach der einfachsten Organisationsmöglichkeit wahrgenommen („law of good figure": zwei sich überlappende Kreise werden z. B. als zwei Kreise und nicht als eine komplexe Form interpretiert).
- **Prinzip der Ähnlichkeit:** Ähnliche Elemente werden als zusammengehörig wahrgenommen.
- **Prinzip der Nähe:** Elemente, die nah beieinander liegen, werden als zusammengehörig wahrgenommen.
- **Prinzip der Geschlossenheit:** Wir bevorzugen geschlossenen Formen oder Figuren. Entsprechend werden fehlende Randkonturen einfach ergänzt.
- **Prinzip des „gemeinsamen Schicksals":** Elemente, die sich in der gleichen Richtung bewegen, werden als zusammengehörig wahrgenommen (z. B. Vögel, die im Schwarm fliegen).
- **Prinzip der Vertrautheit:** Wenn wir es gewohnt sind, bestimmte Elemente häufig gemeinsam vorzufinden, so nehmen wir sie als vertraute Gruppe war.

Wahrnehmungsabwehr

Der Begriff Wahrnehmungsabwehr bezeichnet die erschwerte (langsamere) Wahrnehmung von Reizen, die eine negative Bedeutung haben oder tabuisiert sind. (Wörter wie z. B. „Hure", „Sex" oder „Verbrechen" werden in Reaktionszeitexperimenten langsamer erkannt als neutrale Begriffe oder Wörter mit positiver Bedeutung.)

1.3.2 Positiver und negativer Transfer

Transfer bezeichnet die Übertragung von gelerntem Verhalten auf eine ähnliche Situation. Unterschieden werden positiver und negativer Transfer:

– **Positiver Transfer** bedeutet, dass gelerntes Verhalten erfolgreich auf eine neue Situation übertragen wird.

Beispiel
Beim Fahren mit einem neuem Auto überträgt man die Handlungen des Gasgebens, Schaltens, Lenkens etc. vom alten Auto.

– **Negativer Transfer** bedeutet, dass gelerntes Verhalten auf eine neue Situation übertragen wird, in der es nicht passt.

Beispiel
Aufgrund vorheriger Bearbeitung einer schwierigen Aufgabe wird beim Lösen einer leichten Aufgabe ein zu komplizierter Lösungsweg gewählt.

1.3.3 Intelligenz

Intelligenz kann man als allgemeine geistige Anpassungsfähigkeit an neue Aufgaben und Lebensbedingungen (William Stern) definieren. Es gibt verschiedene Auffassungen darüber, wie Intelligenz gegliedert ist. Je nachdem, was man alles zu Intelligenz zählt, sieht auch die Messung des Merkmals unterschiedlich aus. In diesem Unterkapitel wird deswegen auch erläutert, was der IQ-Wert als Testergebnis über die Intelligenz aussagt.

Intelligenzmodelle

Die folgenden drei Modelle zur Beschreibung von Intelligenz unterscheiden sich darin, ob sie einen Generalfaktor postulieren (Zweifaktorentheorie) oder annehmen, dass es mehrere gleichwertige und relativ unabhängige Intelligenzbereiche gibt (Primärfaktorenmodell). Ein weiteres Modell geht von verschiedenen Arten von Intelligenz aus, die sich über das Lebensalter unterschiedlich entwickeln (fluide und kristalline Intelligenz).

Generalfaktorentheorie/Zweifaktorentheorie (Spearman)

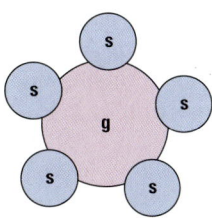

Abb. 5: Generalfaktormodell

medi-learn.de/7-psycho2-5

Spearman ging davon aus, dass Intelligenzleistungen sich aus zwei Komponenten zusammensetzen:
– einem generellen (= g) Faktor und
– mehreren spezifischen (= s) Faktoren.
Der **Generalfaktor (g-Faktor)** ist an allen Intelligenzleistungen beteiligt, spezifische Faktoren (s) decken dagegen jeweils ein spezielles Gebiet ab und sind untereinander statistisch unabhängig (unkorreliert).

Modell der multiplen Faktoren/Primärfaktorentheorie (Thurstone)

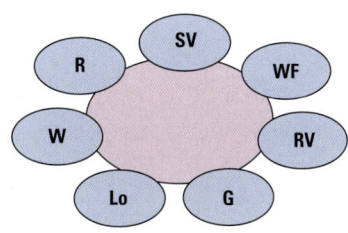

Die 7 Primärfaktoren lauten:
• Rechenfähigkeit (R)
• Sprachverständnis (SV)
• Wortflüssigkeit (WF)
• räumliche Vorstellung (RV)
• Gedächtnis (G)
• Logisches Denken (Lo)
• Wahrnehmungsgeschwindigkeit (W)

Abb. 6: Mehrfaktorenmodell

medi-learn.de/7-psycho2-6

1

Louis Thurstone ging davon aus, dass Intelligenz aus sieben voneinander unabhängigen Komponenten (primary mental abilities) besteht. Menschen können nach dieser Auffassung in einem Bereich besonders begabt sein, während sie in einem anderen nur durchschnittliche oder unterdurchschnittliche Leistungen erbringen.

> **Merke!**
>
> Kreativität gehört in keinem Modell zu den Intelligenzfaktoren.

Kristalline und fluide Intelligenz (Cattell)

Raymond Cattell nahm an, dass es zwei Arten von Intelligenz gibt, die sich substanziell unterscheiden:

- **Kristalline Intelligenz** ist kulturabhängig (z. B. unterscheidet sich das kristalline Wissen je nach Land und Schulsystem) und wird durch Erfahrung erworben. Sie umfasst Wissen und nimmt auch im Erwachsenenalter zu.
- **Fluide Intelligenz** ist kulturunabhängig, umfasst basale Fähigkeiten (logisches Denken, geistige Beweglichkeit, Orientierung in neuen Situationen), nimmt im Alter ab und unterliegt bei über 60-Jährigen einem starken Abbau.

> **Merke!**
>
> Fluide Intelligenz baut mit dem Alter stärker ab. Die Höhe der kristallinen Intelligenz bleibt auch im Alter weitestgehend konstant.

Intelligenztests

Zur Messung der Intelligenz gibt es verschiedene Testverfahren. Zwei davon werden hier dargestellt:

- der Hamburg-Wechsler-Intelligenztest (HAWI) und
- der Intelligenz-Struktur-Test (IST).

Diese beiden gehören zu den am häufigsten eingesetzten Testverfahren zur Erfassung allgemeiner Intelligenz.

HAWIE/HAWIK (Hamburg-Wechsler-Intelligenztest für Erwachsene/Kinder)

Der HAWIE/K besteht aus einem Verbal- und einem Handlungsteil. Verbal-IQ und Handlungs-IQ können getrennt berechnet werden. Zu den Verbaltests gehören z. B. der Wortschatz („Was bedeutet Katalog?") und Allgemeinwissen („Warum wäscht man Kleider?"). Zu den Handlungstests gehören Aufgaben wie das Nachlegen eines Mosaiks oder das Ordnen von Bildern. Die Tests haben alle ein freies Antwortformat und werden als Einzeltests durchgeführt. HAWIE und HAWIK sind auf einen Mittelwert von 100 und eine Standardabweichung von 15 normiert.

IST (Intelligenzstrukturtest von Amthauer)

Der IST hat eine Mehrfaktoren-Struktur: Er besteht aus einem verbalen, einem numerischen, einem figuralen und einem Gedächtnisteil. Für alle Teile werden einzelne IQ-Werte berechnet, sodass eine **Profilbildung** möglich ist. Das Antwortformat des IST ist größtenteils „multiple-choice" (vier Auswahlantworten, von denen eine angekreuzt werden soll). Dadurch ist der IST ein sehr ökonomisches Verfahren, das häufig als **Gruppentest** (gleichzeitige Testung mehrerer Probanden, die jedoch alle alleine arbeiten) durchgeführt wird. Der Mittelwert liegt bei 100, die Standardabweichung bei zehn.

Intelligenzquotient (IQ)

Der IQ ist eine Maßzahl für die Leistung in einem Intelligenztest im Verhältnis zur Leistung der eigenen Altersgruppe. Um den IQ zu berechnen braucht man daher in jedem Fall die Normierung der entsprechenden Altersgruppe. Es gibt zwei verschiedene Arten, den IQ zu berechnen:

- **Klassischer IQ (Binet, Stern):**

$$\frac{\text{Intelligenzalter}}{\text{Lebensalter}} \cdot 100$$

Das Intelligenzalter wird durch einen Test ermittelt, bei dem die einzelnen Aufgaben nach ihrer Lösbarkeit für ein bestimmtes Alter definiert sind. Beispiel: Aufgaben, die Sechsjährige im Durchschnitt lösen können, Fünfjährige aber noch nicht, werden zur Messung des Intelligenzalters von sechs Jahren eingesetzt.

> **Beispiel**
> Peter ist sieben Jahre alt und löst alle Aufgaben für Neunjährige:
>
> $$\frac{9}{7} \cdot 100 = 128,5$$
>
> Hans ist sieben Jahre alt und löst nur Aufgaben für Fünfjährige:
>
> $$\frac{5}{7} \cdot 100 = 71,4$$

– **Der Abweichungs-IQ (Wechsler-IQ):** Der Wert eines Probanden im IQ-Test wird mit dem normierten Mittelwert (= 100) seiner Altersgruppe verglichen. Das bedeutet, dass ein individueller IQ-Wert immer nur in Bezug auf die eigene Altersgruppe interpretierbar ist. Der Abweichungs-IQ wird heutzutage benutzt, um beispielsweise im HAWI oder IST den Wert des Probanden zu berechnen.

> **Übrigens ...**
> Der IQ sagt nur etwas über die relative Position eines Probanden in Bezug auf seine Referenzgruppe (z. B. 15-jährige Gymnasiasten) aus. IQ-Werte von Probanden, die mit unterschiedlichen Referenzgruppen verglichen werden, kann man nicht direkt miteinander vergleichen (z. B. IQ eines 15-jährigen Gymnasiasten mit dem eines 17-jährigen Realschülers).

Intelligenz und Leistung

Empirisch lässt sich ein stabiler Zusammenhang zwischen Werten in Intelligenztests und anderen Leistungsbewertungen (z. B. Schulnoten, Studienabschluss, Berufserfolg) feststellen. Dieser liegt jedoch deutlich unter einer Korrelation von $r = 1.0$ (je nach Kriterium um $r = 0.4$ bis 0.7).

In manchen Fällen klaffen Intelligenz und gezeigte Leistung jedoch unerwartet stark auseinander:
– Als **Underachiever** werden Schüler bezeichnet, deren Schulleistung schlechter ist, als aufgrund ihrer Intelligenz zu erwarten wäre (z. B. aufgrund mangelnder Motivation).
– Als **Overachiever** bezeichnet man Schüler, deren Schulleistungen besser sind, als aufgrund ihrer Intelligenz zu erwarten wäre (z. B. aufgrund hoher Angepasstheit und Fleiß).

1.4 Emotion

In diesem Kapitel werden zunächst die Kennzeichen und Bestandteile von Emotionen vorgestellt und eine allgemeine Theorie zur Entstehung von Emotionen erläutert. Der zweite Teil widmet sich dann spezifischen Emotionen wie der Angst und der Depression. Dabei stehen Störungsbilder, die das emotionale Erleben betreffen, im Mittelpunkt.

1.4.1 Komponenten der Emotion

Emotionen lassen sich in verschiedene Komponenten unterteilen, die hier an der Emotion „Angst" beispielhaft verdeutlicht werden:
– **subjektives Gefühl** (Gefühl von Bedrohtsein),
– **kognitive Komponente** (Bewertung, Gedanken – z. B. „Das ist eine gefährliche Situation. Ich weiß nicht, wie ich mich wehren kann."),
– **physiologische Komponente** (erhöhter Muskeltonus, Zunahme der Hautleitfähigkeit, Schweißausbruch, erhöhte Herzfrequenz, beschleunigter Puls etc.),
– **Ausdruckskomponente** (Mimik, z. B. Hochziehen der Augenbrauen, Öffnen des Mundes) und

– **Motivationale-/Verhaltenskomponente** (Kampf oder Flucht).

> **Merke!**
>
> Die Ausdruckskomponente ist die wichtigste Komponente zur Klassifikation der Emotion.

1.4.2 Die 6 Primär-/Basisemotionen

Alle Basisemotionen sind kulturell unabhängig, das heißt, sie werden von Menschen aller Kulturen gezeigt und auch ähnlich interpretiert. Jede dieser Emotionen ist über spezielle Muskelgruppen definiert. Beispielsweise wird Überraschung mimisch über ein Heben der Augenbrauen, das Senken des Unterkiefers und das Heben der Oberlider definiert. Primäremotionen sind **genetisch angelegt** und werden daher NICHT durch Nachahmung gelernt. Zu ihnen gehören:

– Freude/Glück,
– Trauer,
– Angst,
– Wut/Ärger,
– Ekel und
– Überraschung.

Alle anderen Emotionen – wie Schuldgefühle, Depression und Neid – gehören NICHT zu den primären Emotionen, sondern sind gelernte Mischgefühle.
Wenn du dir nicht sicher bist, ob eine Emotion zu den Basisemotionen oder den Mischgefühlen gehört, kannst du einfach mal überlegen, ob dir dazu spontan der „richtige Gesichtsausdruck" einfällt. Bei den Basisemotionen sollte das leicht fallen, bei Mischgefühlen dagegen nicht.

1.4.3 Emotionstheorien

Emotionen werden immer von physiologischen Veränderungen begleitet. Hiermit ist es wie mit der Frage nach der Henne und dem Ei. James & Lange (1884) gehen davon aus, dass physiologische Reaktionen unwillkürlich einsetzen und erst die Wahrnehmung und Interpretation dieser physiologischen Veränderung die Emotion auslöst. Laufen wir z. B. vor einem Bären fort, schließen wir daraus, dass wir Angst vor dem Bären haben müssen. „Woher soll ich wissen, was ich fühle, bevor ich sehe, was ich tue?"

Cannon & Bard (1927) postulieren, dass zunächst die Emotion vorhanden ist und diese dann den physiologischen Zustand verändert. Ich fühle, also reagiere ich.

Schachter & Singer (1962) bilden schließlich die Synthese bisheriger Ansätze und postulieren die Zwei-Faktoren-Theorie der Emotion. Sie nehmen an, dass Emotionen aus:

1. einer **unspezifischen physiologischen Erregung** aufgrund einer bestimmten Wahrnehmung und
2. einer **kognitiven Bewertung** des Erregungszustands, die abhängig vom unmittelbaren Kontext ist, bestehen.

> **Beispiel**
>
> Schachter & Singer konnten in einem Experiment zeigen, dass Menschen, die vorher über eine gefährliche Brücke gingen und aufgrund des Risikos eine physiologische Erregung spürten, diese Erregung häufig auf eine junge, hübsche Interviewerin zurückführten, die sie am Ende der Brücke in ein Gespräch verwickelte. Personen, die vorher keine Gefahrensituation erlebt hatten, bewerteten dieselbe Interviewerin im Schnitt als weniger attraktiv.
>
> Vereinfacht lautet ihre Theorie also: Erst kommt die physiologische Erregung, dann suche ich in meiner Umgebung dafür eine Erklärung. Je nachdem, was sich als Erklärung anbietet, wird das unspezifische Gefühl als Angst, Ärger, Freude, Überraschung etc. interpretiert.

1.4.4 Angst

Die Emotion der Angst ist sehr vielfältig. Man unterscheidet zwischen funktionalen

– also für das Überleben wichtige – Formen der Angst und übertriebener pathologischer Angst, die für das Individuum einschränkend ist (= Angststörung).

Unterscheidung verschiedener Angstformen

Angst kann man danach unterscheiden, ob sie sich auf etwas Bestimmtes richtet oder nicht. Zudem gibt es bestimmte Angstformen, die während der kindlichen Entwicklung auftreten. Die „Vokabeln zur Angst" lauten:

- **Realangst** oder **Furcht** = funktionale, angemessene Angst vor speziellem Objekt/ Situation
- **frei flottierende Angst** = ungerichtete Angst, wobei nicht gesagt werden kann, wovor
- **6-Monats-Angst** oder **Trennungsangst** = Kind hat Angst, wenn die Mutter (primäre Bezugsperson) geht; tritt um den sechsten Lebensmonat auf.
- 8-Monats-Angst oder Fremdeln = Kind bekommt Angst vor Fremden (zeigt, dass es in der Lage ist, zwischen bekannten und fremden Personen zu differenzieren); tritt um den achten Lebensmonat auf.
- Angst-Trait (Trait = Eigenschaft) bezeichnet eine persönlichkeitsbezogene Angstbereitschaft.
- Angst-State (State = Zustand) bezeichnet einen situativen Angstzustand.

Angststörungen

Angst ist grundsätzlich eine normale und funktionale Emotion. Ist sie allerdings extrem ausgeprägt, kann sie für das Individuum zum Problem werden. Von einer Angststörung spricht man dann, wenn die betroffene Person sich durch Angst in ihrem Leben eingeschränkt fühlt und die erlebte Angst übertrieben und unangemessen erscheint. Dabei werden verschiedene Angststörungen unterschieden: Die **Phobie** ist eine unangemessene Angst vor einem speziellen Objekt oder einer speziellen Situation (Spinnenphobie, Blutphobie, Agoraphobie = Angst vor öffentlichen Orten s. u.). Die

Entstehung von Phobien wird lerntheoretisch über den Mechanismus des klassischen Konditionierens oder über Modelllernen erklärt. Beispiel: Der Anblick einer vorher neutralen Spinne lässt die Mutter aufschreien. Der Schrei ist der unkonditionierte Reiz, bei dem das Kind erschrickt. Durch eine Kopplung von Spinne und Schrei wird die Angst auf den Anblick der Spinne übertragen.

Die Aufrechterhaltung von Phobien oder die Frage, warum es nicht schnell zu einer Löschung/Extinktion der gelernten Reaktion kommt, wird lerntheoretisch folgendermaßen erklärt: Der betroffene Patient meidet oder flieht vor angstauslösenden Situationen. Diese Vermeidung oder Flucht führt zur Angstreduktion (= eine unangenehme Emotion nimmt ab), die wiederum das Vermeidungsverhalten (negativ) verstärkt. **Prepared-Reize** lösen häufig unangemessene Furchtreaktionen aus. Spinnen sind hier das klassische Beispiel.

Bei der **Panikstörung** treten plötzliche Angstattacken auf, ohne dass die Person ein spezielles auslösendes Objekt oder eine Situation benennen könnte. Sie kommen „wie aus heiterem Himmel" und gehen mit starken physiologischen Symptomen (Herzrasen, Schwindel, Schwitzen, Zittern etc.) und dem Gefühl von Todesangst einher. Panikattacken treten häufig in Ruhesituationen auf.

Übrigens ...
Agoraphobie (Angst vor öffentlichen Orten) tritt häufig gemeinsam mit einer Panikstörung auf (hohe Komorbidität). In solchen Fällen haben Patienten Angst vor öffentlichen Orten, da sie dort bei einer Panikattacke keine Hilfe finden oder sich blamieren würden.

Patienten mit **Zwangsstörungen** leiden unter wiederkehrenden Zwangshandlungen oder Zwangsgedanken (z. B. Wasch-, Kontrollzwang, bei denen sie immer wieder dieselben Wasch- oder Kontrollhandlungen durchführen), die von ihnen als übertrieben erlebt werden und die sie in ihrer Lebensführung einschränken.

1

Zwangsstörungen zählen zu den Angststörungen, da ein Unterdrücken der Zwangshandlungen zu starker Angst führt. Die Handlungen und Gedanken werden ausgeführt, um diese Angst zu vermeiden.

Die **posttraumatische Belastungsstörung (PTBS)** ist eine Angststörung, die nach traumatischen Erfahrungen (z. B. Unfall, Verbrechen) auftritt. Ihre Symptomatik besteht aus unwillkürlich wiederkehrenden Erinnerungen an das traumatische Ereignis, die zum Teil wie ein plötzlicher Film vor dem geistigen Auge ablaufen („Flashbacks"), obwohl die Patienten versuchen, mit dem Trauma verbundene Aktivitäten zu vermeiden. Gleichzeitig erleben die Patienten eine emotionale Gleichgültigkeit gegenüber ihrer Umwelt.

Die **generalisierte Angststörung** ist nicht auf ein bestimmtes Objekt gerichtet, sondern beschreibt eine nicht konkret begründete Angst vor Unfällen, Erkrankungen oder Katastrophen. Sie ist weniger von physiologischen Erscheinungen begleitet.

Repression – Sensitization:
Verhaltensstil beim Umgang mit Angst

Individuen gehen mit bedrohlichen Situationen unterschiedlich um. Die Dimension Repression versus Sensitization beschreibt diese verschiedenen Verhaltensstile. Dabei bilden Verleugnung (Repression) und ängstliche Aufmerksamkeit (Sensitization) die Extrempole eines Kontinuums.

- **Represser** unterdrücken/verdrängen Angstgefühle. Sie verleugnen, dass überhaupt ein Grund zur Sorge besteht.
- **Sensitizer** beschäftigen sich intensiv mit ihrer Angst, suchen gezielt Informationen zum Angstobjekt/-thema und fürchten Kontrollverlust.

Beispiel
Patient A (Sensitizer) lässt sich vor einer Operation im Detail über alle möglichen Risiken informieren. Patient B

(Represser) legt Broschüren zu den Risiken von gesundheitsschädigendem Verhalten einfach ungelesen zur Seite.

1.4.5 Depressionen

Depressionen gehören zu den häufigsten psychischen Störungen. Zur Symptomatik zählen **negative Emotionen** wie Trauer und Hoffnungslosigkeit, verminderter Antrieb und geringes Selbstwertgefühl. Depressive Menschen leiden häufig unter Schuldgefühlen und allgemeiner Freudlosigkeit. Auch ihr Denken ist beeinträchtigt: Sie neigen dazu, negative Ereignisse extrem zu betonen **(Übergeneralisierungsfehler)** und positive Dinge kaum wahrzunehmen.
Diese negative Sicht auf sich (1) selbst, (2) die Umwelt und (3) die Zukunft bezeichnet Beck im Rahmen der kognitiven Verhaltenstherapie als so genannte „kognitive Triade".

Diese Symptomatik muss mindestens zwei Wochen anhalten, um als Depression diagnostiziert zu werden. Depression führt auch zu einer langfristigen Aktivierung des Sympathikus und der Hypothalamus-Hypophysen-Nebennierenrinden-Achse. Die hierdurch verursachte Cortisolausschüttung begünstigt einen erhöhten Blutdruck, eine geringere Herzfrequenzvariabilität und Endothelschäden. Damit geht die Depression auch mit einem erhöhten Herz-Kreislauf-Risiko einher. Die Prävalenz von Depressionen ist bei Frauen deutlich höher als bei Männern. Erklärungsansätze zur Entstehung depressiver Störungen gibt es einige. Hier wird aber nur die physikumsrelevante Theorie erlernter Hilflosigkeit vorgestellt.

Theorie der erlernten/gelernten Hilflosigkeit (Seligman)

Die Theorie erlernter Hilflosigkeit basiert auf Erkenntnissen aus Tierversuchen:
Aus diesen Versuchen leitete der Psychologe Martin Seligman ab, dass bei **fehlender Kon-**

trolle über die Konsequenzen des eigenen Verhaltens ein Organismus (Mensch und Tier) erlernte Hilflosigkeit ausbildet.

Übertragen auf die Entstehung von Depressionen bedeutet das, dass Menschen, die den Eindruck haben, keine Kontrolle über die Konsequenzen ihres Verhaltens zu haben (z. B. „Egal, was ich tue, ich kann meine Lage doch nicht ändern."), durch diese Erfahrung der Unkontrollierbarkeit eine depressive Symptomatik ausbilden.

Die Symptome der erlernten Hilflosigkeit sehen folgendermaßen aus:

– emotionales Defizit (Freudlosigkeit),
– motivationales Defizit (Fehlen zielgerichteter Aktivität),
– kognitives Defizit (verzögertes Lernen von aktivem Vermeidungsverhalten) und
– neurobiologische Veränderungen wie bei Depressiven (Verringerung des Noradrenalingehalts im ZNS).

Beispiel

Ratten befanden sich in einem zweiteiligen Käfig, in dem die eine Hälfte mit einer elektrifizierbaren Bodenplatte ausgelegt war. In der ersten Versuchsphase wurde die eine Hälfte unter Strom gesetzt. Die Ratten lernten, in die sichere Käfighälfte zu flüchten um den Stromschlägen zu entkommen. In der zweiten Phase wurden sie auf der elektrifizierbaren Platte festgeschnallt. Sie waren nun den Stromschlägen hilflos ausgesetzt. Danach wurden sie wieder frei gelassen. Interessanterweise zeigte sich, dass die wieder frei beweglichen Ratten jetzt jedoch nicht mehr in die sichere Käfighälfte flüchteten, sondern „hilflos" die Stromschläge erduldeten.

Merke!

Erlernte Hilflosigkeit führt NICHT zu aggressivem Verhalten.

1.4.6 Trauer und Phasen der Auseinandersetzung mit dem Tod

Im Gegensatz zur Depression ist Trauer eine normale und funktionale Emotion, die bei Verlust wichtiger Bezugspersonen gezeigt wird. Evolutionsbiologisch kann man ihre Funktion darin sehen, dass Trauer eine auffordernde Wirkung auf andere Gruppenmitglieder ausübt, das trauernde Individuum zu unterstützen. Als Trauerarbeit wird der aktive emotionale Verarbeitungsprozess bei Verlust eines Beziehungsobjekts (Objekt steht hier auch für Personen) bezeichnet.

Sterbephasen nach Kübler-Ross

Elisabeth Kübler-Ross hat durch Interviews mit sterbenden Menschen eine Art Phasenabfolge in der Auseinandersetzung mit dem eigenen Tod gefunden. Sie gliedert sich in die folgenden fünf Phasen:

1. Phase der Abwehr/nicht-wahrhaben-Wollen,
2. Protestphase/Zorn,
3. Phase des Verhandelns,
4. Depression und
5. Akzeptieren.

Das **Lernkapitel** ist eines der zentralen Kapitel dieses Skripts. Du brauchst die **Grundlagen des Lernens** nicht nur, um damit im Schriftlichen zu punkten, sondern auch, um die darauf aufbauenden Maßnahmen der Verhaltenstherapie zu verstehen und damit ebenfalls Punkte sammeln zu können.

Besonders wichtig ist die Unterscheidung von klassischem und operantem Konditionieren:

- **Klassisches Konditionieren** basiert auf der Assoziation von neutralem und unkonditioniertem/unbedingtem Reiz.
- **Operantes Konditionieren** steht für Lernen aufgrund der Konsequenzen eines Verhaltens (Verstärkung und Bestrafung).

Mach dir bitte auf jeden Fall den **Mechanismus der negativen Verstärkung** klar:

- Negative Verstärkung bedeutet, dass als Folge eines Verhaltens ein als negativ/aversiv erlebter Reiz aufhört, wodurch die Häufigkeit des Verhaltens steigt. Beispiel: Weil durch die Einnahme eines Medikaments der Schmerz (aversiver Reiz) verschwindet, nimmt man das Mittel immer häufiger.

Das **Gedächtnis** ist als Fragenthema in den letzten Jahren immer wichtiger geworden. Speziell die Unterteilungen in die verschiedenen Speicher (s. 1.1.2, S. 2) solltest du dir gut einprägen.
Außerdem wurden die Intelligenztests (HAWIE/K und IST) mit ihren Charakteristika immer wieder gerne gefragt.

Die sechs **Basisemotionen** solltest du dir ganz besonders genau anschauen. Auch die **Angststörungen** und ihre jeweilige Symptomatik sind sehr wichtig. Deswegen noch einmal in Kurzform die wichtigsten Merkmale:

- Phobie: Dies ist die Angst vor etwas Speziellem (Objekt, Situation).
- Panikstörung: Hier treten starke Angstanfälle auf, ohne dass der Patient den Auslöser benennen kann.
- Zwangsstörung: Dazu gehören übertriebene Zwangshandlungen und -gedanken, die der Patient ausführt oder denkt, um etwas Schreckliches abzuwenden.
- Posttraumatische Belastungsstörung: Hier erlebt der Patient Angstattacken nach einem traumatischen Ereignis.

Mehr Cartoons unter www.medi-learn.de/cartoons

Pause

Erste Pause!
Hier was zum Grinsen für Zwischendurch ...

1.5 Motivation

Die Motivationspsychologie beschäftigt sich mit den Fragen, warum jemand etwas tut, warum man sich bei mehreren Handlungsmöglichkeiten für eine bestimmte entscheidet und warum man manche Handlungen mit größerer Intensität verfolgt als andere. Es geht also um Fragen der

- Zielsetzung,
- Wahl und
- Ausführung von Handlungen.

Als Motiv bezeichnet man den Antrieb, eine Handlung auszuführen. Primäre (= biologische) Motive wie Hunger, Durst, Sauerstoff und Sexualität sind angeboren. Alle primären Motive mit Ausnahme der Sexualität sind darauf ausgerichtet, ein inneres Gleichgewicht (= Homöostase) zu erhalten. Sinkt z. B. der Blutzuckerspiegel, so empfindet man Hunger und hat den Antrieb, etwas zu essen. Ergänzend zu den primären Motiven gibt es noch sekundäre (= psychologische) Motive, wie das Streben nach Macht und Leistung oder den Wunsch nach Geselligkeit und sozialer Anerkennung. In der Motivationspsychologie gibt es verschiedene Theorien, die aus unterschiedlichen Perspektiven erklären, warum es zur Auswahl und Durchführung verschiedener Handlungen kommt.

> **Merke!**
>
> Ein Verhalten bezeichnet man als intrinsisch motiviert, wenn der Spaß in der Tätigkeit (Fernsehen, Spazierengehen) selbst liegt. Extrinsische Motivation liegt vor, wenn der angestrebte Nutzen (Bezahlung, Anerkennung) nicht Teil des Verhaltens ist.

1.5.1 Ethologischer Ansatz (Vergleichende Verhaltensforschung)

Der ethologische Ansatz versucht, jedes Verhalten durch angeborene Instinkte zu erklären. Die Erkenntnisse basieren dabei größtenteils auf Verhaltensforschung an Tieren.

Allerdings gibt es auch im menschlichen Verhalten einige Beispiele instinktbedingter Verhaltensweisen.

Instinkthandlungen

Als Instinkthandlungen werden **angeborene Verhaltensweisen** bezeichnet, die innerhalb einer Spezies stark standardisiert ablaufen. Beim Menschen gehört dazu beispielsweise das Saugverhalten des Neugeborenen.

Ablauf einer Instinkthandlung: Ausgangsbasis ist ein physiologischer Mangelzustand/Triebspannung (z. B. Hunger).

1. Ungerichtetes **Appetenzverhalten**: Der Säugling pendelt mit dem Kopf hin und her, um möglicherweise eine Befriedigung seines Hungerbedürfnisses zu finden.
2. **Schlüsselreiz**: Im Falle des Säuglings ist die Brustwarze der Mutter der Schlüsselreiz.
3. **Angeborener Auslösemechanismus** (AAM): Sobald der Schlüsselreiz auftaucht, läuft ein genetisch determiniertes Programm ab (Kind beginnt zu saugen und zu schlucken).
4. **Endhandlung**: Der Säugling trinkt und das Mangelbedürfnis (Hunger) wird gestillt.

Nach der Endhandlung ist der Handlungsantriebsabfall am größten. Herrscht dann allerdings immer noch ein Mangelzustand, beginnt die Instinkthandlung von vorn. Man spricht daher auch vom Motivationszyklus, dessen Reihenfolge du dir gut einprägen solltest: Motiv, Appetenzverhalten, Schlüsselreiz, AAM und Endhandlung.

> **Übrigens ...**
> Im Falle des Säuglings ist die Brustwarze der Schlüsselreiz. Solche Schlüsselreize können durch Attrappen ersetzt werden. So löst z. B. auch ein Gummischnuller das Saugverhalten des Säuglings aus.

Übersprunghandlungen

Wenn zwei konkurrierende Bedürfnisse gleichzeitig auftreten, deren Endhandlungen nicht

1

miteinander vereinbar sind (z. B. Schwanken zwischen Flucht und Angriff), kommt es zu Übersprunghandlungen (z. B. nervöses Kopfkratzen). Die Übersprunghandlung befriedigt dabei keines der beiden Bedürfnisse.

Leerlaufhandlungen

Wenn die Triebspannung oder das Bedürfnis extrem stark sind, aber kein Schlüsselreiz den AAM auslöst, kann es zu Leerlaufhandlungen kommen, bei denen eine Instinkthandlung ohne vorherigen Schlüsselreiz ausgelöst wird. Beispiel: Säugling beginnt „trocken" zu schlucken.

1.5.2   Humanistische Motivationstheorie: Bedürfnishierarchie nach Maslow

Die Theorie des Psychologen Abraham Maslow besagt, dass alle Menschen Bedürfnisse haben, die man in einer Hierarchie darstellen kann. Dabei müssen untere Bedürfnisse erfüllt sein, damit obere Bedürfnisse relevant werden (s. Abb. 7, S. 20). Beispielsweise kümmert man sich um zufriedenstellende soziale Kontakte erst, wenn der Hunger gestillt ist. Die unteren vier Stufen werden als Defizitbedürfnisse bezeichnet: Sie motivieren das Verhalten, solange ein Defizit besteht. Ist dieses gestillt, sind sie nicht mehr wirksam.

> **Merke!**
>
> Das oberste Bedürfnis – die **Selbstverwirklichung oder Selbstaktualisierung** – ist ein Wachstumsbedürfnis: Es kann nie vollständig gestillt werden, sondern motiviert immer weiter dazu, entsprechendes Verhalten zu zeigen.

1.5.3   Leistungsmotivation

Die Theorie der Leistungsmotivation geht davon aus, dass Menschen ein angeborenes Leistungsmotiv haben, also ein Bedürfnis, sich in Leistungssituationen zu beweisen. Dabei sind Leistungssituationen solche, in de-

nen man sich mit einem Gütemaßstab auseinander setzen kann (Vergleichsmöglichkeit, ob man besser oder schlechter ist). Das Leistungsmotiv besteht wiederum aus zwei Motiven, die bei verschiedenen Menschen unterschiedlich ausgeprägt sind. Das sind

– **Hoffnung auf Erfolg:** Menschen mit hoher Ausprägung werden als Erfolgsorientierte bezeichnet. Sie strengen sich an, um Erfolge zu erzielen.
– **Angst vor Misserfolg:** Menschen mit hoher Ausprägung werden als Misserfolgsorientierte bezeichnet. Sie strengen sich an, um Misserfolge zu vermeiden.

Erfolgs- und misserfolgsorientierte Personen unterscheiden sich systematisch in ihrem Verhalten:

Erfolgsorientierte Personen

– setzen sich realistische Ziele (realistisches Anspruchsniveau),
– wählen Aufgaben von mittlerer Schwierigkeit,
– attribuieren Erfolge auf ihre eigene Person, z. B. ihre Fähigkeit oder Anstrengung (internal),
– attribuieren Misserfolge auf äußere Faktoren (external).

Abb. 7: Bedürfnispyramide nach Maslow

medi-learn.de/7-psycho2-7

Misserfolgsorientierte Personen

- setzen sich unrealistisch hohe oder zu niedrige Ziele,
- wählen besonders leichte oder besonders schwere Aufgaben,
- attribuieren Erfolge auf äußere Faktoren (external),
- attribuieren Misserfolge auf ihre eigene (Un-)Fähigkeit und/oder mangelnde Anstrengung (internal).

Beispiel
Ich habe besser gekreuzt als erwartet,
- weil dieses Frühjahr das Physikum ziemlich leicht war (externale Attribution bei Erfolg, typisch für Misserfolgsorientierte).
- weil ich mich so gut vorbereitet hatte (internale Attribution bei Erfolg, typisch für Erfolgsorientierte).

Erfolgsorientierte bevorzugen eine mittlere Aufgabenschwierigkeit, Misserfolgsorientierte eine hohe oder niedrige Aufgabenschwierigkeit. Diese Unterschiede kann man folgendermaßen erklären: Erfolgsorientierte haben Interesse daran, ihre Leistungsfähigkeit zu testen. Dazu eignen sich am besten Aufgaben mit mittlerer Schwierigkeit, bei denen es eine 50/50-Chance gibt, sie zu schaffen oder nicht. Misserfolgsorientierte möchten am liebsten gar nicht genau wissen, wie gut sie wirklich sind. Um eine Diagnose ihrer Leistungsfähigkeit zu vermeiden, wählen sie entweder extrem leichte Aufgaben, bei denen kaum ein Risiko besteht, sie nicht zu schaffen, oder so schwere Aufgaben, dass ein Versagen nicht so schlimm wäre, da sowieso kaum jemand diese Aufgabe schafft.

1.5.4 Attributionstheorie

Die Attributionstheorie beschäftigt sich mit der Frage, welche Erklärungen Menschen für das Eintreten von Ereignissen haben. Es geht also darum, wie man beispielsweise begründet, warum man eine Prüfung erfolgreich bestanden hat (z. B. gute Vorbereitung, Glück etc.). Menschen unterscheiden sich darin, welche Ursachen sie normalerweise bei Ereignissen vermuten. Die Tendenz einer Person, Ereignisse stets auf eine bestimmte Art von Ursachen zurückzuführen, wird als **Attributionsstil** bezeichnet.

Attributionsdimensionen

Die Ursachenzuschreibung von Ereignissen kann in drei Dimensionen stattfinden:

Ort der Verursachung

- internal = Ursachen liegen in der Person
- external = Ursachen liegen außerhalb der Person

Zeitliche Stabilität

- stabil = Ursachen sind zeitlich dauerhaft
- variabel = Ursachen sind zeitlich veränderlich

Stabilität über Situationen

- global = Ursachen gelten für breite Klasse von Ereignissen
- spezifisch = Ursachen gelten nur für einzelnes Ereignis

Beispiel
Ich war so gut in der Prüfung,
- Student A: … weil ich einfach unglaublich intelligent bin (internal, stabil, global; Attribution auf Fähigkeit/Begabung).
- Student B: … weil ich für diese Prüfung so gut gelernt hatte (internal, variabel, spezifisch; Attribution auf Anstrengung).
- Student C: … weil ich dieses Mal Glück hatte (external, variabel, spezifisch).
- Student D: … weil ich einfach immer die leichtesten Prüfer erwische (external, stabil, global).

Attributionsstil von Depressiven (pessimistischer Attributionsstil)

Mit Depressionen geht häufig ein bestimmter Attributionsstil einher:

– negative Ereignisse = internal, stabil, global („Ich bin an allem schuld.")
– positive Ereignisse = external, variabel, spezifisch („Zufall")

Dieser Attributionsstil kann zu persönlicher Hilflosigkeit, vermindertem Selbstwertgefühl und depressiven Verstimmungen führen.

1.5.5 Motivationskonflikte (Lewin)

Menschliches Handeln findet immer in einer komplexen Umgebung statt, in der meist mehrere Handlungsoptionen existieren. Lewin hat versucht, Konflikte zu beschreiben, die aufgrund gleichzeitig vorhandener Bedürfnisse und verschiedener Umweltangebote entstehen können:

– Der Begriff Appetenz bedeutet Annäherung und beschreibt ein „sich-zu-einer-Handlung-hingezogen-Fühlen".
– Der Begriff Aversion bedeutet Meidung und beschreibt ein „sich-von-einer-Handlung-abgestoßen-Fühlen".

Appetenz-Appetenz-Konflikt

Bei Appetenz-Appetenz-Konflikten muss das Individuum sich zwischen zwei oder mehr attraktiven Alternativen entscheiden.

> **Beispiel**
> Eiskugelaussuchen: „Welche Kugel nehm' ich denn?"

Aversions-Aversions-Konflikt

Beim Aversions-Aversions-Konflikt muss eine Entscheidung zwischen zwei unangenehmen Alternativen getroffen werden. Es geht um die Wahl des geringeren Übels.

> **Beispiel**
> Zahnschmerzen haben vs. zum Zahnarzt gehen.

Appetenz-Aversions-Konflikt (Ambivalenzkonflikt)

Man muss sich entscheiden, ob man etwas Erwünschtes tun oder lassen soll, das gleichzeitig unangenehme Nebenwirkungen hat.

> **Beispiel**
> Medikament lindert Schmerzen, macht aber gleichzeitig sehr müde.

Doppelter Appetenz-Aversions-Konflikt (doppelter Ambivalenzkonflikt)

Man muss sich zwischen zwei Alternativen, die beide positive und negative Seiten haben, entscheiden.

> **Beispiel**
> Gut bezahlte Stelle in der Kleinstadt versus schlecht bezahlte Stelle in der Traumstadt.

1.6 Persönlichkeit und Verhaltensstile

Im folgenden Kapitel geht es um die Frage, wie man den **Charakter** eines Menschen, das heißt seine **zeitlich überdauernden Eigenschaften** am besten beschreiben kann. Welche Eigenschaftsdimensionen sind dabei relevant? Und kann man alle Menschen mit denselben Dimensionen beschreiben? Wie kommen Unterschiede im Verhalten von Menschen zustande?
Verschiedene theoretische Ansätze der Persönlichkeitsforschung geben unterschiedliche Antworten auf die Frage, warum nicht alle Menschen das gleiche Verhalten zeigen.

1.6.1 Prädispositionismus

Der Prädispositionismus geht davon aus, dass Unterschiede im menschlichen Verhalten durch Unterschiede in den **Eigenschaften der Person** (unterschiedliche Trait-Ausprägungen) begründet sind. Diese Eigenschaften sind zeitlich und über verschiedene Situationen hinweg stabil. Nach dem Prädispositionismus ist ein schüchterner Mensch somit sein Leben lang und in verschiedenen Situationen besonders schüchtern.

1.6.2 Situationismus

Der Situationismus ist als Kritik am Eigenschaftskonzept des Prädispositionismus entstanden. Nach situationistischer Auffassung gibt es keine zeitlich und über Situationen hinweg stabilen Eigenschaften, sondern individuelles Verhalten lässt sich am besten durch die **Anforderungen der Situation** erklären. Wenn jemand schüchtern ist, dann liegt das nach situationistischer Auffassung also an der einschüchternden Situation, NICHT an der Person selbst.

1.6.3 Interaktionismus

Der Interaktionismus bietet eine Art Mittelweg zwischen Prädispositionismus und Situationismus. Im Interaktionismus werden Unterschiede im menschlichen Verhalten einerseits durch die individuellen Eigenschaften der Person, andererseits durch die jeweilige Situation und durch das Zusammenwirken der beiden Faktoren erklärt. Eine Person verhält sich schüchtern, weil sie einerseits ein schüchterner Mensch ist und andererseits die Situation besonders einschüchternd wirkt.

1.6.4 Psychoanalytische Persönlichkeitstheorie

Die von **Sigmund Freud** begründete Psychoanalyse hat eine eigene Auffassung, wie die menschliche Persönlichkeit funktioniert und welche Kräfte daran beteiligt sind. Zudem hat Freud eine Theorie zur Entwicklung verschiedener Persönlichkeitstypen aufgestellt, in der er begründet, wie aufgrund bestimmter Konflikte auf verschiedenen Entwicklungsstufen sich bestimmte Charaktere ausformen. Nach Freud setzt sich die Persönlichkeit eines Menschen aus drei Instanzen (ES, Ich, Über-Ich) zusammen, die sich in einem dynamischen Gleichgewicht befinden.

Strukturmodell der Persönlichkeit

ES: Nach Freud ist der Mensch ein triebgesteuertes Wesen (Sexualtrieb, Todestrieb), wobei alles Verhalten durch diese Triebe energetisiert wird. Die gesamte Triebenergie kommt aus dem ES. Das ES ist auf **sofortige Bedürfnisbefriedigung** ausgerichtet und funktioniert nach dem **Lustprinzip** – es ist „egoistisch", ohne die Anforderungen anderer oder der Situation zu berücksichtigen. Es ist ab Geburt vorhanden. Seine Funktionsweise wird auch als **primärprozesshaft** (kein Realitätsbezug, unlogisch, reines Lustprinzip, wie im Traum) beschrieben.
Die Inhalte des ES sind unbewusst.
Was das ES will, weiß man also selbst nicht, sondern diese Wünsche können nur indirekt über eine Interpretation des Verhaltens, der Träume oder durch die Methode der freien Assoziation aufgedeckt werden.

Über-Ich: Das Über-Ich ist der Sitz der Normen und Werte. Hier befinden sich die internalisierten Moralvorstellungen der Eltern und Gesellschaft (z. B. Hilfsbereitschaft). Das Über-Ich entwickelt sich in der frühen Kindheit, ungefähr ab dem zweiten Lebensjahr. Da die Inhalte nur vorbewusst oder unbewusst sind, kann das Über-Ich zur **Quelle unbewusster Selbstbestrafungstendenzen** werden, wenn man gegen die dort repräsentierten Regeln verstößt.

> **Beispiel**
> Das ES fordert ein egoistisches Verhalten, das das Über-Ich als Regelverstoß ansieht.

Ich: Das Ich hat die Aufgabe, zwischen den Wünschen des ES, den Regeln des Über-Ichs und den Anforderungen der Realität zu vermitteln. Es funktioniert **sekundärprozesshaft** (mit Realitätsbezug, logisch), das heißt, es hat als einziger Teil der Persönlichkeit eine Verbindung zur äußeren Realität. Eine Tatsache, die als **Realitätsprinzip** bezeichnet wird. Um Konflikte durch unvereinbare Forderungen der Instanzen zu lösen, kann das Ich Abwehrmechanismen einsetzen.

Merke!

Durch unterschiedliche Wünsche und Ausrichtungen der Instanzen entstehen Konflikte, die das Ich zu lösen versucht.

Beispiel

Das ES hat plötzlich Hunger. Das Über-Ich widerspricht, da zwischen den Mahlzeiten nichts gegessen werden soll. Das Ich betrachtet die äußeren Umstände.

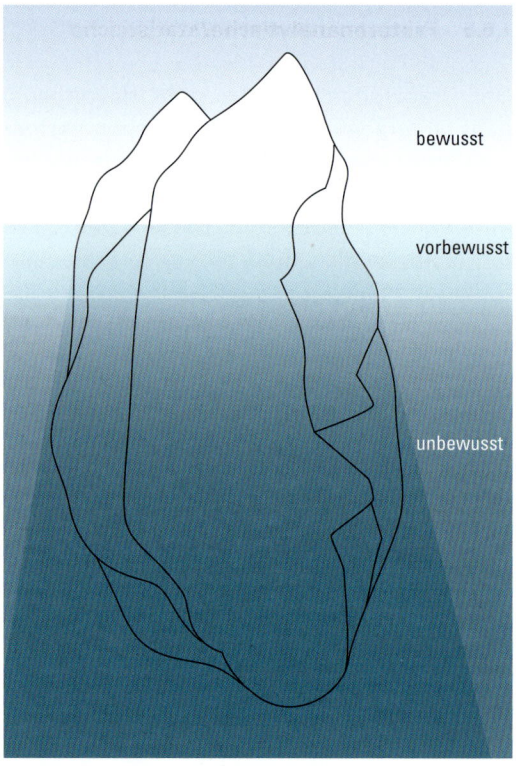

Abb. 8: Topografisches Modell

medi-learn.de/7-psycho2-8

Topografisches Modell

Das topografische Modell beschreibt den Ort (gr. topos = Ort) der psychischen Vorgänge als bewusst, vorbewusst und unbewusst.
- **Bewusst** = Alles, was gerade präsent ist (im Bewusstsein).
- **Vorbewusst** = Alles, was bei Bedarf erinnert werden kann (im Gedächtnis).
- **Unbewusst** = Bedürfnisse, Ängste, Wünsche etc., die nicht zugänglich sind; Zugang zu diesen Inhalten wird jedoch durch Techniken der Psychoanalyse möglich (z. B. Traumdeutung, freie Assoziation, Hypnose).

Freuds Stadien der psychosexuellen Entwicklung (Typologie)

Freud hat ein Entwicklungsmodell konzipiert, das erklären soll, wie es zur Bildung unterschiedlicher Persönlichkeitstypen kommt. Hier gelten folgende Grundannahmen:

- Kinder durchlaufen verschiedene Entwicklungsphasen, in denen jeweils ein anderes Libidoobjekt (Ort des Lustgewinns) dominant ist.
- Jede Phase birgt einen **typischen Konflikt**. Wird dieser nicht gelöst, besteht das Risiko der **Fixierung**. Das bedeutet, die Persönlichkeit bleibt zu Teilen in der problematischen Phase „hängen" und übernimmt somit einen phasentypischen Charakterzug und/oder fällt in Krisensituationen darauf zurück, was man als **Regression** bezeichnet.
- Die Typenbildung erfolgt über die Benennung nach den jeweils konflikthaften Phasen (orale, anale, phallische Haltung etc.).

Merke!

Die genitale Persönlichkeit gilt als reife Persönlichkeit.

1.6.5 Faktorenanalytische/statistische Persönlichkeitsmodelle

Faktorenanalytische oder statistische Persönlichkeitsmodelle haben diesen Namen, da bei ihrer Entwicklung keine theoretische Vorstellung von Persönlichkeit, sondern die statistische Methode der Faktorenanalyse im Vordergrund steht. Persönlichkeit wird als ein Set empirisch gewonnener Beschreibungsdimensionen (z. B. bei Eysenck Extraversion-Introversion und emotionale Stabilität-Labilität) verstanden. Jedes Individuum kann durch seine relative Position auf den Dimensionen beschrieben werden (nahe am Extraversionspol, irgendwo zwischen Extra- und Introversion oder näher am Introversionspol). Die Verhaltensdispositionen gelten als **relativ stabil** und meistens wird eine **genetische Basis** der Ei-genschaften angenommen. Es gibt eine ganze Reihe statistischer Persönlichkeitsmodelle. Hier werden allerdings nur die zwei für das Physikum wichtigen vorgestellt.

Eysencks Persönlichkeitsmodell

Eysenck postuliert, dass es zwei voneinander unabhängige Dimensionen der Persönlichkeit gibt:

– Extraversion – Introversion: Partytyp (offen, gesellig) versus Bücherwurm (zurückhaltend, ruhig)
– Emotionale Stabilität – Emotionale Labilität (Neurotizismus): ausgeglichen versus ängstlich, häufige Stimmungsschwankungen, empfindlich und irritierbar

Eysencks Persönlichkeitsfaktoren (Dimensionen) Extraversion-Introversion und Neuroti-

Phase/Alter	Kennzeichen	Haltung/Charakter durch Fixierung
orale Phase 0–2 Jahre	– Libidoobjekt: Mund – Kind will „gefüttert werden"	– **oraler/depressiver Charakter:** fordernd, unreif, will alles bekommen – **schizoider Charakter:** ambivalentes Verhältnis zu Mitmenschen (Kontaktsuche vs. Angst)
anale Phase 2–4 Jahre	– Libidoobjekt: Anus – Kind kann Kot zurückhalten, Erwerb der Schließmuskelkontrolle (übertragene Bedeutung: Nein-Sagen) – Erfahrung von **Kontrolle** und **Verweigerung** – Erlernen von **Autonomie** und **Selbstsicherheit**	**zwanghafter/analer Charakter:** Geiz, Pedanterie, Pünktlichkeit, Korrektheit, Kontrolle, ambivalentes Verhältnis zu Autoritäten (Dominanz vs. Unterwerfung)
phallische Phase (ödipale Phase) 4–6 Jahre	– Libidoobjekt: Geschlechtsteile – Erkennen der anatomischen Geschlechtsunterschiede (führt bei Jungen zu Kastrationsangst, bei Mädchen zu Penisneid) – Kind liebt gegengeschlechtliches Elternteil, konkurriert mit gleichgeschlechtlichem Elternteil. Bei Jungen: **Ödipuskomplex**, bei Mädchen: **Elektrakomplex**. – Lösung des Konflikts durch **Identifikation** mit gleichgeschlechtlichem Elternteil (führt zu Übernahme der Geschlechtsrolle)	**phallischer/hysterischer Charakter:** innerer Zwang zum Konkurrieren und Leistungsstreben
Latenzphase 6–12 Jahre	Triebenergie wird auf kulturelle Inhalte gelenkt (Lesen, Schreiben etc.)	Fixierung nicht thematisiert
genitale Phase ab 12 Jahren	– Entdeckung der reifen Sexualität – Partnersuche außerhalb der Familie	

Tab. 2: Phasen der psychosexuellen Entwicklung nach Freud

zismus sind statistisch voneinander unabhängig (Nullkorrelation).

Das bedeutet, dass beide Dimensionen nicht systematisch zusammenhängen: Menschen mit hohen Neurotizismuswerten können mit gleicher Wahrscheinlichkeit sowohl sehr introvertiert als auch sehr extravertiert sein. Vom Wissen über die Ausprägung eines Merkmals kann man also nicht auf die Ausprägung des anderen schließen.

Big Five (Halverson/Costa & McCrae)

Big Five	Positive Ausprägung	Negative Ausprägung
Verträglichkeit	verträglich, freundlich, nachgiebig	unfreundlich, streitsüchtig, hartherzig
Offen für Erfahrungen	interessiert, phantasievoll, kreativ	beharrlich, rigide, konservativ
Gewissenhaft	gewissenhaft, ordentlich, zuverlässig	sorglos, unordentlich, unzuverlässig
Extravertiert	extravertiert = aufgeschlossen, laut, theatralisch	introvertiert = still, schüchtern, zurückgezogen
Labil/Stabil (Neurotizismus)	stabil = ruhig, zufrieden, ausgeglichen	labil = nervös, verletzlich, unzufrieden

Tab. 3: Big Five

Die „Big Five" umschreiben fünf Persönlichkeitsdimensionen, die in vielen Persönlichkeitsmodellen immer wieder auftauchen. In der folgenden Tabelle sind die Big Five mit den jeweiligen Ausprägungen dargestellt:

> **Merke!**
>
> Als kleine Eselsbrücke gibt es den **VOGEL: V**(erträglichkeit), **O**(ffenheit für Erfahrungen), **G**(ewissenhaftigkeit), **E**(xtraversion) und **L**(abilität).

1.6.6   Persönlichkeitsstörungen

In letzter Zeit tauchten häufiger Fragen im Physikum zu Persönlichkeitsstörungen auf. Tab. 4, S. 27 zeigt „Die kleine Psychopathologie für das Examen".

1.7   Entwicklung und primäre Sozialisation (Kindheit)

Im folgenden Kapitel geht es um die frühkindliche und kindliche Entwicklung. Der Schwerpunkt liegt dabei auf der Entwicklung des Denkens (kognitive Entwicklung nach Jean Piaget).

1.7.1   Kognitive Entwicklung nach Jean Piaget

Jean Piaget – ein Schweizer Entwicklungspsychologe – hat versucht, die Entwicklung des Denkens regelhaft zu beschreiben. Sein Stufenmodell leitet sich zum großen Teil aus Beobachtungen seiner eigenen Kinder ab.

Er geht davon aus, dass es eine feste Abfolge von Entwicklungsphasen gibt, die alle Kinder (unterschiedlich schnell) durchlaufen. Das nächste Entwicklungsstadium wird erst erreicht, wenn die vorausgehende Phase bewältigt ist. Die Phasenabfolge läuft nach dem **Äquilibrationsprinzip** (Gleichgewichtsprinzip) ab. Das bedeutet, dass das Kind durch einen Entwicklungsschritt einen Zustand des Gleichgewichts erreicht. Der wird zunächst stabilisiert – **Assimilation** –, um dann durch eine neue Umwelterfahrung ins Ungleichgewicht gebracht zu werden. Durch eine Anpassung an neue Verhältnisse – **Akkomodation** – erlangt das Kind erneut einen Gleichgewichtszustand, jedoch auf höherem Niveau.

Persönlichkeit	Kennzeichen
paranoid	misstrauisch, streitsüchtig, auf eigenen Rechten beharrend
schizoid	Gleichgültigkeit gegenüber sozialen Beziehungen, eingeschränkte emotionale Erlebnisweise
dissozial oder antisozial	Mangel an Empathie und Schuldbewusstsein, geringe Frustrationstoleranz
Borderline	extreme Stimmungsschwankungen, instabile, aber intensive Beziehungen, geringe Impulskontrolle mit potenziell selbstschädigendem Verhalten
narzisstisch	Großartigkeit und übertriebenes Selbstgefühl, Überempfindlichkeit auf Kritik, Selbstüberschätzung
histrionisch	Dramatisierung, Theatralik und übertriebener Emotionsausdruck, auffällige Egozentrik
zwanghaft	Perfektionismus, übertriebene Gewissenhaftigkeit, Halsstarrigkeit
selbstunsicher-vermeidend	angstbetonter, eingeschränkter Lebensstil, chronische Vermeidung von als bedrohlich eingeschätzten Aktivitäten
abhängig = dependent	abhängiges und unterwürfiges Verhalten, Verantwortung wird an andere abgegeben

Tab. 4: Persönlichkeitsstörungen

Merke!

Das Prinzip der Assimilation bedeutet: Kinder gliedern neue Erfahrungen/Umweltobjekte in bereits bestehende kognitive Schemata ein, ohne diese zu ändern.

Beispiel
Ein Kind kann nach runden Gegenständen greifen und weitet dann das Greifschema auf eckige Gegenstände aus.

Merke!

Das Prinzip der Akkomodation bedeutet: Kinder ändern bestehende kognitive Schemata, um neue Erfahrungen integrieren zu können.

Beispiel
Ein Kind verfügt über ein Greifschema und versucht, nach Wasser zu greifen. Das klappt mit seinem bisherigen Schema nicht. Also probiert es herum und lernt schließlich zu schöpfen.

In Tab. 5, S. 28 ist das Modell der kognitiven Entwicklung zusammengefasst. Die Stichworte in Spalte zwei und das in Spalte drei aufgeführte Krankheitsverständnis des Kindes in den verschiedenen Stadien werden nach der Tabelle erläutert.

Stichworte zur Entwicklung bei Piaget

Die in der zweiten Spalte aufgeführten Stichworte zur Entwicklung werden jetzt an Beispielen erklärt.
Objektpermanenz: Das Kind begreift, dass Objekte auch dann existieren, wenn es sie nicht unmittelbar sehen kann. Beispiel: Es beginnt nach einem versteckten Kuscheltier zu suchen, weil es weiß, dass dieses Tier auch weiterhin existiert, obwohl es gerade nicht sichtbar ist.
Egozentrisches Denken: Das Kind ist noch nicht in der Lage, die Perspektive eines anderen zu übernehmen, sondern sieht alles nur aus der eigenen. Egozentrisches Denken wird mit der „Drei-Berge-Aufgabe" getestet, bei der das Kind die Landschaft aus der Perspektive des Clowns schildern soll (s. Abb. 9, S. 28).

Phase/Alter	Stichworte zur Entwicklung	Krankheitsverständnis
sensomotorische Intelligenz 0–2 Jahre	– Kind „begreift" seine Umwelt mit Mund und Hand – Entwicklung der **Objektpermanenz**	
präoperationales Denken — **vorbegriffliches Denken** 2–4 Jahre	– **egozentrisches Denken**	entsteht durch Ansteckung (Menschen oder Dinge), Krankheit als Strafe
präoperationales Denken — **anschauliches Denken** 4–7 Jahre	– Kind glaubt, was es sieht	
konkret-operationales Denken 7–11 Jahre	– Verständnis für **Mengeninvarianz** – **Reversibilität** von Denkoperationen	
formal-operationales Denken ab 12 Jahre	– **hypothetisch-deduktives Denken** – **abstraktes Denken** – **Hypothesenbildung**	Erklärung durch physiologische und psychosomatische Faktoren

Tab. 5: Übersicht zu Piagets Phasen der kognitiven Entwicklung

Abb. 9: 3-Berge-Aufgabe *medi-learn.de/7-psycho2-9*

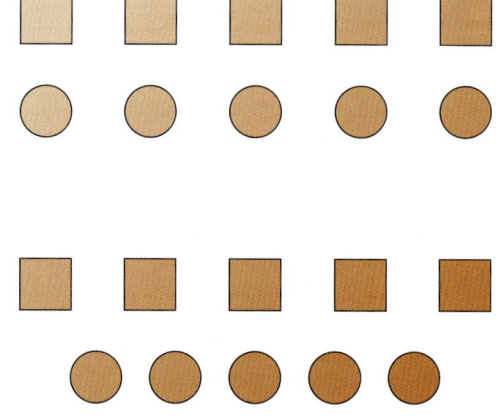

Abb. 10: Münzaufgabe *medi-learn.de/7-psycho2-10*

Kind glaubt, was es sieht (anschauliches Denken): Kinder im anschaulichen Denkstadium beurteilen Mengen nur nach der offensichtlichsten Dimension. Das anschauliche Denken wird durch die „Münzaufgabe" (s. Abb. 10, S. 28) überprüft, bei der dem Kind zwei Reihen von runden und eckigen Münzen in gleicher Anzahl vorgelegt werden. Das Kind soll sagen, von welcher Sorte mehr da sind. Wenn sie genau übereinander liegen, sagt es „gleich viele", wenn jedoch eine Sorte eine längere Reihe bildet (wegen größerer Abständen), antwortet ein Kind im Stadium des anschaulichen Denkens, dass die „längere" Münzreihe auch „mehr" sein müsste.

Mengeninvarianz: Das Kind begreift, dass Mengen sich nicht verändern, wenn man nur ihre äußere Form ändert, sonst aber nichts hinzugefügt oder wegnimmt. Mengeninvarianz wird mit der **„Umschüttaufgabe"** überprüft, bei der den Kindern zwei gleich geformte Gefäße mit derselben Menge Flüssigkeit gezeigt werden (s. Abb. 11, S. 29). Dann wird vor den Augen des Kindes aus dem einen Gefäß die Flüssigkeit in ein höheres, schmales Gefäß umgeschüttet und die Kinder sollen sagen, in welchem Gefäß jetzt mehr Flüssigkeit enthalten ist. Aufgrund des Verständnisses der Mengeninvarianz wissen sie, dass die Menge im neuen Gefäß trotz veränderter äußerer Form genauso groß ist wie die im anders geformten.

Reversibilität: Kinder können im konkret-operationalen Stadium Vorgänge in der Vorstellung wieder rückgängig machen. Zum Beispiel können sie sich bei der Umschüttaufgabe vorstellen, dass man die Flüssigkeit im hohen Gefäß wieder in das kleinere, breite zurückgießen könnte.

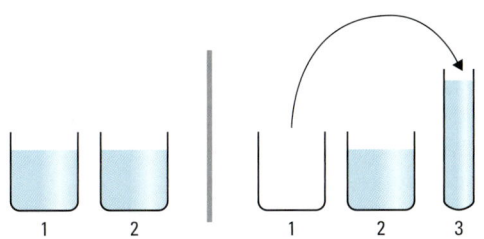

Abb. 11: Umschüttaufgabe

medi-learn.de/7-psycho2-11

Krankheitsverständnis in der kognitiven Entwicklung

Piaget beschreibt das Krankheitsverständnis von Kindern im präoperationalen Stadium (umfasst vorbegriffliches und anschauliches Denken) und von Kindern im formal-operationalen Stadium folgendermaßen:

- **Präoperationales Krankheitsverständnis:** Kinder denken, dass Krankheiten über Ansteckung an auffälligen Objekten oder Menschen entstehen (z. B. „Der Schnee macht Fieber."). Zudem verstehen sie Krankheit häufig als Strafe für eigenes Fehlverhalten. Beispiel: „Weil ich meine Mutter angelogen habe, bin ich jetzt krank."
- **Formal-operationales Krankheitsverständnis:** Ab etwa zwölf Jahren können Kinder verstehen, dass sowohl physische als auch psychische Faktoren Krankheiten verursachen können. Beispiel: „Ich habe Kopfschmerzen, weil ich mich so über meinen Bruder geärgert habe."

1.8 Entwicklung über die weitere Lebensspanne

In diesem Kapitel werden Ausschnitte der weiteren Entwicklung im Laufe des Jugend- und Erwachsenenalters vorgestellt.

1.8.1 Merkmale des Jugendalters

Für das Jugendalter sind folgende Entwicklungsphänomene charakteristisch: Die Bedeutung der Kernfamilie sinkt, während gleichzeitig die Bedeutung der Peergroup (Gruppe Gleichaltriger mit ähnlichen Einstellungen) steigt. Probleme werden eher Gleichaltrigen als den Eltern anvertraut, wobei die **Eltern** trotzdem **weiterhin wichtig** bleiben (z. B. sind sie bei Themen der Berufswahl und Zukunftsplanung die Hauptansprechpartner).

1.8.2 Besondere Problembereiche im Jugendalter

Die Jugend ist durch körperliche und soziale Veränderungen gekennzeichnet.
- körperlich: Ausbildung der sekundären Geschlechtsmerkmale, Geschlechtsreife
- sozial: Auseinandersetzung mit und Übernahme von Geschlechtsrollen

Diese Veränderungen können bei Jugendlichen zu **Selbstwertproblemen** führen (z. B. negative Selbsteinschätzung). Ein weiterer Problembereich betrifft **gesundheitsschädigendes Verhalten** (z. B. Drogenkonsum, ungesundes Ernährungsverhalten, riskantes Sexualverhalten).

1.8.3 Erziehungsstile

Diana Baumrind (1971) hat den autoritativen Erziehungsstil als eine besonders günstige Umgangsweise mit dem Kind beschrieben. **Autoritatives Verhalten** der Eltern umfasst eine Kombination aus hoher Kontrolle auf der einen und offener Kommunikation und Wärme (Unterstützung) auf der anderen Seite.

1

Zwei Dimensionen werden zur Beschreibung des Erziehungsstils verwendet:
– elterliche Kontrolle und
– elterliche Unterstützung.

Aus einer systematischen Kombination der beiden Dimensionen ergeben sich vier Erziehungsstile (s. Tab. 6, S. 30), die auch im Physikum gelegentlich geprüft werden.

Diese Stile können nach dem Maß an Lenkung und Wärme wie folgt eingeteilt werden:

	wenig Wärme/ Zuneigung	viel Wärme/ Zuneigung
viel Lenkung	autoritär	autoritativ
wenig Lenkung	vernachlässigend	permissiv

Tab. 6: Erziehungsstile

Übrigens ...
Einen überfürsorglichen Kommunikationsstil in Familien bezeichnet man als **„high expressed emotion"**.

1.9 Bindungsverhalten von Kindern

Zur Beantwortung der Frage, ob das Mutter-Kind-Verhältnis einen Einfluss auf die Gesundheit hat, muss man zunächst wissen, wie sich die Bindungsqualität messen lässt:

Die Bindungsqualität zwischen Mutter und Kind wird mit dem „Fremde-Situations-Test" operationalisiert. Dieser Test besteht aus insgesamt acht dreiminütigen Episoden, in denen das Verhalten der Kinder durch eine Einwegscheibe beobachtet wird. In diesen Episoden wechselt die Anwesenheit der Mutter und einer fremden Person in verschiedenen Kombinationen.

Die Episoden, in denen die Mutter jeweils zurückkehrt, kennzeichnen das Bindungsverhalten. Hierbei werden auf einer siebenstufigen Skala die folgenden vier Strategien der Nähe-Distanz-Regulation bewertet:
– Nähe suchen,
– Kontakt halten,
– Widerstand gegen Körperkontakt und
– Vermeidungsverhalten.

Aus der Häufigkeit, mit der die einzelnen Strategien gezeigt werden, lassen sich folgende Bindungsstile ermitteln:

Unsicher-vermeidend gebundene Kinder vermeiden bei Rückkehr der Mutter Nähe und körperlichen Kontakt. Sie zeigen keine Emotionen, sondern beschäftigen sich stattdessen weiter mit ihrem Spielzeug.

Sicher, balanciert gebundene Kinder zeigen ziemlich intensiv ihren Kummer, wenn sie allein gelassen werden. Sobald die Mutter zurückkehrt, sind sie wie erlöst, suchen Kontakt zu ihr und spielen anschließend fröhlich weiter.

Ambivalent-unsicher gebundene Kinder suchen einerseits die Nähe der Mutter, andererseits lehnen sie die Kontaktversuche der Mutter ab.

Desorganisierte, desorientierte Kinder schwanken zwischen mehreren Reaktionsstilen und lassen sich in bisher genannten Kategorien schlecht einordnen. Ihnen fehlen entsprechende Strategien, auf die wechselnde Ab- und Anwesenheit der Mutter oder Fremder zu reagieren.

Der ethologische Motivationsansatz und speziell die **Instinkthandlung** waren bislang häufige Fragenthemen im Examen. Präge dir daher die Reihenfolge des Ablaufs bitte besonders gut ein:

1. ungerichtetes Appetenzverhalten,
2. Schlüsselreiz,
3. angeborener Auslösemechanismus (AAM) und
4. Endhandlung.

Auch die **Attributionstheorie** ist ein wichtiges Thema. Du solltest die verschiedenen Attributionsdimensionen (internal versus external; stabil versus variabel; global versus spezifisch) nicht nur kennen, sondern auch in den Beispielen wiederfinden.

Die modernen statistischen Persönlichkeitsmodelle (**Eysenck und „Big Five"**) wurden bislang besonders gerne im Schriftlichen gefragt. Deren Faktoren solltest du daher auf jeden Fall kennen.

– Bei Eysenck sind das „Extraversion/Introversion" und „Neurotizismus".
– Die „Big Five" bestehen aus Verträglichkeit, Offenheit für Erfahrungen, Gewissenhaftigkeit, Extraversion/Introversion und Neurotizismus (oder Labilität).

Und auch wenn **Freuds psychoanalytisches Persönlichkeitsmodell** eher zum alten Eisen zählt, sind sowohl die Charakteristika seiner drei Instanzen (ES, Ich, Über-Ich) als auch die Entwicklungsstufen immer noch häufige Frageninhalte.

Piagets Modell der kognitiven Entwicklung solltest du dir gut anschauen und dir dabei einprägen, welche Entwicklungsbegriffe zu welcher Phase gehören. Die Begriffe werden verständlicher, wenn du dir die Aufgaben, die zum Test der jeweiligen Fähigkeiten verwendet werden, noch mal anschaust.

Mehr Cartoons unter www.medi-learn.de/cartoons

Pause

Ein paar Seiten hast du schon geschafft!
Päuschen und weiter geht's!

Ein besonderer Berufsstand braucht besondere Finanzberatung.

Als einzige heilberufespezifische Finanz- und Wirtschaftsberatung in Deutschland bieten wir Ihnen seit Jahrzehnten Lösungen und Services auf höchstem Niveau. Immer ausgerichtet an Ihrem ganz besonderen Bedarf – damit Sie den Rücken frei haben für Ihre anspruchsvolle Arbeit.

- Services und Produktlösungen vom Studium bis zur Niederlassung

- Berufliche und private Finanzplanung

- Beratung zu und Vermittlung von Altersvorsorge, Versicherungen, Finanzierungen, Kapitalanlagen

- Niederlassungsplanung & Praxisvermittlung

- Betriebswirtschaftliche Beratung

Lassen Sie sich beraten!

Nähere Informationen und unseren Repräsentanten vor Ort finden Sie im Internet unter www.aerzte-finanz.de

Deutsche Ärzte Finanz

Standesgemäße Finanz- und Wirtschaftsberatung

2   Gesundheits- und Krankheitsmodelle/Psychotherapie

 Fragen in den letzten 10 Examen: 38

In diesem Skriptabschnitt werden zwei Gesundheits- und Krankheitsmodelle vorgestellt, d. h. zwei verschiedene Auffassungen, was unter (psychischer) Gesundheit und Krankheit zu verstehen ist, wie es zu psychischer Krankheit kommt und welche Maßnahmen zur Therapie eingesetzt werden sollen.

Die beiden hier präsentierten Auffassungen sind sehr verschieden, genau wie die aus ihnen resultierenden Therapiemethoden. Beide therapeutischen Verfahren werden aktuell in Deutschland von den Krankenkassen anerkannt und finanziert.

2.1   Verhaltensmodelle (lerntheoretische Modelle) und Verhaltenstherapie

Verhaltensmodelle basieren auf den theoretischen Grundlagen der **Lerntheorie** (s. 1.2, S. 5). Sie gehen von folgenden Grundannahmen aus:

- Psychische Störungen sind **erlernte Verhaltens- und Erlebnisweisen.** D. h. psychische Störungen sind – wie alle anderen Verhaltensweisen – über Mechanismen des klassischen und operanten Konditionierens oder über Modelllernen gelernt worden (und nicht angeboren o. ä.).
- Dysfunktionales Verhalten kann dementsprechend auch wieder verlernt, funktionales bzw. erwünschtes Verhalten neu gelernt werden und zwar mittels verhaltenstherapeutischer Methoden.
- Verhaltenstherapie (VT) ist **symptomorientiert,** d. h. sie konzentriert sich auf die Veränderung der problematischen Verhaltensweise (z. B. Reduzierung von unangemessener Angst bei Phobikern) und forscht NICHT nach den Ursachen (keine Aufarbeitung frühkindlicher Entwicklung).
- Verhaltenstherapie beansprucht für sich empirische Überprüfbarkeit, die über kon-

trollierte Therapiestudien gezeigt werden kann (VT hat sich z. B. bei Angststörungen in vergleichenden Therapiestudien als die wirksamste Methode gezeigt.).

2.1.1   SORKC-Modell: Verhaltensanalyse

In Verhaltensmodellen wird davon ausgegangen, dass man ein Problemverhalten nicht isoliert betrachten kann, sondern dass jedes Verhalten bezüglich der vorausgehenden Situation und der folgenden Konsequenzen analysiert werden muss. Erst diese Einbettung des Problemverhaltens gibt Aufschluss über dessen Funktion und die aufrecht erhaltenden Faktoren. Verhaltenstherapeuten gehen davon aus, dass jedes noch so störende Verhalten zunächst eine günstige Funktion gehabt haben muss, denn sonst wäre es nie gelernt worden. Das SORKC-Modell ist von Frederick H. Kanfer entwickelt worden.

Mit Hilfe eines Beispiels wird die Verhaltensanalyse (der Einstieg in den therapeutischen Prozess) sicherlich verständlicher.

> **Beispiel**
>
> In unserem Fall haben wir einen Studenten, der starke Prüfungsangst hat und etwas dagegen unternehmen möchte. Der Verhaltenstherapeut stellt zunächst Fragen, um ein vollständiges SORKC-Modell des Problemverhaltens (Angst in Prüfungssituationen) zu erhalten.

Fragen zu den SORKC-Elementen

- **S (Stimulus):** Wann, unter welchen Umständen tritt das Verhalten auf? = Frage nach äußerer und innerer Reizsituation. Hier: vor wichtigen Prüfungssituationen, wenn es um die Bewertung der fachlichen Kompetenz geht.

2

– **O (Organismus):** Was erlebt das Individuum? = Frage nach individuellen biologischen und lerngeschichtlichen Ausgangsbedingungen. Hier: Individuum neigt allgemein zu starken Angstreaktionen, erlebt Gefühl von Bedrohtsein, Verlust der Kontrolle über die Situation, physiologische Erregung wie Schwitzen, Herzklopfen etc.

– **R (Reaktion):** Wie verhält sich das Individuum daraufhin? = Frage nach dem beobachtbaren Verhalten. Hier: Prüfling sagt den Prüfungstermin ab oder verschiebt ihn.

– **K (Kontingenz):** Wie eng ist die Kontingenz (Verbindung) des Verhaltens mit den Konsequenzen? Treten sie immer (kontinuierlich), manchmal (intermittierend) oder nie ein, wenn vorher die Reaktion gezeigt wurde? = Frage nach dem Zusammenhang zwischen Verhalten und Folgen. Hier: Erleichterung tritt jedes Mal kurzfristig ein, Gefühl verfliegt aber immer schneller.

– **C (Konsequenzen):** Welche positiven und negativen Konsequenzen hat dieses Verhalten? = Frage nach den Folgen/Konsequenzen für das Individuum. Hier: Prüfling fühlt sich zunächst erleichtert, danach ärgert er sich über sein Verhalten.

2.1.2 Klassische verhaltenstherapeutische Techniken

Im Rahmen der klassischen Verhaltenstherapie werden verschiedene therapeutische Methoden eingesetzt, die sich unmittelbar auf klassisches und operantes Konditionieren zurückführen lassen. Bei Angststörungen wird in der Regel konfrontativ vorgegangen.

Die Konfrontation mit den angstauslösenden Reizen kann graduiert (abgestuft) oder massiv („volles Programm") bzw. in sensu (in der Vorstellung) oder in vivo („in echt") erfolgen:

	graduiert	**massiv**
in sensu	systematische Desensibilisierung	Implosions-therapie
in vivo	Habituations-training	Reizüberflutung (Flooding)

Tab. 7: Interventionsmethoden

Systematische Desensibilisierung/ Habituationstraining

Die Grundidee hinter der systematischen Desensibilisierung ist folgende: Angst und Entspannung sind zwei inkompatible Zustände, d. h. sie können nicht gleichzeitig auftreten. Diese Unvereinbarkeit hat Wolpe als **Prinzip der reziproken Hemmung** bezeichnet (Angst hemmt Entspannung – Entspannung hemmt Angst). Das Ziel ist, dass der Patient lernt, sich in vorgestellten (in sensu) oder realen (in vivo) Angstsituationen immer wieder zu entspannen, bis die Angstreaktion ausbleibt. Das konkrete Vorgehen sieht dabei folgendermaßen aus:

– Erster Schritt: Erlernen von **Entspannungstechniken** (z. B. progressive Muskelrelaxation, Autogenes Training etc.)

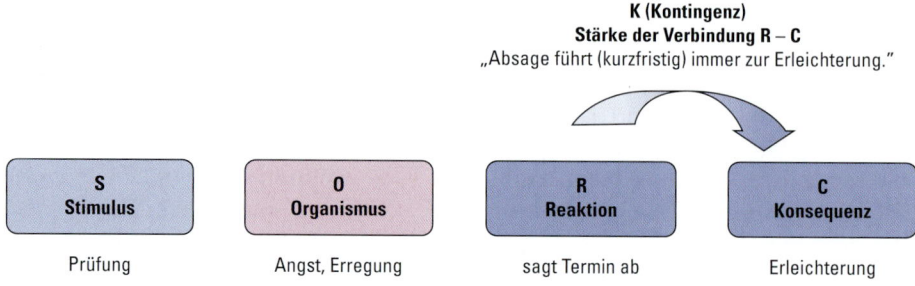

Abb. 12: SORKC-Modell

medi-learn.de/7-psycho2-12

– Zweiter Schritt: Aufstellen einer **Angsthierarchie**, d. h. der Patient ordnet Situationen nach ihrem „Angstgehalt" (z. B. ist für einen Spinnenphobiker eine kleine Spinne in einem Glas schon ziemlich schlimm, eine große mit haarigen Beinen aber noch schlimmer etc.).
– Dritter Schritt: Beginn der **Konfrontation** mit der Angstsituation auf niedrigster Stufe, Einleitung von Entspannung, bei angstfreier Bewältigung Konfrontation mit nächster Stufe etc. Die Konfrontation kann dabei in sensu (in der Vorstellung) oder in vivo (real) stattfinden

> **Merke!**
>
> Zur systematischen Desensibilisierung gehört erstens das Erlernen von Entspannungstechniken und zweitens die schrittweise Konfrontation mit der angstauslösenden Situation.

Reizüberflutung/Implosion

Die Grundidee hinter der Reizüberflutung ist, dass starke Angstreaktionen physiologisch nicht unendlich lange aufrecht erhalten werden. Wegen der physiologischen Erschöpfung sinkt die Angst bei Dauerkonfrontation mit dem angstauslösendem Reiz irgendwann ab (**Prinzip der Extinktion/Löschung**). Das Ziel der Reizkonfrontation ist die Entkopplung vom konditioniertem Angstreiz (z. B. Spinne) und der Angstreaktion dadurch, dass der Patient über die Konfrontation realisieren muss, dass ihm nichts Schlimmes passiert (z. B. wenn die Spinne auf seiner Hand sitzt).

Das konkrete Vorgehen sieht hier folgendermaßen aus:
1. Der Patient wird sofort mit der besonders angstauslösenden Situation in voller Intensität konfrontiert. Die Konfrontation kann **in vivo** (**Flooding** – ein Patient mit Höhenangst steigt z. B. mit dem Therapeuten auf einen hohen, freistehenden Turm) oder **in sensu** (**Implosion** – ein Patient, dem z. B. nach einem schweren Autounfall die Bilder nicht

aus dem Kopf gehen, muss sich wieder in diese Situation hineinversetzen) durchgeführt werden.
2. Er verbleibt so lange in der Situation, bis die Angst nachlässt.
3. In der Konfrontationssituation darf der Patient kein Vermeidungsverhalten zeigen (z. B. sich ablenken, an etwas anderes denken).

Token Economy
(Sekundäres Verstärkersystem)

Bei Token-Systemen wird das Grundprinzip des **operanten Konditionierens** genutzt: Erwünschtes Verhalten kann in seiner Auftretenswahrscheinlichkeit durch **positive Verstärkung** erhöht werden. Allerdings kann man nicht bei jedem Individuum denselben Verstärker verwenden, da dieser nicht für jeden Menschen subjektiv gleich wertvoll ist.

> **Beispiel**
>
> Manche Kinder empfinden es als Belohnung, wenn sie draußen spielen dürfen. Andere würden lieber drinnen bleiben und hätten bei so einem Verstärker gar keine Motivation, das gewünschte Verhalten zu zeigen. Um dieses Problem zu umgehen, werden sekundäre Verstärker (Tokens) eingesetzt. Das sind Belohnungen, die für alle einen Wert haben, da sie in individuell präferierte Belohnungen umgetauscht werden können

> **Merke!**
>
> Als sekundäre Verstärker werden Belohnungen bezeichnet, die nur einen indirekten Wert besitzen: Sie können als Tauschwährung für viele verschiedene erwünschte Dinge eingesetzt werden (z. B. Geld).

2

Vorgehen:

– Patienten bekommen Tokens für erwünschte Verhaltensweisen (z. B. regelmäßige Teilnahme am Sportprogramm), die jeder für individuell gewünschte Verstärker (z. B. Kinobesuch, Eis etc.) eintauschen kann.

Time Out

Hinter „Time Out" steckt die Grundannahme, dass „negative" Bestrafung, d. h. das Wegnehmen angenehmer Konsequenzen, die Auftretenswahrscheinlichkeit von unerwünschtem Verhalten reduziert.

Vorgehen:

– Wenn unerwünschtes Verhalten auftritt, werden dem Individuum angenehmen Reize entzogen. Beispielsweise muss ein Kind nach aggressivem Verhalten für eine kurze, festgelegte Zeit die Gruppe verlassen (Entzug angenehmer Konsequenzen) und in einer reizarmen Umgebung warten.

> **Übrigens ...**
> Auch hinter Time Out stecken die Prinzipien des operanten Konditionierens. Durch den Entzug angenehmer Konsequenzen soll unerwünschtes Verhalten bestraft werden.

Shaping (Verhaltensformung)

Ein Problem beim Aufbau neuer Verhaltensweisen ist häufig, dass es sich um komplexes Verhalten handelt, das nicht auf Anhieb gezeigt und verstärkt werden kann. Beim Shaping werden deswegen bereits Annäherungen ans erwünschte Verhalten verstärkt (= **schrittweise Verstärkung**).

> **Beispiel**
> Eine Patientin mit großen sozialen Ängsten möchte lernen, vor einem großen Auditorium Vorträge zu halten. Dabei nähert sie sich dem Zielverhalten schrittweise (z. B. zunächst kurze Begrüßung vor wenigen Leuten, dann Stellen einer Frage in größerem Auditorium etc.), wobei sie bei jedem erfolgreichen Schritt positiv verstärkt wird.

Chaining

Die Verkettung einzelner Verhaltensschritte zu einer komplexen Verhaltenskette nennt man chaining.

> **Beispiel**
> Wenn ein Kind zunächst gelobt wird, wenn es nur die Schuhbänder hält und dann, wenn es die Schuhbänder übereinander legt und dann, wenn es einen Knoten bindet. Danach wird es gelobt, wenn es zwei oder mehrere Schritte zusammenfügt (chaining = Verkettung).

Prompting

Beim Prompting wird das Erlernen eines neuen Verhaltens dadurch unterstützt, dass ein Hinweisreiz (Prompt) gegeben wird, um einen Lernprozess zu initiieren.

> **Beispiel**
> Einem geistig behinderten Kind wird beim Essen zunächst die Hand mit dem Löffel zum Mund geführt.

Biofeedback

Beim Biofeedback wird versucht, durch Sichtbarmachen relevanter autonomer Funktionen (z. B. Muskelspannung) dem Patienten beizubringen, diese aktiv zu steuern.

2

Merke!

Die lerntheoretische Grundlage für Biofeedback ist das operante Konditionieren.

Vorgehen:
– Der Patient bekommt das Signal einer physiologischen Messung (z. B. Muskeltonus mit EMG) visuell auf dem Computerbildschirm oder akustisch rückgemeldet.
– Er soll versuchen, durch willkürliche Veränderungen das Signal in gewünschter Weise zu beeinflussen (z. B. die Muskelspannung durch eine „Entspannung der betroffenen Muskulatur" zu reduzieren).
– Schafft es der Patient, bei seinen zunächst zufälligen Versuchen die autonome Funktion in gewünschter Art zu beeinflussen, wird er dafür positiv verstärkt (z. B. Signalbalken auf dem Bildschirm wechselt bei sinkender Muskelspannung von rot zu grün).
– Das zunächst zufällige Verhalten soll durch die kontinuierliche positive Verstärkung nun gezielt häufiger auftreten.
Anwendungsbeispiele: Skoliose und Migräne.

2.1.3 Kognitive Verhaltenstherapie

Im Zentrum kognitiver verhaltenstherapeutischer Maßnahmen steht das Denken des Patienten.
So sieht man hier die Ursachen einer Depression in einer pessimistischen Sicht der eigenen Person, der Umwelt und der Zukunft (kognitive Triade) und in übertriebenen Verallgemeinerungen dieser negativen Sicht.
Diese verzerrten Bewertungsmuster werden im Laufe der kognitiven Verhaltenstherapie durch realistischere Bewertungsmuster ersetzt.

2.2 Psychodynamische Modelle und die psychoanalytische Therapie

Nach psychoanalytischer Auffassung sind psychische Störungen Ausdruck eines intrapsychischen, verborgenen Konflikts, der sich im Unbewussten befindet. Solche Konflikte können durch nicht-akzeptable Wünsche des ES, die beispielsweise den Moralvorstellungen des Über-Ich widersprechen, entstehen (z. B. spürt ES sexuelles Begehren, dass vom Über-Ich aufgrund strenger moralischer Prinzipien nicht akzeptiert werden kann). Diese „bedrohlichen Bedürfnisse" werden mithilfe von **Abwehrmechanismen** verdrängt, sodass sie nicht ins Bewusstsein gelangen können. Wird solch ein Konflikt und damit die **intrapsychische Spannung** zu stark, „entlädt" sie sich in Form eines psychischen Symptoms, z. B. einer Angstneurose.

Übrigens ...
Die Psychoanalyse sieht die Symptomatik als eine Art „Hinweis" auf einen verborgenen psychischen Konflikt. Die Symptomatik selbst wird daher nicht behandelt, sondern es wird versucht, den ursächlichen Konflikt aufzudecken.

Derartige Konflikte sind meistens auf Erlebnisse in der frühen Kindheit zurückzuführen. Aus diesem Grund wird der **Analyse der frühkindlichen Erinnerungen** eine große Bedeutung eingeräumt.

Merke!

Zentrale Konzepte des psychoanalytischen Modells sind Konflikt und Abwehr.

2.2.1 Psychoanalyse als Therapiemethode

Das Ziel der Psychoanalyse ist es, unbewusste Konflikte aufzudecken und zu bearbeiten. Die unbewussten Anteile der Persönlichkeit sollen reduziert werden (s. Topografisches Modell, S. 24) und das Ich gestärkt werden. Um die ins Unbewusste verdrängten Konflikte aufzudecken, muss der **Widerstand des Ichs** durchbrochen werden, der einen freien Zugang zum Unbewussten verhindert. Dazu werden verschiedene psychoanalytische Techniken eingesetzt.

2.2.2 Psychoanalytische Techniken

- **Freie Assoziation:** Der Patient soll ohne jede Einschränkung spontan alle seine Gedanken schildern, womit die Wahrscheinlichkeit, dass verdrängte Inhalte auftauchen, gesteigert wird.
- **Traumdeutung** (laut Freud der „Königsweg zum Unbewussten"): Der Therapeut deutet die berichteten Trauminhalte des Patienten. Träume gelten als kodierte Botschaften des Unbewussten, denen ein verdrängter Wunsch zu Grunde liegt. Da das Ich nachts schläft, können diese ES-Botschaften im Traum geäußert werden.
- **Deutung des Widerstands:** Ist der Patient nicht bereit, die Deutung des Therapeuten zu akzeptieren, wird diese Reaktion wiederum als Widerstand bezeichnet, die vom Therapeuten im Sinne eines Abwehrprozesses gedeutet werden kann.

Übertragung: Im psychoanalytischen Prozess kann es dazu kommen, dass der Patient frühkindliche Interaktionserfahrungen (z. B. mit einem Elternteil) auf die Person des Therapeuten überträgt, wodurch die früheren, unbewussten Konflikte an die Oberfläche kommen können. Somit kann die Interaktion mit dem Therapeuten eine korrigierende und heilende Beziehungserfahrung werden.

2.2.3 Abwehrmechanismen

Die Psychoanalyse definiert Abwehrmechanismen, die das Ich einsetzen kann, um nicht zu vereinbarende Bedürfnisse und Anforderungen von Seiten des ES, des Über-Ichs und der Realität zu lösen.

> **Merke!**
>
> - Bei der Verdrängung werden ES-Impulse ins Unbewusste abgeschoben.
> - Bei der Verleugnung werden real existierende Ereignisse „vergessen".

Abwehrmechanismus	Definition und Beispiel
Verdrängung (Grundprinzip vieler Abwehrmechanismen)	Abwehr nicht-akzeptabler ES-Impulse durch Blockierung des Zugangs zum Bewusstsein **Beispiel:** Aggressive Impulse werden verdrängt, da sie unter den momentanen Umständen (Realitätsanforderungen) gerade unpassend wären.
Verleugnung	Abwehr nicht-akzeptabler äußerer Realität durch Blockierung des Zugangs zum Bewusstsein **Beispiel:** Diagnose einer lebensbedrohlichen Erkrankung wird zunächst verleugnet – der Patient lebt so, als hätte er sie nie erfahren. (Kann übrigens im Akutstadium lebensbedrohlicher Erkrankungen durchaus hilfreich sein.)
Projektion	Eigene Emotionen und/oder Impulse werden in anderen Personen wahrgenommen. **Beispiel:** Eigene Aggressionsimpulse werden dem Gegenüber unterstellt. („Der hat mich schon so angesehen, als wolle er gleich zuschlagen.")
Verschiebung	Man verschiebt die negativen Emotionen, die man einer Person gegenüber empfindet, auf eine andere (ungefährlichere). **Beispiel:** Herr B. hat Aggression gegen den Chef und schlägt den Hund.
Isolierung	Trennung eines Objekts, Themas, einer Person von ihrer emotionalen/affektiven Bewertung **Beispiel:** Frau S. erzählt vollkommen sachlich vom Tod ihres Ehemanns.
Reaktionsbildung	Man tut das Gegenteil von dem, was man eigentlich fühlt. **Beispiel:** Peter ist eifersüchtig auf sein kleines Schwesterchen, verwöhnt es aber, da er diesen Hass nicht zulassen darf.
Rationalisierung	Man findet eine rationale Erklärung für ein unbewusst motiviertes Verhalten. **Beispiel:** Marie schlägt voller Wut ihren kleinen Bruder und sagt sich danach, dass es notwendig war, weil ihre Eltern ihn immer verwöhnen.
Regression	Man entzieht sich der Verantwortung, indem man kindliche Verhaltensweisen wieder aufgreift, die eigentlich nicht mehr der eigenen Entwicklungsstufe entsprechen. **Beispiel:** Sekundäre Enuresis (Einnässen) z. B. bei Eintritt in die Schule.
Sublimierung	„Unerwünschte Triebimpulse" werden in gesellschaftlich erwünschtes Verhalten umgelenkt. **Beispiel:** Ein Chirurg sublimiert seinen Aggressionstrieb, indem er ganz legal die Bäuche „aufschlitzt".
Identifikation	Man identifiziert sich mit seinem Aggressor und ist somit genau so stark wie dieser Feind. Wichtiger Mechanismus zur Lösung des ödipalen Konflikts. **Beispiel:** Ein kleiner Junge möchte genauso werden wie sein Papa, damit Mama ihn auch weiterhin liebt.
Konversion	Eine psychische Konfliktsituation (= Impuls aus dem ES) wird in ein körperliches Symptom umgelenkt (ÜBER-ICH kann aufgrund seiner strengen moralischen Maßstäbe den Impuls nicht akzeptieren = Konflikt zwischen Über-Ich und ES). **Beispiel:** Lähmung der Hand „rettet" vor dem Onanieren, wobei für die Lähmung keinerlei neurologische Schädigung vorliegt.
Ungeschehen machen	Man tut so, als seien bestimmte Wünsche, Gedanken, Gefühle oder Ereignisse nicht geschehen. **Beispiel:** Ein Patient trainiert wenige Tage nach einem Herzinfakt, obwohl dies sehr gefährlich ist.

Tab. 8: Abwehrmechanismen des Ich

Besonders die **systematische Desensibilisierung** und die **Reizüberflutung** sind häufige verhaltenstherapeutische Verfahren und ebenso beliebte Themen der Fragen. Daher solltest du dir die Gemeinsamkeiten und Unterschiede gut einprägen.

Bei beiden Techniken geht es darum, den Patienten mit der angstauslösenden Situation zu konfrontieren:

- Bei der **systematischen Desensibilisierung geschieht die Konfrontation schrittweise** (erst einfache Situation, dann immer schwierigere). Zwischendurch entspannt sich der Patient immer wieder.
- Bei der **Reizüberflutung** wird **gleich** mit der **extremen Angstsituation** begonnen.

Auch das **SORKC-Modell** mit seinen Bestandteilen ist sehr wichtig. Am besten merkst du dir diese anhand der Fragen, die ein Therapeut stellen könnte, um einen vollständigen Überblick über das Problemverhalten zu gewinnen (z. B. für S: In welcher Stimulussituation tritt das Verhalten auf?).

Die Liste der **Abwehrmechanismen** in der Tabelle auf der vorhergehenden Seite erscheint lang und die einzelnen Mechanismen ähneln einander stark, aber für die Fragen lohnt es sich, wenn du diese Definitionen und Beispiele genau kennst.

Pause

Geschafft! Hier noch ein kleiner Cartoon als Belohnung ...
Danach kann gekreuzt werden ...

Mehr Cartoons unter www.medi-learn.de/cartoons

Index

Feedback

Deine Meinung ist gefragt!

Es ist erstaunlich, was das menschliche Gehirn an Informationen erfassen kann. Slbest wnen kilene Fleher in eenim Txet entlheatn snid, so knnsat du die eigneltchie lofnrmotian deoncnh vershteen – so wie in dsieem Text heir.

Wir heabn die Srkitpe mecrfhah sehr sogrtfältg güpreft, aber vilcheliet hat auch uesnr Girehn – so wie deenis grdaee – unbeswust Fheler übresehne. Um in der Zuuknft noch bsseer zu wrdeen, bttein wir dich dhear um deine Mtiilhfe.

Sag uns, was dir aufgefallen ist, ob wir Stolpersteine übersehen haben oder ggf. Formulierungen verbessern sollten. Darüber hinaus freuen wir uns natürlich auch über positive Rückmeldungen aus der Leserschaft.

Deine Mithilfe ist für uns sehr wertvoll und wir möchten dein Engagement belohnen: Unter allen Rückmeldungen verlosen wir einmal im Semester Fachbücher im Wert von 250 Euro. Die Gewinner werden auf der Webseite von MEDI-LEARN unter www.medi-learn.de bekannt gegeben.

Schick deine Rückmeldung einfach per E-Mail an support@medi-learn.de oder trag sie im Internet in ein spezielles Formular für Rückmeldungen ein, das du unter der folgenden Adresse findest:

www.medi-learn.de/rueckmeldungen

Dr. Bringfried Müller
Valentin Vrecko

Psychologie Band 3

MEDI-LEARN Skriptenreihe

7., komplett überarbeitete Auflage

MEDI-LEARN Verlag GbR

Autoren: Dr. med. Dipl.-Psych. Bringfried Müller, Dipl.-Psych. Valentin Vrecko, Dipl.-Psych. Franziska Dietz (1. Auflage)

Teil 3 des Psychologiepaketes, nur im Paket erhältlich
ISBN-13: 978-3-95658-017-8

Herausgeber:
MEDI-LEARN Verlag GbR
Dorfstraße 57, 24107 Ottendorf
Tel. 0431 78025-0, Fax 0431 78025-262
E-Mail redaktion@medi-learn.de
www.medi-learn.de

Verlagsredaktion:
Dr. Marlies Weier, Dipl.-Oek./Medizin (FH) Désirée Weber, Denise Drdacky, Jens Plasger, Sabine Behnsch, Philipp Dahm, Christine Marx, Florian Pyschny, Christian Weier

Layout und Satz:
Fritz Ramcke, Kristina Junghans, Christian Gottschalk

Grafiken:
Dr. Günter Körtner, Irina Kart, Alexander Dospil, Christine Marx

Illustration:
Daniel Lüdeling

Druck:
Löhnert Druck

7. Auflage 2015
© 2015 MEDI-LEARN Verlag GbR, Kiel

Wichtiger Hinweis für alle Leser
Die Medizin ist als Naturwissenschaft ständigen Veränderungen und Neuerungen unterworfen. Sowohl die Forschung als auch klinische Erfahrungen führen dazu, dass der Wissensstand ständig erweitert wird. Dies gilt insbesondere für medikamentöse Therapie und andere Behandlungen. Alle Dosierungen oder Applikationen in diesem Buch unterliegen diesen Veränderungen.
Obwohl das MEDI-LEARN Team größte Sorgfalt in Bezug auf die Angabe von Dosierungen oder Applikationen hat walten lassen, kann es hierfür keine Gewähr übernehmen. Jeder Leser ist angehalten, durch genaue Lektüre der Beipackzettel oder Rücksprache mit einem Spezialisten zu überprüfen, ob die Dosierung oder die Applikationsdauer oder -menge zutrifft. Jede Dosierung oder Applikation erfolgt auf eigene Gefahr des Benutzers. Sollten Fehler auffallen, bitten wir dringend darum, uns darüber in Kenntnis zu setzen.

Inhalt

1   Gesellschaft, Gesundheit und Krankheit

Fragen in den letzten 10 Examen: 5

Die Soziologie ist die Wissenschaft, die sich mit den Gesetzmäßigkeiten des gesellschaftlichen Lebens befasst. In der medizinischen Soziologie werden die Begriffe, Methoden und Theorien der Soziologie auf die Analyse von Phänomenen der Gesundheit und Krankheit angewandt. Dabei geht es beispielsweise um die Anwendung und Übertragung folgender Inhalte:

- das Verhalten von Menschen untereinander (soziales Verhalten), z. B. in der Arzt-Patient-Interaktion und -Kommunikation,
- Entwicklung und Aufbau von Gesellschaften, z. B. bei den Auswirkungen der gesellschaftlichen Veränderungen auf den Beruf des Arztes und
- die Strukturmerkmale der Gesellschaft (soziale Ungleichheit, Schichten), z. B. beim Einfluss der sozialen Schicht auf Gesundheits- und Krankheitsverhalten.

Gesundheit und Krankheit sind keine objektiven oder rein naturwissenschaftlich definierten Zustände. Was als „krank" oder „gesund" bezeichnet wird, hängt vom gesellschaftlichen Kontext ab, in dem sich ein Individuum bewegt. Und auch das daraus folgende Verhalten wird von gesellschaftlichen Regeln beeinflusst. In diesem Kapitel geht es um soziale Phänomene und ihre Konsequenzen für den Bereich der Medizin sowie für Aspekte von Gesundheit und Krankheit.

1.1   Was ist Sozialisation?

Norbert Elias bezeichnet den geschichtlichen Prozess der „Bändigung willkürlicher, spontaner Verhaltens- und Affektäußerungen im Dienste der Ausbreitung von Selbstkontrolle" als Zivilisierung. Diese geschichtliche Zivilisierung, die Elias für den Zeitraum von 800 bis 1900 n. Chr. beschreibt, geschieht durch die Sozialisation des Einzelnen im Laufe seines Lebens, in dem jede Person die eigenen

Bedürfnisse mit den Bedürfnissen anderer in Einklang bringt. Hierbei lernt der zunächst unsoziale Säugling, sein Verhalten den sozialen Anforderungen seiner Umwelt (den Wünschen und Erwartungen der Eltern, Geschwister, Lehrer etc.) anzupassen. Sozialisation meint also das Hineinwachsen in gesellschaftliche und soziale Bezüge.

Übrigens …
Sozialisation ist ein lebenslanger Prozess, der NICHT zielgerichtet abläuft.

1.2   Normen

Zum Thema Normen wurden bislang vor allem die einzelnen Normbegriffe (s. „Merke" S. 2) und die unterschiedlichen Arten normabweichenden Verhaltens (s. 1.2.2, S. 2) gefragt.

1.2.1   Soziale Normen

Soziale Normen sind verbindliche Verhaltenserwartungen, die innerhalb einer bestimmten Gruppe gelten. Ihr Nicht-Einhalten wird negativ sanktioniert (bestraft), ihr Einhalten dagegen belohnt.

Übrigens …
Die Einhaltung von sozialen Normen ist ein Kriterium der Zugehörigkeit zu einer bestimmten Gruppe, deren Regeln man akzeptiert und befolgt. Innerhalb einer Gruppe helfen die Normen dabei, das Verhalten der anderen Mitglieder zu antizipieren, da man weiß, nach welchen Regeln sich hier alle verhalten.

antizipieren = vorwegnehmen
= in Gedanken vorwegnehmen
- etwas was später an die Reihe kommen würde

Im Examen werden in diesem Zusammenhang gerne Zustände beschrieben und nach dem passenden Normbegriff gefragt: So entspricht z. B. „Schummeln in Klassenarbeiten" der statistischen Norm, nicht aber der sozialen Norm.

> **Merke!**
>
> - **Soziale Norm** = Was wird von der Gruppe verbindlich erwartet?
> - **Funktionsnorm** = Funktioniert es? (z. B. ein Blutdruck von RR > 140/90)
> - **Idealnorm** = Ist es der ideale Zustand? (z. B. sieht die WHO-Definition von Gesundheit einen Blutdruck von RR < 120/80 vor)
> - **Statistische Norm** = Orientiert sich am Mittelwert, bzw. ist es ein häufiger Zustand? (z. B. ein Blutdruck von RR < 130/85)
> - **Therapeutische Norm** = Ziel ist die Risikosenkung für Folgeerkrankungen, also was für den betroffenen Patienten langfristig gesund erhält (z. B. Blutdruck RR<140/90)

abweichendes verhalten

1.2.2 Primäre und sekundäre Devianz

Weicht das Verhalten eines Menschen von der sozialen Norm ab, wird diese Abweichung als Devianz bezeichnet. Deviantes Verhalten lässt sich wiederum in primäre und sekundäre Devianz unterteilen:

- Als **primäre Devianz** wird das ursprüngliche normabweichende Verhalten bezeichnet. Beispielsweise verhält sich ein Mensch, der aufgrund eines Unfalls im Rollstuhl sitzt, deviant, da er sich anders als der „normale Mensch" fortbewegt.
- Als **sekundäre Devianz** wird die Verhaltensabweichung bezeichnet, die als Folge erfahrener gesellschaftlicher Etikettierung auftritt. Reagieren andere Menschen auf den Rollstuhlfahrer mit Mitleid und dauernden Hilfsangeboten, kann diese gesellschaftliche Reaktion auf seine Situation dazu führen, dass

er sich selbst als immer hilfsbedürftiger und abhängiger empfindet und daraufhin von sich aus stärkere Unterstützung einfordert und/oder sich weniger zutraut.

Solche „verstärkten Normabweichungen" aufgrund von sozialer Etikettierung spielen bei Behinderungen oder physischen und psychischen Krankheiten eine Rolle. Der psychisch Kranke verhält sich beispielsweise merkwürdig und wird deswegen als „verrückt" angesehen, was einen verstärkten Rückzug bis zur sozialen Isolation nach sich ziehen kann.

1.3 Soziale Institutionen

Gesellschaften richten in verschiedenen Lebensbereichen Institutionen ein, die grundlegende Erfordernisse regeln (z. B. Gesundheitssystem, Bildungssystem). Diese Institutionen sind **Bestandteile der sozialen Ordnung**, d. h. durch sie wird geregelt, wie bestimmte gesellschaftliche Prozesse normgerecht verlaufen (z. B. Schulbesuch mit Schulpflicht).

Solche Institutionen haben Vorteile für die Mitglieder einer Gesellschaft. Viele Lebensbereiche werden gemeinschaftlich geregelt, sodass sich der Einzelne nicht um ihre Organisation kümmern muss (z. B. Bereitstellung von Schulen, Gesundheitsversorgung).

Allerdings gehen mit der Struktur sozialer Institutionen auch Nachteile einher. Soziale Institutionen arbeiten standardisiert und sind **nicht an individuellen Bedürfnissen orientiert** (z. B. gleiche Lehrpläne für alle Kinder, unabhängig von ihrem kulturellen und sprachlichen Hintergrund).

Ein Beispiel für eine soziale Institution ist die Familie. Ihre Aufgabe besteht in der Sicherstellung dauerhafter emotionaler Beziehungen. Die Familie ist verantwortlich für Erziehung und Sozialisation, leistet Fürsorge in Krisensituationen und ist auch für die Weitergabe von Eigentum von der älteren Generation auf die jeweils jüngere zuständig (Tradierung).

2 Arzt-Patient-Beziehung

 Fragen in den letzten 10 Examen: 22

In diesem Kapitel wird zunächst die Seite des Arztes mit ihren Merkmalen und Rollenanforderungen betrachtet. Anschließend geht es um die Erwartungen des Arztes an den Patienten, um schließlich im dritten Teil Phänomene der Arzt-Patient-Interaktion aufzuzeigen.

2.1 Professionalisierung des Arztberufs

Über eine lange Entwicklung ist der Arztberuf zu einer Profession geworden. Das bedeutet Folgendes:

2.1.1 Merkmale einer Profession

Die Merkmale einer Profession (Beruf, Gewerbe) kann man zur leichteren Strukturierung in vier Bereiche aufteilen. Der erste betrifft die **Kompetenzsicherung**. Das bedeutet, Angehörige einer Profession kümmern sich darum, dass die notwendigen Schritte unternommen werden, um einen hohen Leistungsstandard zu entwickeln und zu erhalten. Zudem geht eine Profession mit Privilegien gegenüber konkurrierenden ähnlichen Berufen einher. Und darüber hinaus genießen Angehörige einer Profession besondere Freiheitsprivilegien. Als vierter Punkt gehört zur Profession eine eigene Berufsethik und deren Beachtung (s. 4.8, S. 18).

Zur Kompetenzsicherung im Rahmen des Arztberufs gehören:

– die Sicherstellung einer akademischen Aus- und Weiterbildung und
– die funktionale Differenzierung ärztlicher Leistungsanbieter (Fachärzte).

Zu den Privilegien gegenüber den Konkurrenten gehören:

– ein monopolartiges Leistungsangebot (keine echte Konkurrenz zwischen ärztlichem und nicht-ärztlichem Angebot) sowie
– Prestige und Einkommensvorteile gegenüber nicht-ärztlichen Leistungsanbietern (z. B. gegenüber Heilpraktikern).

Zu den Freiheitsprivilegien der Ärzte gehören:

– ein hohes Maß an beruflicher Autonomie (z. B. muss ein niedergelassener Arzt niemanden bezüglich seiner Therapieentscheidungen fragen) und
– kollegiale Eigenkontrolle (z. B. Peer-Review = Begutachtung der Leistungen von Fachkollegen durch andere Fachkollegen, wenn es um die Effektivität von medizinischen Maßnahmen geht).

2.2 Soziale Rollen und die Arzt- und Krankenrolle

Soziale Rollen sind Verhaltensmuster, die eine Gruppe von ihren Mitgliedern erwartet. Zum Beispiel wird von einem Familienmitglied aufgrund seiner Zugehörigkeit zur „Gruppe Familie" erwartet, dass es sich an der Hausarbeit beteiligt oder von einem Arzt im Krankenhaus, dass er bestimmte Aufgaben übernimmt.
Man unterscheidet formelle (positionsspezifische) von informellen (personenspezifischen) Rollenerwartungen.

– Die **formellen** Rollenerwartungen ergeben sich auf Grundlage einer Position. So hat ein Oberarzt bestimmte Aufgaben, die in seinem Arbeitsvertrag geregelt sind. Ein Klassensprecher hat ebenfalls genau definierte Pflichten.

2

– Die **informellen** Rollenerwartungen ergeben sich durch das gezeigte eigene Verhalten. Von einem Klassenclown erwartet man aufgrund seines eigenen in der Vergangenheit gezeigten Verhaltens, dass er z. B. vorlaut ist.

Jeder Mensch hat gleichzeitig mehrere soziale Rollen, die er zum Teil automatisch bekommen hat (z. B. die Rolle des Sohns, der Tochter, des Schülers) oder die er sich ausgesucht hat (z. B. Vereinsmitglied im Tennisclub).

2.2.1 Rollenkonflikte

Zu Rollenkonflikten kommt es, wenn an eine Person als Träger einer oder mehrerer Rollen nicht vereinbare Erwartungen gestellt werden. Solche Rollenkonflikte können psychische oder auch psychosomatische Beschwerden nach sich ziehen.

> **Merke!**
>
> Rollenkonflikte beziehen sich immer auf ein und dieselbe Person. Es gibt zwei Arten von Rollenkonflikten:
> Intra- und Interrollenkonflikte.
> Inter = zwischen, Intra = innerhalb!
> Interrollenkonflikt = Konflikt zwischen zwei Rollen,
> Intrarollenkonflikt = Konflikt innerhalb einer Rolle.

– Bei **Intrarollenkonflikten** sind die Erwartungen, die an jemanden in ein und derselben sozialen Rolle gestellt werden, miteinander nicht vereinbar.
– Bei **Interrollenkonflikten** werden an eine Person unvereinbare Erwartungen gestellt, die sich jedoch auf Erwartungen bezüglich verschiedener Rollen beziehen.

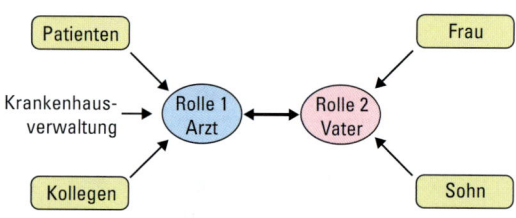

Abb. 1: Rollenkonflikt   *medi-learn.de/7-psycho3-1*

Beispiel
Der Unterschied zwischen beiden Konflikttypen wird anhand eines Beispiels sicherlich klarer: Stell dir vor, Max ist Assistenzarzt am städtischen Krankenhaus (Rolle 1) und zudem Familienvater (Rolle 2). Weitere Rollen von Max können wir in diesem Fall vernachlässigen.
Ein Interrollenkonflikt kann zwischen den Rollen Arzt und Vater entstehen. Als Arzt wird von Max erwartet, einen Wochenenddienst zu übernehmen, als Vater wird von ihm erwartet, seinen Sohn zum Fußballturnier zu begleiten.
Ein Intrarollenkonflikt entsteht innerhalb einer Rolle, wenn sich die Erwartungen verschiedener Rollensektoren nicht entsprechen. So erwartet die Verwaltung (Rollensektor 1), dass Max das kostengünstige Medikament verschreibt, der Patient (Rollensektor 2) erwartet das wirksamste und teurere Medikament.

2.2.2 Arztrolle nach Parsons

Talcott Parsons, ein amerikanischer Soziologe (1902–1979), hat Verhaltenserwartungen an den Arzt und an den Kranken beschrieben. Er charakterisiert diese Rollen als komplementär, d. h. wenn Arzt und Patient sich gemäß seiner Idealvorstellung verhalten, soll das Handeln von Arzt und Patient optimal aufeinander abgestimmt sein und sich ergänzen. An den Arzt werden dabei folgende Rollenerwartungen gestellt:

– **Affektive Neutralität:** Der Arzt soll den Patienten unabhängig von persönlichen Gefühlen wie Zu- oder Abneigung behandeln.
– **Universalistische Orientierung:** Hilfe soll uneingeschränkt jedem zuteil werden. Jede Person soll nach gleichen Grundsätzen ärztlicher Kunst behandelt werden.
– **Kompetenz:** Der Arzt soll in seinem Gebiet über ausreichendes Wissen verfügen.
– **Funktionale Spezifität:** Der Arzt soll sein Handeln auf ärztliche Leistungen beschränken und – selbst wenn er darum gebeten wird – sich NICHT zu anderen Gebieten äußern (z. B. Überweisung an Spezialisten, keine Beratung in weltanschaulichen Fragen o. Ä.).
– **Kollektivitätsorientierung:** Der Arzt soll uneigennützig sein und seine Behandlung nicht an seinem persönlichen Gewinn ausrichten.

2.2.3 Krankenrolle nach Parsons

Auch an Kranke hat die Gesellschaft bestimmte Erwartungen. Diese weichen von den Normen, die für gesunde Menschen gelten, ab. Für den Kranken gelten nach T. Parsons folgende Verhaltensregeln:
– Der Kranke ist **befreit von sozialen Normen.** Beispielsweise darf ein kranker Mensch wegen seiner Schmerzen laut stöhnen und jammern, was bei einem Gesunden als unpassend empfunden würde.
– Der Kranke wird für seine Krankheit zunächst **nicht verantwortlich** gemacht.
– Der Kranke muss dem behandelnden Arzt gegenüber kooperativ sein (Compliance).
– Der Kranke soll sich darum bemühen, schnell wieder zu genesen.

2.3 Kooperation/Compliance

Compliance ist die Bereitschaft des Patienten, den Anordnungen des Arztes Folge zu leisten. Ob ein Patient Compliance zeigt, hängt von verschiedenen Faktoren ab. Folgende Punkte stehen alle in einem positiven Zusammenhang zur Compliance (wenn sie erfüllt sind, ist Compliance wahrscheinlicher):
– Zufriedenheit mit der ärztlichen Behandlung,
– Überzeugung von der Notwendigkeit der Maßnahme,
– Wissen über Vor- und Nachteile der Behandlung und über mögliche Alternativen (gute Informationsbasis),
– Gefühl der Mitverantwortung an der Behandlung (z. B. muss der Patient verstehen, dass er mitentscheidet, wie die Behandlung verläuft),
– Verständlichkeit des Therapieplans und
– stabile soziale Situation des Patienten (Stabilität der familiären Situation).

Ein Spezialfall von Non-Compliance – also der Nicht-Befolgung ärztlicher Ratschläge – ist die **intelligente Non-Compliance.** Davon spricht man, wenn ärztliche Ratschläge sinnvollerweise missachtet werden. Hat beispielsweise ein Allergiker ein neues Medikament verschrieben bekommen und stellt nach der ersten Einnahme fest, dass er überall rote Pusteln und starken Juckreiz bekommt, ist es sinnvoll, das Medikament entgegen des ärztlichen Behandlungsplans sofort abzusetzen.

2.3.1 Reaktanz

Auch Reaktanz kann ein Grund für die Nichtbefolgung ärztlicher Ratschläge sein. Reaktanz entsteht, wenn sich eine Person in ihrer Freiheit eingeschränkt fühlt. Die Person ist dann bestrebt, das Gegenteil von dem zu tun, was von ihr erwartet wird bzw. sie weigert sich ärztlichen Empfehlungen zu folgen. Reaktanz führt also zu einer Trotzreaktion.

2.4 Iatrogene Fixierung

Der Begriff „iatrogen" kommt aus dem Griechischen und bedeutet soviel wie „durch den Arzt hervorgerufen". Von einer iatrogenen Fixierung spricht man, wenn ein Patient aufgrund des ärztlichen Verhaltens auf seinem Leiden besteht oder an einer Symptomatik festhält, die objektiv gar nicht mehr vorhanden ist. Ein Grund für solches Verhalten kann z. B. darin bestehen, dass der Patient sich selbst psychische Probleme nicht eingestehen will, sondern diese lieber „organisch" interpretiert. In manchen Fällen kann eine iatrogene Fixierung sich zu einer **Hypochondrie**, also einer übermäßigen Sorge um die eigene Gesundheit entwickeln.

Auch der Arzt kann durch sein Verhalten maßgeblich die iatrogene Fixierung verstärken, z. B. wenn er auf Wunsch des Patienten auch unnötige Untersuchungen wiederholt. Stattdessen wäre es sinnvoll, die psychischen Probleme auch anzusprechen.

> **Beispiel**
> Aufgrund der intensiven Untersuchung seines Bauches meint der Patient, dass dort eine Symptomatik vorliegen müsse, obwohl der Arzt ihm sagt, es sei alles in Ordnung. Das mehrmalige Abtasten und die folgende Ultraschalluntersuchung interpretiert der Patient jedoch als „Beweis" für das Vorliegen einer Erkrankung.

2.5 Über- und Gegenübertragung

In der Interaktion zwischen Arzt und Patient schwingen immer auch Erfahrungen mit, die beide Personen mit anderen Menschen in der Vergangenheit gemacht haben. Zu großen Teilen verlaufen solche Aktivierungen von vergangenen Interaktionsmustern jedoch **unbewusst**. Die Psychoanalyse hat diese Prozesse genauer beschrieben.

2.5.1 Übertragung

Der Patient wiederholt Einstellungen oder Verhaltensmuster, die er in der Kindheit bestimmten Personen gegenüber erworben hat, in seiner Beziehung zum Arzt/Therapeuten.

Beispielsweise führt das autoritäre Auftreten des Arztes dazu, dass der Patient sich wieder in eine Art unterlegene Kinderrolle, wie er sie gegenüber seinem Vater hatte, hineinbegibt und sich vollkommen vom Arzt abhängig macht. Dieses Verhalten ist ihm jedoch nicht bewusst. Während der psychoanalytischen Therapie werden solche Übertragungsphänomene genutzt, um mehr über bedeutsame frühkindliche Interaktionsmuster des Patienten zu erfahren.

2.5.2 Gegenübertragung

Der Arzt nimmt die ihm vom Patienten übertragene Rolle an und verhält sich entsprechend. Überträgt der Patient dem Arzt die Rolle des Vaters und der Arzt verhält sich entsprechend autoritär, so spricht man von Gegenübertragung.

Übertragungs- und Gegenübertragungsprozesse können in psychoanalytischen Therapien genutzt werden, um frühere ungünstige Beziehungserfahrungen zu korrigieren; diese Prozesse können aber auch hinderlich sein. Um schwierige Arzt-Patienten-Beziehungen zu besprechen, treffen sich daher insbesondere psychoanalytisch orientierte Ärzte in so genannten **Balintgruppen**.

> **Merke!**
> – Ein Übertragungsprozess geht immer vom **Patienten** aus.
> – Von Gegenübertragung spricht man, wenn der **Arzt oder Therapeut** die ihm übertragenen Aspekte annimmt.

Um Punkte zu sammeln, empfiehlt es sich, den Unterschied zwischen dem **Intra- und** dem **Interrollenkonflikt** genau zu kennen. Um welche Art von Konflikt es sich handelt, kannst du an der Darstellung der betroffenen Person erkennen:

- Wird sie nur in Bezug auf eine Rolle beschrieben (z. B. Frau Müller ist Patientin), geht es IMMER um einen Intrarollenkonflikt, bei dem verschiedene Bezugsgruppen (z. B. der behandelnde Arzt und das Pflegepersonal) an die Person in ihrer einen Rolle nicht vereinbare Erwartungen stellen.

- Werden dagegen zwei Rollen (z. B. Frau Müller ist Ärztin und Mutter) dargestellt, handelt es sich um einen Interrollenkonflikt, bei dem an die eine Person von verschiedener Seite Erwartungen gestellt werden, die sich jetzt jedoch auf ihre verschiedenen Rollen beziehen. (Beispiel: Eine Patientin möchte etwas von Frau Müller als Ärztin und ihre Tochter möchte etwas von Frau Müller als Mutter.)

Pause

Ein paar Seiten hast du schon geschafft!
Päuschen und weiter geht's!

„Gibt es Krankenhäuser am Kilimandscharo?"

Wir helfen Ihnen, Ihren Famulatur- und PJ-Auslandsaufenthalt vorzubereiten!

Mit kostenfreien Informationsmappen zu 32 Ländern

- Wertvolle Tipps
- Kontaktadressen
- Hintergrundinformationen
- Erfahrungsberichte von Medizinstudierenden und jungen Ärzten

Lassen Sie sich beraten!
Nähere Informationen und unseren Repräsentanten vor Ort finden Sie im Internet unter www.aerzte-finanz.de

Deutsche Ärzte Finanz

Standesgemäße Finanz- und Wirtschaftsberatung

3   Arzt-Patient-Kommunikation und Interaktion

 Fragen in den letzten 10 Examen: 23

In diesem Kapitel geht es zunächst um allgemeine Phänomene der Kommunikation, die u. a. in der Verständigung zwischen Arzt und Patient relevant sind. Den Abschluss bilden verschiedene Arten der Gesprächsführung, die – im Falle der Arzt-Patient-Kommunikation – jeweils unterschiedliche Konsequenzen für die Qualität der Beziehung und damit gegebenenfalls auch für das Verhalten des Patienten im weiteren Therapieverlauf haben können.

3.1   Kommunikationskanäle

Kommunikation findet immer statt. „Man kann nicht nicht kommunizieren," lautet ein Axiom der Kommunikation nach Paul Watzlawick. Denn auch wenn beide Gesprächspartner schweigen, senden sie jeweils eine Botschaft. Schon der Gesichtsausdruck und die Körpersprache vermitteln – häufig ohne dass sich der Sender dessen vollkommen bewusst ist – eine Nachricht.

Man kann verschiedene Kommunikationskanäle unterscheiden, auf denen beabsichtigte oder auch nicht beabsichtigte Nachrichten vermittelt werden:

Die **verbale Kommunikation**

– umfasst die Bedeutung dessen, was wörtlich gesagt oder geschrieben wird,
– ist relativ kontrolliert und
– der Inhaltsaspekt (der tatsächliche Wortlaut) steht meistens im Vordergrund.

Die **paraverbale Kommunikation**

– umfasst die nicht den Inhalt betreffenden Merkmale verbaler Kommunikation, wie z. B. Lautstärke, Tonhöhe, Dialektfärbung und Sprechgeschwindigkeit.

Die nonverbale Kommunikation

– umfasst die Gestik und Mimik (ist nicht wortgebunden),
– ist weniger kontrolliert und
– drückt häufig den Beziehungsaspekt aus (z. B. verschränkte Armhaltung, fehlender Blickkontakt).
– Die **Metakommunikation** umfasst die Kommunikation darüber, wie man kommuniziert (z. B. „Ja, so wie Sie nachfragen, merkt man, dass Sie mich verstehen wollen.").

3.2   Vier Seiten einer Nachricht

Nach den verschiedenen Kanälen, auf denen man eine Nachricht „senden" kann, geht es jetzt um die Nachricht selbst. Der Kommunikationspsychologe Friedemann Schulz von Thun unterscheidet vier Seiten oder Aspekte, die jede Nachricht haben kann. Dazu gehören
1. der **Sachinhalt** (worüber man informiert)
2. der **Appell** (was man beim Empfänger mit der Nachricht erreichen will)
3. die **Selbstoffenbarung** (was man mit der Nachricht über sich selbst aussagt) und
4. die **Beziehungsaussage** (was man vom Anderen hält/wie man zueinander steht)

Beispiel
Analysiert man die Nachricht des Beifahrers, so sieht das folgendermaßen aus:
– Der Sachinhalt ist „Mir wird schlecht."
– Der Appell lautet „Fahr nicht so rasant!"
– Die Selbstoffenbarung ist: „Ich fühle mich unwohl."
– Auf der Beziehungsebene kommuniziert er „Du solltest mehr auf mich achten und Rücksicht nehmen."

Die Fahrerin „hört" auf der Beziehungsebene besonders gut und antwortet auch gleich auf diesen Aspekt der Nachricht „Dir kann ich´s auch nie recht machen".

Abb. 2: Verschiedene Seiten einer Nachricht

medi-learn.de/7-psycho3-2

3.3 Das ärztliche Gespräch

Vor einer ärztlichen Behandlung steht immer eine Anamnese. **Eigen**anamnestische Angaben stammen von Patienten selbst, **fremda**namnestische Angaben von Eltern, Verwandten, Freunden oder Ersthelfern.
Im Gesprächsverlauf unterscheidet man zwischen **Krankheitsanamnese** („seit wann welche Beschwerden?"), **Medikamenten- und Drogenanamnese** (Alkohol, Nikotin, sonstiges), Vorbehandlungen sowie **Familienanamnese** (Erkrankungen in der Familie) und **Sozialanamnese** (Beruf, Familienstand, soziales Umfeld).
Nach einer Behandlung kann eine **Katamnese** (= Nachbefragung) erhoben werden, die in der Regel der Qualitätssicherung dient.

3.4 Symmetrische und asymmetrische Kommunikation

Die Kommunikation zwischen zwei Gesprächspartnern kann man bezüglich der Anteile der Gesprächslenkung beschreiben:
– Eine **symmetrische Kommunikation** liegt vor, wenn beide das Gespräch in gleichem Maße lenken und sich als ebenbürtige

Gesprächspartner wahrnehmen (z. B. Gespräch zwischen Arbeitskollegen).
– Als **asymmetrisch** wird eine Kommunikation bezeichnet, wenn einer der Gesprächspartner das Gespräch hauptsächlich lenkt (Steuerungsmacht) und dem anderen eine passivere Rolle zugewiesen wird (z. B. Chef stellt Fragen, Mitarbeiter antwortet).
Im Falle der Arzt-Patient-Kommunikation kann es z. B. aufgrund des Kompetenzunterschieds zwischen Arzt und Patient oder wegen organisatorischer Rahmenbedingungen im Krankenhaus zu asymmetrischen Kommunikationssituationen kommen. Asymmetrische Kommunikation führt beim unterlegenen Gesprächspartner häufig zu Unzufriedenheit und kann insofern Missverständnisse fördern, z. B. wenn der unterlegene Gesprächspartner das Gefühl hat, seine Bedürfnisse nicht äußern zu können.

> **Merke!**
>
> Statt asymmetrischer Kommunikation wird auch der Begriff der asymmetrischen **Verbalhandlung** gebraucht.

3.5 Kontingenz

Analysiert man Kommunikationssituationen bezüglich ihrer Symmetrie, kann man dafür auch den Begriff der Kontingenz verwenden.

> **Merke!**
>
> Kontingenz bezeichnet das Ausmaß, in dem die Gesprächspartner in der Kommunikation ihren eigenen Verhaltensplänen folgen oder auf die des Gesprächspartners eingehen.

3.5.1 Wechselseitige symmetrische Kontingenz

Wechselseitige oder symmetrische Kontingenz liegt vor, wenn beide Gesprächspartner sowohl eigene Bedürfnisse ausdrücken können als auch gleichzeitig bereit sind, sich auf die Bedürfnisse des anderen einzustellen.

> **Merke!**
>
> Wechselseitige Kontingenz entspricht einer symmetrischen Kommunikationssituation.

3.5.2 Asymmetrische Kontingenz

Bei der asymmetrischen Kontingenz berücksichtigt einer der Gesprächspartner nur eigene Bedürfnisse und geht nicht auf die Bedürfnisse des anderen ein. Asymmetrische Kontingenz findet man beim direktiven Gesprächsstil (s. 3.6.1, S. 11).

Übrigens ...
Asymmetrische Kontingenz und asymmetrische Kommunikation bezeichnen dieselbe Gesprächssituation. Ein Beispiel hierfür ist die Visite im Krankenhaus: Die Mehrzahl der Sätze wird vom Arzt gesprochen, der Patient stellt durchschnittlich pro Visite nur eine einzige Frage.

Bei asymmetrischer Kontingenz treten häufig **ausweichende Gesprächsstrategien** auf. Beispielsweise stellt ein Patient die Frage „Warum verbessert sich mein Zustand nicht, obwohl ich doch alle Anweisungen befolge?", die vom Arzt jedoch nicht oder nicht richtig beantwortet wird. Zu diesen ausweichenden Gesprächsstrategien gehören:
- Der **Adressatenwechsel** = Arzt wendet sich z. B. der Schwester zu, statt dem Patienten zu antworten.
- **Beziehungskommentare** = Statt inhaltlich auf die Frage des Patienten einzugehen, kommentiert der Arzt die Art der Fragestellung. Beispiel: „Wenn Sie mir Vorwürfe machen, werden Ihre Schmerzen auch nicht besser."
- Die **Mitteilung funktionaler Unsicherheit**. Beispiel: „Nun lassen Sie uns erst

mal die Untersuchung beenden, statt zu spekulieren."
- **Themenwechsel**. Beispiel: „Wie sieht es denn mit der Verträglichkeit der Medikamente aus?"

3.6 Direktive und non-direktive Gesprächsführung

Arzt-Patient-Gespräche können unterschiedlich stark vom Arzt gelenkt werden.

3.6.1 Direktiver Gesprächsstil

Als direktiven Gesprächsstil bezeichnet man Gespräche mit
- dominantem Gesprächsverhalten des Arztes (Arzt stellt Fragen, Patient antwortet),
- eingeschränkten Äußerungsmöglichkeiten des Patienten.

Vorteil dabei ist der rasche Informationsgewinn, Nachteile sind das Risiko diagnostischer Einengung und Probleme beim Aufbau einer guten Arzt-Patient-Beziehung.

3.6.2 Non-direktiver Gesprächsstil

Der non-direktive Gesprächsstil geht auf Techniken der **Gesprächspsychotherapie** nach **Carl Rogers** zurück. Ziel der Gesprächspsychotherapie ist die **Selbstverwirklichung** des Patienten, die der Therapeut durch Gespräche unterstützt.

> **Merke!**
>
> Non-direktive Gesprächsführung wird auch als klientenzentriert oder patientenzentriert bezeichnet.

Nach Rogers kommt es dabei auf folgende Aspekte der Gesprächsführung an:
- positive, bedingungslose **Wertschätzung des Patienten**: Der Arzt/Therapeut soll dem Patienten gegenüber zeigen, dass er ihn als Menschen schätzt, vollkommen unabhängig davon, was dieser getan hat.

3

– **Echtheit/Selbstkongruenz:** Der Arzt/Therapeut soll sich dem Patienten gegenüber ehrlich verhalten, also seine Gefühle diesem gegenüber (z. B. Ärger) nicht verstecken.
– **Empathie** (einfühlendes Verstehen): Der Arzt/Therapeut soll sich in die Situation des Patienten hineinversetzen und versuchen, dessen Gefühle zu verstehen.
– **Verbalisierung emotionaler Erlebnisinhalte:** Der Arzt/Therapeut soll den Patienten darin unterstützen, über seine Gefühle zu sprechen.
– **Aktives Zuhören:** Der Arzt paraphrasiert, indem er das Gesagte sachlich zusammenfasst.

Im Gegensatz zu direktiv geführten Gesprächen sind non-direktive Gespräche durch den Patienten bestimmt, durch offene Fragen gekennzeichnet und frei von Anweisungen.
Vorteil ist, dass diese Art der Gesprächsführung gut für die Arzt-Patient-Beziehung ist (Patient fühlt sich verstanden), der Nachteil liegt im langsameren und weniger kontrollierten Informationsgewinn.

3.7 Sprachcodes

Menschen benutzen unterschiedliche Sprachcodes. Das heißt, sie verwenden mehr oder weniger Fach- und Fremdwörter, bauen einfache oder kompliziertere grammatikalische Satzstrukturen usw. Welche Art von Sprachcode verwendet wird, hängt unter anderem mit dem Bildungsniveau zusammen.
Man unterscheidet
– **Fachsprache:** spezielles Vokabular eines Gegenstandsbereichs (z. B. der Medizin) mit entsprechenden Fachausdrücken
– **Elaborierter Sprachcode:** abwechslungsreiche Sprache mit komplexen Grammatikstrukturen, langen Sätzen, großem Wortschatz und vielen Fremdwörtern sowie Gebrauch von Konjunktiv und Adverbien
– **Restringierter Sprachcode:** einfache Sprache mit grammatikalisch simplen Strukturen (Subjekt, Prädikat, Objekt), kleinem Wortschatz und wenig Fremdwörtern

Übrigens ...
Bei Aufklärungsgesprächen (z. B. über eine bösartige Erkrankung) sollte der Arzt nicht sofort mit der Diagnose das Gespräch eröffnen, sondern die Inhalte auf das Informationsbedürfnis, das Vorwissen und die Reaktionen des Patienten abstimmen.

3.8 Modelle medizinischer Entscheidungsfindung

Im medizinischen Alltag müssen ständig Entscheidungen getroffen werden.
Hier gibt es verschiedene Modelle:
– Nach dem **paternalistischen Modell** entscheidet der Arzt als Experte und gibt dem Patienten nur die gesetzlich vorgeschriebenen Informationen.
– Nach dem **„Informed-Decision-Making-Modell"** ist der Arzt Informationslieferant für den Patienten und der Patient der alleinige Entscheidungsträger über das therapeutische Vorgehen. Die ärztliche Vorgehensweise für eine informierte Entscheidungsfindung stellt dabei das **Empowerment** dar. Dabei gibt der Arzt dem Patienten alle notwendigen medizinischen Informationen über Erkrankung und mögliche Therapieoptionen und der Patient entscheidet auf Grundlage seiner persönlichen Situation.
– Nach dem **„Shared-Decision-Making-Modell"** entscheiden Arzt und Patient gemeinsam (partizipativ). Sie teilen sich alle hierfür notwendigen medizinischen und persönlichen Informationen mit. Die partizipative Entscheidungsfindung gilt auch beim IMPP als Best-Way.

Übrigens ...
Unter psychoonkologischem Liasondienst versteht man die unaufgeforderte Einbeziehung eines Psychotherapeuten in die onkologische Abteilung.

4   Patient und Gesundheitssystem

 Fragen in den letzten 10 Examen: 38

Auf den folgenden Seiten geht es um das Verhalten von Menschen, die krank sind oder bei sich besorgniserregende Symptome entdecken (Krankheitsverhalten). Wann sich jemand als „krank" bezeichnet und ob er daraufhin einen Arzt aufsucht oder nicht, ist neben der Schwere der Symptomatik von vielen anderen Faktoren abhängig. Diese subjektiven Faktoren, die das Verhalten und die Entscheidungen des Patienten beeinflussen, sind Gegenstand dieses Kapitels.

4.1   Prozess des Krankheitsverhaltens: Entscheidungsstufen des Hilfesuchens

Man kann sich den Prozess des Krankheitsverhaltens als eine Stufenabfolge vorstellen, die mit der Symptomwahrnehmung beginnt und je nach den folgenden Entscheidungen, die ein Patient trifft, unterschiedliche weitere Phasen durchläuft oder abbricht, wenn er seine Symptomatik nicht mehr weiter verfolgen möchte (z. B. weil er sich besser fühlt).

- **Phase 1 – Symptomwahrnehmung:** Man muss die wahrgenommenen Beschwerden (z. B. stechende Kopfschmerzen) für sich bewerten. Interpretiert man sie als ernst und besorgniserregend (z. B. „Solche Schmerzen hatte ich noch nie. Vielleicht steckt dahinter etwas Ernstes."), wird Phase 2 eingeleitet, ansonsten kommt es wahrscheinlich zu keiner weiteren Beschäftigung mit der Symptomatik.
- **Phase 2 – Selbstmedikation:** Die zweite Entscheidung gilt der Selbstmedikation. Im Beispielfall ist es wahrscheinlich, dass man sein bevorzugtes Mittel gegen Kopfschmerzen einnehmen wird.
- **Phase 3 – Mitteilung an Nahestehende:** Bleibt die Symptomatik bestehen, wird man vielleicht die Entscheidung treffen, anderen von seinen Beschwerden zu berichten. Man informiert das Laiensystem (d. h. Nicht-Mediziner) und holt sich bei ihnen Rat. (Im Falle unserer Kopfschmerzen kann dieser Rat von „Vielleicht ist es ein Tumor. Du solltest sofort eine Kernspin-Untersuchung machen." bis zu „Sehr gut gegen solche Schmerzen helfen Yoga und Kamillentee." reichen).
- **Phase 4 – Kontakt mit dem medizinischen Versorgungssystem** (Beginn der wirklichen „Patientenrolle"): Falls man sich entscheidet, schulmedizinische Hilfe in Anspruch zu nehmen, trifft man in der vierten Phase zum ersten Mal auf einen Arzt. Hier beginnt die Arzt-Patient-Interaktion und, wenn alles gut läuft und der Arzt dem Patienten helfen kann, endet die Patientenkarriere mit dem letzten Arztbesuch.

Übrigens …
- Die Stufe des Ratsuchens bei anderen wird als Laienzuweisungssystem bezeichnet. Je nachdem, welche Vorschläge gemacht werden, wird die Patientenkarriere unterschiedlich verlaufen.
- Der größte Anteil aller Erkrankungen wird im Laiensystem diagnostiziert und therapiert. Dadurch kann die Früherkennung schwerwiegender Erkrankungen erschwert werden.

4.2   Begriffe des Krankheitsverhaltens

Ob ein Patient seine Beschwerden eher übertreibt oder herunterspielt, wird mit folgenden Begriffen beschrieben:
- **Aggravation** = Unbewusste Übertreibung von empfundenen Beschwerden

– **Bagatellisierung** = Unbewusste Untertreibung von Beschwerden
– **Simulation** = Bewusstes Vorspiegeln falscher Tatsachen (Beispiel: Patient täuscht Migräneanfälle vor, um Rentenbegehren zu erreichen)
– **Dissimulation** = Bewusstes Herunterspielen von Beschwerden, also eine Täuschung in Richtung von Verharmlosung, z. B. durch Relativierungen (Beispiel: „Es könnte mir viel schlimmer gehen.").
– **Komorbidität** = gemeinsames Auftreten von Erkrankungen, z. B. wenn ein Patient nach einer Krebserkankung eine Depression bekommt.

4.2.1 Laienätiologie und subjektive Krankheitstheorie

Auch Nicht-Mediziner (Laien) haben Vorstellungen darüber, was die Ursachen für eine Erkrankung sind. Solche Vorstellungen werden als **Laienätiologie** bezeichnet. Beispiel: Jemand nimmt an, dass psychische Störungen sich bei Menschen entwickeln, die eine schwierige Kindheit hatten.

Bildet der einzelne Patient Hypothesen hinsichtlich der Ursachen seiner Symptomatik, spricht man von einer **subjektiven Krankheitstheorie**. Beispiel: Ein Patient geht davon aus, dass seine Magenbeschwerden von Zusatzstoffen in den Lebensmitteln kommen.

4.2.2 Krankheitsgewinn

Als Krankheitsgewinn werden die positiven Folgen bezeichnet, die der Zustand als Kranker (das Eintreten in die Krankenrolle) für den Patienten haben kann. Dabei muss man den primären vom sekundären Krankheitsgewinn unterscheiden.

Merke!

– **Primärer Krankheitsgewinn** ist ein psychoanalytischer Begriff, der die Reduktion der intrapsychischen Spannung durch die Entwicklung eines Symptoms beschreibt.

– Als **sekundärer Krankheitsgewinn** werden allgemein alle Vorteile bezeichnet, die der Patient durch die Krankheit hat.

Beispiel

– Primärer Krankheitsgewinn: Hysterische Blindheit (Symptom) „hilft" einem Patienten, die angstauslösenden Situationen nicht mehr zu sehen.
– Sekundärer Krankheitsgewinn: Patient ist von Verantwortung enthoben, bekommt Aufmerksamkeit, muss nicht zur Arbeit gehen ...

4.3 Inanspruchnahme ärztlicher Leistungen

In großen epidemiologischen Studien haben sich verschiedene Faktoren herauskristallisiert, die im Zusammenhang mit der Nutzung ärztlicher Leistungen stehen:
– Belastung des Gesundheitszustandes (je stärker, desto eher)
– Lebensalter (je älter, desto eher)
– Zahl der niedergelassenen Ärzte/Fachärzte pro Einwohner (je höher die (Fach-)Arztdichte, desto eher = angebotsinduzierte Nachfrage)
– Höhe der Selbstbeteiligung des Versicherten (je höher, desto seltener)

Die subjektive Gesundheitsbelastung ist der wichtigste Faktor für die Nutzung ärztlicher Leistungen.

4.3.1 Schichtzugehörigkeit und Inanspruchnahme ärztlicher Leistungen

Auch zwischen der Schichtzugehörigkeit und der Häufigkeit der Arztnutzung gibt es einen Zusammenhang. Dieser ist jedoch vor allem qualitativ. Das bedeutet, dass Angehörige unterer sozialer Schichten Ärzte eher zur Krisenintervention aufsuchen, während Angehörige höherer sozialer Schichten den Arzt eher präventiv nutzen.

4.4 Das Gesundheitssystem in Deutschland

Fragen zum Thema Gesundheitswesen tauchen häufiger im Examen auf und erhitzen nicht nur die Gemüter der Politiker, sondern auch der Physikumskandidaten.

4.4.1 Krankheitskosten

Durch Krankheit entstehen **direkte** Kosten für die Wiederherstellung der Gesundheit und **indirekte** Kosten z. B. durch Arbeitsausfälle. Die indirekten Kosten sind kaum zu beziffern, die direkten Kosten betrugen im Jahr 2008 ca. 246 Milliarden Euro. Das sind ca. zehn Prozent des Bruttoinlandprodukts. In der Gesundheitswirtschaft finden sich mit 4,2 Millionen auch etwas mehr als zehn Prozent aller Beschäftigten. Auf 1000 Personen kommen ca. 3,5 niedergelassene Ärzte und etwa 10 Pfleger(innen).
Die Gesamtbevölkerung der Bundesrepublik Deutschland umfasst ca. 82 Millionen Menschen (42 Mio. Frauen, 40 Mio. Männer).
Die Krankheitskosten pro Kopf und Jahr betragen rund 3100 Euro pro Person (3440 € pro Frau, 2740 € pro Mann).
Das älteste Fünftel der Bevölkerung (über 65 Jahre, ca. 17 %) kostet dabei rund die Hälfte (43 %). Den Anteil der ökonomisch Abhängigen (alle Personen zwischen null und 20 Jahren und alle über 60-Jährigen) an der Gesamtbevölkerung nennt man **Belastungsquotient**, als **Altersquotienten** bezeichnet man den Anteil der über 60-Jährigen an der Gesamtbevölkerung.
Krankenhausbehandlungen stellen etwa ein Drittel, ambulante Arzneimittelkosten und ärztliche Behandlungen jeweils ein Sechstel der gesamten Kosten.
Dabei werden die Krankenhausbehandlungen in Form von Fallpauschalen vergütet, auf Basis so genannter Diagnosis Related Groups (DRG). Diese vereinheitlichen bundesweit die Bezahlung medizinischer Leistungen und sollen durch Vergleichbarkeit und Transparenz die Kosten im Gesundheitssystem senken.

Die Kostenstruktur im Gesundheitswesen

Krankenhausbehandlung	34 %
Arzneimittel aus Apotheken	17 %
ärztliche Behandlung	15 %
Verwaltung	5 %
zahnärztliche Behandlung	5 %
Krankengeld	4 %
Sonstiges	20 %

4.4.2 Finanzierung des Gesundheitssystems

Das Gesundheitssystem lässt sich grundsätzlich durch verschiedene Modelle finanzieren:
– durch das **Fürsorgemodell** (Beveridgemodell) aus Steuergeldern (z. B. in Großbritannien und Norwegen),
– durch das **Versicherungsmodell** (Bismarckmodell) aus Pflichtversicherungsbeiträgen (z. B. in Deutschland und Frankreich) oder
– durch **freiwillige Versicherungsbeiträge** (z. B. in den USA)
In Deutschland besteht das Versicherungsmodell. 90 % der Bevölkerung sind Mitglied einer gesetzlichen Krankenversicherung (GK). Bis zu einer bestimmten Einkommensgrenze (Einkommensgrenze 2014: 48600 Euro/Jahr) sind alle Arbeitnehmer pflichtversichert. Selbstständige und freischaffende Berufsgruppen sowie Angestellte über der o. g. Einkommensgrenze sind von der Pflichtversicherung befreit. Sie sind in der Regel Mitglied einer privaten Krankenversicherung.

4.4.3 Gesetzliche Krankenversicherung

Es herrscht das **Solidaritätsprinzip**, d. h. die Versicherungsbeiträge richten sich nach der Höhe des Einkommens. Der Leistungsanspruch ist unabhängig von den gezahlten Beiträgen. Bis zur Beitragsbemessungsgrenze (ca. 4050 € monatliches Einkommen) werden ca. 15,5 % (seit 2011) des Bruttoeinkommens an die gesetzliche Krankenkasse abgeführt, die Hälfte wird vom Arbeitgeber getragen, die andere Hälfte trägt der Arbeitnehmer. Oberhalb der Beitragsbemessungsgrenze werden 14 % des Beitragsbemessungssatzes abgeführt. Ehepartner und Kinder sind beitragsfrei mitversichert. In der GK herrscht das **Sachleistungsprinzip**. Der Versicherte kann über alle im Leistungskatalog aufgeführten Leistungen verfügen, NICHT jedoch über deren Gegenwert. Die Abrechnung der Leistungen erfolgt direkt zwischen dem Arzt und der Kassenärztlichen Vereinigung. Zwischen den GK besteht ein Risikostrukturausgleich. Höhere Belastungen einer Krankenkasse (z. B. der AOK) werden durch Überschüsse der anderen Krankenkasse (z. B. der BARMER GEK) ausgeglichen. Knapp 90 % der Bevölkerung sind in der GK. Nur ca. 60 % der Kosten werden von den GKs getragen.

4.4.4 Private Krankenversicherung

Personen, die nicht pflichtversichert sind, können eine private Krankenversicherung abschließen. Hier herrscht das **Äquivalenzprinzip**: Die Höhe der Beiträge richtet sich nach Höhe des Krankheitsrisikos (je nach Alter, Geschlecht und Vorerkrankung) und der im Krankheitsfall gewünschten Leistung (Einzelzimmer, Chefarztbehandlung etc.). Ein privat Versicherter zahlt zunächst selbst die Arztrechnung und bekommt dann den Betrag von der Kasse zurückerstattet. Hier herrscht das Kostenerstattungsprinzip. Etwa 9 % der Bevölkerung sind privat krankenversichert.

4.4.5 Gesetzliche Unfallversicherung

Arbeits- und Wegeunfälle sowie Berufserkrankungen sind durch die gesetzliche Unfallversicherung abgedeckt. Beiträge werden durch die Arbeitgeber gezahlt. Anschlussheilbehandlungen werden in der Regel von den gesetzlichen Unfallversicherungen übernommen, um so einer vorzeitigen Berentung vorzubeugen („Reha vor Rente").

4.4.6 Gesetzliche Pflegeversicherung

1995 wurde zusätzlich die gesetzliche Pflegeversicherung eingeführt. Sie deckt Sach- und Personalkosten im Pflegefall. Die Pflegekassen sind den jeweiligen Krankenkassen zugeordnet. Bei Arbeitnehmern werden ca. 2 % des Bruttolohns eingezahlt. Der Auszahlungsbetrag im Pflegefall hängt von der Pflegestufe ab, die vom medizinischen Dienst der Krankenkassen (MDK) festgelegt wird. Zur Beurteilung der Pflegestufe werden folgende Lebensbereiche betrachtet: Ernährung, hauswirtschaftliche Versorgung, Körperpflege und Mobilität.

Interessant sind die unterschiedlichen Zahlungen im Pflegefall: Bei der höchsten Pflegestufe (III) werden

– Angehörigen für die häusliche Pflege rund 700 €,
– für einen ambulanten Pflegedienst ca. 1400 € und
– für stationäre Pflege ca. 2300 € gezahlt.

Von den zurzeit ca. 2,5 Mio. Pflegebedürftigen werden die meisten von Angehörigen gepflegt, obwohl diese für die häusliche Pflege weniger als ein Drittel einer Heimpflege erhalten.

4.4.7 Gesetzliche Rentenversicherung

Ca. 20 % des Bruttogehaltes eines abhängig Beschäftigten wird an die Rentenversicherung gezahlt. Die Hälfte zahlt der Arbeitgeber, die andere Hälfte der Arbeitnehmer. Die Rentenversicherung zahlt jedoch nicht nur die Rente, sondern übernimmt auch die Kosten für Rehabilitationsmaßnahmen („Reha vor Frührente").

4.4.8 Managed-Care-Programme

Hier wird das Versicherungsrisiko von den Krankenversicherungen zu den Krankenhäusern verlagert. In den USA wird im Rahmen dieses Systems von den Krankenkassen für jeden Versicherten ein monatlicher Fixbetrag an Krankenhäuser überwiesen. Dabei spielt es keine Rolle, ob die Patienten gesund oder krank sind. Die Krankenhäuser müssen dafür die Versorgung der Versicherten garantieren. Die Versicherten wiederum verzichten auf das Recht der freien Arztwahl und binden sich örtlich an die dortigen Krankenhäuser, Praxisnetze, Ärzte usw. Die Kostenträger sind in der Regel private Versicherungsgesellschaften.

4.5 Kassenärztliche Vereinigung (KV)

Die KVen haben den **Sicherstellungsauftrag** der ambulanten (Achtung: NICHT der stationären) Gesundheitsversorgung. Alle zur ambulanten Behandlung von Kassenpatienten zugelassenen Ärzte und Psychotherapeuten sind Pflichtmitglieder der Kassenärztlichen Vereinigung.

KVen sind Körperschaften des öffentlichen Rechts und in 17 Regionen untergliedert. Der Dachverband – die Kassenärztliche Bundesvereinigung – unterliegt der Aufsicht des Bundesgesundheitsministeriums. Die KVen vertreten die Rechte der Vertragsärzte gegenüber den Krankenkassen und überwachen deren Pflichten. Sie regeln die Zulassung als Vertragsarzt, um Über- oder Unterversorgungen bestimmter Regionen zu vermeiden. Daher besteht für Vertragsärzte keine Niederlassungsfreiheit. Für die Honorierung der ambulanten Leistungen an Kassenpatienten schließen die KVen mit den gesetzlichen Krankenkassen einen Kollektivvertrag, der die Gesamtvergütung regelt. Diese Gesamtvergütung ist gesetzlich der Grundlohnsumme angepasst. Veränderungen der demografischen Entwicklung, der Morbidität und des medizinischen Fortschritts bleiben unberücksichtigt.

4.6 Landesprüfungsämter und Landesärztekammern

Bis zur Erteilung der Approbation sorgen die **Landesprüfungsämter** für Heilberufe für die ordnungsgemäße Ausbildung der Medizinstudenten. Nach Erhalt der Approbation, d. h. nach bestandenem zweiten Abschnitt der Ärztlichen Prüfung, sorgen dann die Landesärztekammern für die Einhaltung der Berufsordnung, regeln die Fort- und Weiterbildung und sind für Sanktionen bei Verstößen gegen das Berufsrecht zuständig.

Merke!

Die Landesprüfungsämter sind für die Ausbildung, die Landesärztekammern für die Fort- und Weiterbildung zuständig.

Übrigens ...

- Unter **Evidenz-basierter Medizin** (Evidence-based Medicine) versteht man vor allem die Verbindung klinischen Erfahrungswissens mit dem aktuellen Stand wissenschaftlicher Erkenntnisse. Es sollen nur Maßnahmen angewendet werden, deren Wirksamkeit statistisch bewiesen ist.
- **Disease-Management-Programme** leiten sich aus diesen Erkenntnissen ab. Es sind leitlinienorientierte Behandlungsprogramme für chronisch kranke Patienten.
- Die **Soziotherapie** richtet sich an Patienten mit schwerer psychischer Erkrankung, die nicht in der Lage sind, ärztliche Leistungen oder Verordnungen selbstständig in Anspruch zu nehmen. Aufgabe der Soziotherapie ist die erforderliche Koordinierung der verordneten Leistungen sowie Anleitung und Motivation dazu. Die Soziotherapie wird von der GKV finanziert (s. 4.4.3, S. 15).

4

4.7 Qualitätssicherung im Gesundheitswesen

Qualitätsbeurteilungen lassen sich nach verschiedenen Kriterien durchführen:

Die Strukturqualität bezieht sich auf die personelle und apparative Ausstattung einer Klinik, die Prozessqualität auf die Abläufe, z. B. die Kommunikation zwischen Pflege- und Ärzteteam.

Bei der Ergebnisqualität (auch Produktqualität) können wiederum verschiedene Kriterien zugrunde gelegt werden. So kann nach einer Behandlung die gesundheitsbezogene Lebensqualität ein Kriterium sein und über eine Patientennachbefragung (sog. Katamnese) erhoben werden. Ebenso kann die Effektivität, die den Erfolg einer Maßnahme unabhängig von den Kosten oder die Effizienz, bei der ein Nutzen in Relation zu den Kosten gesetzt wird, zur Beurteilung der Ergebnisqualität einer Maßnahme herangezogen werden.

> **Merke!**
>
> Ein hoher Ausbildungsstandard der Mitarbeiter erhöht die Strukturqualität (gute Ausstattung), eine gute Kommunikation der Mitarbeiter untereinander die Prozessqualität, eine hohe Patientenzufriedenheit ist ein Kriterium für die Ergebnisqualität.

4.8 Ethik

In jüngster Zeit sind ethische Fragen im Physikum aufgetaucht. Hier ist es hilfreich, wenn du die Grundrichtungen kennst. Man unterscheidet zwei Richtungen: die deontologische und die konsequentialistische Ethik. Im Rahmen der **deontologischen Ethik** können Handlungen unabhängig von deren Folgen zur Grundlage einer Bewertung herangezogen werden. Es zählt die Absicht einer Handlung. Gesinnungsethik, Pflichtethik und Gewissensethik gehören zu diesem Ansatz.

Im Rahmen der **konsequentialistischen Ethik** werden die Konsequenzen zum Maßstab einer Handlung. Hierzu zählt der ethische Utilitarismus und die **Verantwortungsethik**. Eine Handlung kann erst dann bewertet werden, wenn die Folgen bekannt sind.

Die Verpflichtung des Arztes, den Patienten nach bestem Wissen und Gewissen zu behandeln und ihm nach Möglichkeit keinen Schaden zuzufügen, folgt dem Ansatz der Verantwortungsethik.

Therapeutisches Klonen ist nach **utilitaristischer Ethik** immer dann bedenkenlos, wenn Hoffnungen auf eine Anwendung neuer Forschungsergebnisse bestehen, welche zu verbesserten Heilungschancen von Krankheiten führen. Beide machen die Folgen einer Handlung und nicht die Handlung selbst zum Maßstab der Beurteilung.

5 Ärztliche Maßnahmen

 Fragen in den letzten 10 Examen: 34

Gesundheitspolitische und ärztliche Maßnahmen zielen darauf ab, Gesundheit zu erhalten (primäre Prävention), Kranke rechtzeitig zu kurieren (sekundäre Prävention), Kranke wieder einzugliedern (tertiäre Prävention) oder deren Lebensqualität zu verbessern (Palliation). Primär präventive Maßnahmen finden in der Schule oder zu Hause, kurative und rehabilitative in Arztpraxen oder Kliniken, palliative Maßnahmen im Hospiz statt.

Das folgende Kapitel beschäftigt sich zunächst mit der begrifflichen Einordnung dieser Maßnahmen, die immer wieder geprüft wird, sowie den Faktoren, von denen die Inanspruchnahme gesundheitsfördernder Maßnahmen abhängt.

5.1 Primäre Prävention

Die Zielsetzung der primären Prävention ist es, das Auftreten von Krankheit zu verhindern (Inzidenzraten zu senken). Sie setzt am gesunden Menschen  an und bedient sich folgender Maßnahmen:
- Ausfindigmachen und Verstärken von Schutzfaktoren
- Gesundheitsförderung
- Krankheitsverhütung
- Vermeidung von Risikofaktoren

Beispiele primärer Prävention:
- Zähneputzen
- Fluoridanreichung im Trinkwasser
- Schutzimpfung
- gesunde Ernährung

5.2 Sekundäre Prävention (kurativ)

Das Ziel der sekundären Prävention ist die Früherkennung von Krankheiten, um Heilung im symptomarmen Stadium zu ermöglichen oder Chronifizierung zu vermeiden. Sie setzt bei Menschen mit Krankheitsrisiko an.

Beispiel sekundärer Prävention:
- Krebsfrüherkennung (Screening),
- halbjährlicher Check beim Zahnarzt (Kariesfrüherkennung)

5.3 Tertiäre Prävention (rehabilitativ)

Die Zielsetzung der tertiären Prävention ist die Besserung des Krankheitszustandes und/oder der Lebensqualität bei chronischer Krankheit oder Behinderung. Sie setzt bei Kranken mit dauerhafter Beeinträchtigung an und soll Rezidive, d. h. Rückfälle im Heilungsprozess verhindern.

Beispiele tertiärer Prävention:
- Rehabilitationsmaßnahmen zur sozialen Eingliederung von Behinderten
- Disease-Management-Programme für Asthmatiker
- Selbsthilfegruppen für Diabetiker

Zwei sehr unterschiedliche tertiäre Präventionsmaßnahmen – die Selbsthilfegruppen und Patientenschulungen – werden hier kurz vorgestellt:
- **Selbsthilfegruppen** zeichnen sich dadurch aus, dass Betroffene sich untereinander helfen (z. B. Informationsaustausch über Hilfsangebote, Unterstützung bei  praktischen Problemen). Ein Kennzeichen von Selbsthilfegruppen ist es, dass keine dauerhafte fachlich-professionelle Leitung existiert (kein Arzt oder Psychologe als Experte).

5

– **Patientenschulungen** werden von Experten (Ärzten oder Psychologen) geleitet. Sie sollen den Betroffenen Informationen über ihre Krankheit und günstiges oder riskantes Verhalten vermitteln. Idealerweise vermittelt man chronisch Kranken die nötigen Informationen und Fähigkeiten, selbstverantwortlich mit der Erkrankung umzugehen. In Zusammenhang mit der Erkrankung verhilft man ihnen zum Selbstmanagement.

Bestandteile einer Patientenschulung können in IMPP-Fragen sein:

1. Vortrag eines Experten (z. B. Arzt) mit dem Ziel der Wissensvermittlung zur Krankheit
2. Anschließende Gruppendiskussion
3. Ableitung von praktischen Übungen für Zuhause
4. Lernzielkontrolle als Quiz oder bei weiteren Terminen als Hausaufgabe

Übrigens …

– Man unterschiedet noch zwischen Verhaltens- und Verhältnisprävention. Die **Verhaltensprävention** zielt auf die Gewohnheiten und Lebensstile ab – Beispiel: Appell an Jugendliche, weniger Alkohol zu trinken; Aufruf zur Vernunft. Die **Verhältnisprävention** ändert die Verhältnisse, unter denen wir leben. Beispiel: Alkoholverbot für Jugendliche.
– Wirkungsvolle Präventionen sollten immer die Lebenswelt – oder, soziologisch gesprochen, das Setting – der Betroffenen berücksichtigen.

5.4   Wovon hängt die Teilnahme an Präventionsmaßnahmen ab?

Es gibt verschiedene Faktoren, die mit der Bereitschaft, an Präventionsmaßnahmen teilzunehmen, in einem systematischen Zusammenhang stehen. Dazu gehören als wichtigster Aspekt der Aufwand oder die Hindernisse für die Teilnahme, z. B. reduzieren zusätzliche Kosten, hoher Zeitbedarf, unangenehme Untersuchungen usw. die Teilnahmebereitschaft.

Weitere systematische Unterschiede gibt es bezüglich des Geschlechts (Frauen > Männer) und der sozialen Schicht (höhere soziale Schichten > niedrigere soziale Schichten).

Merke!

Menschen sind am ehesten zur Teilnahme an Präventionsmaßnahmen bereit, wenn diese mit möglichst wenig Aufwand verbunden sind und ihr persönlicher Nutzen den Betroffenen einleuchtet.

5.4.1   Health-Belief-Modell

Das Health-Belief-Modell beschreibt die Faktoren, von denen gesundheitsbewusstes Verhalten (z. B. die Inanspruchnahme ärztlicher Leistungen oder Präventionsmaßnahmen) abhängt. Der Grundgedanke des Modells ist, dass neben der Schwere der Krankheitsbelastung weitere gesundheitliche Überzeugungen (health beliefs) eine Rolle spielen.

Folgende Faktoren sind dabei relevant:

– **Subjektive Einschätzung der eigenen Krankheitsanfälligkeit:** Wenn ich mich selbst einer Risikogruppe zuordne, bin ich eher bereit, entsprechende Präventionsmaßnahmen einzuleiten, als wenn ich mich selbst als „nicht betroffen" einschätze.
– **Erkennbarkeit des Nutzens des eigenen präventiven Verhaltens:** Nur wenn ich glaube, dass z. B. mehr Bewegung gut für mein Herz-Kreislauf-System ist, werde ich mein Verhalten dementsprechend ändern.
– **Einschränkungen, Barrieren und Opfer, die durch das präventive Verhalten bedingt sind:** Soll ich aus gesundheitlichen Gründen z. B. keinen Alkohol mehr trinken, dann wird die Befolgung dieses ärztlichen Rates davon abhängen, wie wichtig mir mein Glas Rotwein am Abend ist und wie schwierig also diese Verhaltensänderung wird.
– **Bewertung der Gefährlichkeit der Erkrankung:** Halte ich z. B. die Grippe für eine gefährliche Erkrankung, an der jedes Jahr viele

5

Menschen sterben, so bin ich eher bereit, an einer Schutzimpfung teilzunehmen, als wenn ich die Grippe als ungefährlich einschätze.

– **Erwartete Wirksamkeit medizinischer Hilfe:** Glaube ich z. B. daran, dass eine Vorsorgeuntersuchung ein mögliches Krankheitsrisiko aufdecken kann oder halte ich so eine Maßnahme für sinnlos?

In diesem Modell fehlt jedoch ein wichtiger Faktor: So hat sich später noch gezeigt, dass auch die Überzeugung, das gewünschte Verhalten auch unter widrigen Umständen durchführen zu können, zu gesundheitsbewusstem Verhalten beiträgt.

5.4.2   Modell des sozialen Vergleichsprozesses

Die Grundidee dieses Modells ist simpel: Jedes menschliche Verhalten, also auch das Gesundheits- und Krankheitsverhalten, wird an bedeutsamen  Vergleichspersonen ausgerichtet (z. B. Kritik der Eltern für Fastfood-Kauf, Statusaufwertung bei Freunden für extremen Alkoholkonsum). Besonders bei Jugendlichen können solche sozialen Vergleichsprozesse **gesundheitsschädigendes Verhalten** fördern, wenn es in der Peergroup (unter Gleichaltrigen) belohnt wird.

Soziale Vergleichsprozesse können aber auch zur **Förderung günstigen Verhaltens** genutzt werden, z. B. über „Gesundheitswettbewerbe" (Welche Klasse schafft es, bis zum Ende des Jahres die höchste Nichtraucherquote zu erreichen?).

5.4.3   Internale/externale Kontrollüberzeugung (Attribution)

Die Grundannahme lautet hier: Menschen unterscheiden sich darin, wem sie die Kontrolle über Ereignisse zuschreiben.

– Menschen mit **internaler Kontrollüberzeugung** sind der Ansicht, dass sie ihr Leben/Handeln/Erreichen bestimmter Ziele selbst beeinflussen können.

– Menschen mit **externaler Kontrollüberzeugung** glauben, dass ihr Leben/Handeln/Erreichen bestimmter Ziele von außen bestimmt wird (Schicksalsgläubigkeit usw.).

Auch im Bereich von Gesundheit und Krankheit spielen diese Überzeugungen eine wichtige Rolle.

> **Beispiel**
> – Internale gesundheitliche Kontrollüberzeugung = internal health locus of control: „Meine Krankheit hat auch mit meinem eigenen Lebensstil zu tun. Wenn ich mich bemühe, ihn zu ändern und die ärztlichen Ratschläge befolge, werde ich wieder gesund."
> – Externale gesundheitliche Kontrollüberzeugung = external health locus of control: „Meine Krankheit ist Schicksal – da kann ich nichts machen."

> **Merke!**
>
> Die Kontrollüberzeugung hat großen Einfluss auf das Verhalten eines Patienten: Während eine internale Kontrollüberzeugung dazu führt, dass der Patient aktiv an seiner Genesung mitarbeitet, kann eine externale Kontrollüberzeugung zu Passivität und Depression führen.

5.4.4   Selbstwirksamkeitserwartung/ Kompetenzerwartung

Selbstwirksamkeit (Kompetenzerwartung, Self-Efficacy, Selbstwirksamkeitserwartung = SWE) bezeichnet die Überzeugung eines Menschen, die notwendigen Fähigkeiten und Fertigkeiten zu besitzen, um ein gesetztes Ziel zu erreichen. Das Konstrukt stammt von Albert Bandura und kann z. B. erklären, warum manche Menschen erfolgreicher darin sind, gesundheitsschädliches Verhalten zu verändern als andere.

5

Beispiel

Peter und Paul wollen beide mit dem Rauchen aufhören. Peter weiß, dass er die notwendige Disziplin hat, um auf Zigaretten zu verzichten (hohe SWE). Paul dagegen denkt, dass er das nicht schaffen wird (niedrige SWE).

Merke!

Eine hohe Selbstwirksamkeitserwartung wirkt sich positiv auf den Krankheitsverlauf aus, da Menschen mit hoher SWE z. B. aktiver an der Behandlung mitarbeiten.

5.4.5 Repression/Sensitivierung

Dieses Konzept unterscheidet Menschen hinsichtlich ihrer Tendenz, sich Informationen, die im Zusammenhang mit ihrer Erkrankung stehen, zuzuwenden (Sensitization) oder abzuwenden (Repression). Solltest du später als Arzt auf einen „**Sensitizer**" stoßen, so kann das vor einer Operation notwendige Aufklärungsgespräch Stunden dauern, da alle möglichen Komplikationen genauestens erfragt werden. Ein „**Repressor**" hingegen wird lediglich fragen, wo er die Einwilligung zur Operation unterschreiben soll. Einen Repressor sollte man nach Möglichkeit nicht mit angstauslösenden Informationen konfrontieren, da dies dessen Compliance deutlich senken würde.

5.5 Transtheoretisches Modell der Verhaltensänderung

Dieses Modell von Prochaska und DiClemente beschäftigt sich mit den Stufen, Prozessen und Bedingungen von Verhaltensänderungen.
Eine Verhaltensänderung hängt von der **Entscheidungsbalance** zwischen Vor- und Nachteilen (Pros und Cons) sowie dem Ausmaß der **Selbstwirksamkeitserwartung** ab, d. h. in schwierigen Situationen von der Zuversicht, das erwünschte Verhalten anstelle des unerwünschten Verhaltens zu zeigen.

Das Modell der Verhaltensänderung findet häufig im Rahmen suchttherapeutischer Maßnahmen Anwendung, kann aber auch auf andere Bereiche angewendet werden. Die jeweils sinnvollen Interventionsschwerpunkte sollten sich an der Phase der Verhaltensänderung wie folgt orientieren:

Stufe 1 – Absichtslosigkeit (precontemplation)

- kein eigenes Problembewusstsein vorhanden
- keine Veränderungsintention in den nächsten sechs Monaten vorhanden
- Informationen bzgl. Risikoverhaltens werden ausgeblendet
- Widerstand gegen Erkennen oder Veränderung des Risikoverhaltens

Interventionsschwerpunkt:

- Informationen und wertschätzende Rückmeldung geben
- Zweifel aufkommen lassen
- Problembewusstsein schaffen

Stufe 2 – Absichtsbildung (contemplation)

- Veränderung wird gleichzeitig erwogen und verworfen
- Besorgnis und Sorglosigkeit wechseln sich ab
- es wird erwogen, das Problematische in den nächsten sechs Monaten zu ändern

Interventionsschwerpunkt:

- wertschätzenden Anstoß zur Veränderung geben
- Pro und Contra abwägen
- Selbstvertrauen zur Veränderungsfähigkeit stärken

5

Stufe 3 – Vorbereitung (preparation)

- Zielverhalten wird angestrebt
- ernsthaftes Nachdenken über eine Veränderung
- hohe Motivation, unmittelbar mit der Veränderung zu beginnen
- klare Entscheidung für Verhaltensänderung ist getroffen
- erste Schritte zur Veränderung sind unternommen

Interventionsschwerpunkt:

- nach realistischer Veränderungsstrategie suchen
- konkrete Handlungspläne entwickeln
- Informationen weitergeben und Unterstützung anbieten

Stufe 4 – Handlung (action)

- Zielverhalten wird gezeigt
- aktive Versuche, Problemverhalten zu verändern oder abzubauen
- Veränderungen werden herbeigeführt
- beobachtbares Verhalten steht mehr im Vordergrund als kognitive Prozesse
- Die Handlung ist die aktivste Phase im Prozess; es besteht eine hohe Rückfallgefahr.

Interventionsschwerpunkt:

- konkrete Veränderung begleiten
- Schritte unterstützen und zur Veränderung ermutigen

Stufe 5 – Aufrechterhaltung (maintenance)

- Zielverhalten wird seit weniger als sechs Monaten beibehalten
- aktive Phase, das Zielverhalten wird konsolidiert

Interventionsschwerpunkt:

- erzielte Veränderung verfestigen
- Abbruch vorbeugen
- bei Abbruch: Hilfe zur Wiederaufnahme bieten

Stufe 6 Stabilisierung (termination)

- Aufrechterhaltung seit mehr als fünf Jahren
- keine Rückfallgefahr mehr vorhanden
- neue Ziele und Perspektiven wurden entwickelt

Interventionsschwerpunkt:

- Stabilisierung unterstützen
- Ansprechpartner bei Problemen sein

In den frühen Stadien der Verhaltensänderung (Absichtslosigkeit, Absichtsbildung) vollziehen sich vorwiegend kognitiv-emotionale Prozesse (Steigerung des Problembewusstseins, emotionales Erleben, Neubewertung der Umwelt, Selbstneubewertung, Wahrnehmung förderlicher Umweltbedingungen). In der Phase der Vorbereitung hängt die Verhaltensänderung wesentlich von der Selbstwirksamkeitserwartung ab.

In den späteren Stadien stehen verhaltensorientierte Prozesse (Gegenkonditionierung, Stimuluskontrolle, Nutzen hilfreicher Beziehungen, Selbstverstärkung, Selbstverpflichtung, z. B. Trainingspläne) im Vordergrund. Eine Verhaltensänderung wird wahrscheinlicher, wenn Stufe 2 bis 4 schnell durchlaufen werden.

5

Aus diesem Kapitel solltest du dir die drei Arten der **Prävention** gut einprägen:
- **primär** = Gesunde gesund erhalten
- **sekundär** = Kranke kurieren
- **tertiär** = Kranke wieder eingliedern (rehabilitieren)

Zum besseren Verständnis kannst du dir die **Prävention am Beispiel HIV** merken.
- primär: Nutzung von Kondomen, um Ansteckung zu vermeiden
- sekundär: HIV-Test, um Krankheit möglichst früh behandeln zu können
- tertiär: Sozialberatung von HIV-Kranken zur Wiedereingliederung ins Berufsleben

Außerdem sollten dir die angemessenen Interventionen zur Unterstützung einer **Verhaltensänderung** bekannt sein:

- im Stadium der **Sorglosigkeit**: Problembewusstsein schaffen
- im Stadium der **Absichtsbildung**: Pro und Contra abwägen
- im Stadium der **Vorbereitung**: Selbstwirksamkeitserwartung stärken, konkrete Handlungspläne erstellen

Gerne gefragt wird auch das **Health-Belief-Modell**. Wenn du dir dazu folgende Aspekte verdeutlichst, lassen sich die Fragen leichter lösen:
- Fragen zum Health-Belief-Modell erkennt man daran, dass hier subjektive Einschätzungen, Bewertungen, Überzeugungen und Wahrnehmungen eine Rolle spielen (z. B. der Glaube an den Nutzen einer bestimmten Handlung).

Pause

Päuschen gefällig?
Das hast du dir verdient!

Mehr Cartoons unter www.medi-learn.de/cartoons

Ein besonderer Berufsstand braucht besondere Finanzberatung.

Als einzige heilberufespezifische Finanz- und Wirtschaftsberatung in Deutschland bieten wir Ihnen seit Jahrzehnten Lösungen und Services auf höchstem Niveau. Immer ausgerichtet an Ihrem ganz besonderen Bedarf – damit Sie den Rücken frei haben für Ihre anspruchsvolle Arbeit.

- Services und Produktlösungen vom Studium bis zur Niederlassung

- Berufliche und private Finanzplanung

- Beratung zu und Vermittlung von Altersvorsorge, Versicherungen, Finanzierungen, Kapitalanlagen

- Niederlassungsplanung & Praxisvermittlung

- Betriebswirtschaftliche Beratung

Lassen Sie sich beraten!

Nähere Informationen und unseren Repräsentanten vor Ort finden Sie im Internet unter www.aerzte-finanz.de

Deutsche Ärzte Finanz

Standesgemäße Finanz- und Wirtschaftsberatung

6 Soziodemografische Determinanten des Lebenslaufs: Die Bevölkerungsentwicklung

ılı Fragen in den letzten 10 Examen: 20

Die **Demografie** (Bevölkerungsbeschreibung) beschreibt die Bevölkerung eines Staates oder einer Region nach bestimmten Kenngrößen. Im Mittelpunkt dieses Kapitels steht die Beschreibung der Bevölkerung bezüglich ihrer Alterstruktur. Die **Altersstruktur** hat weitreichende Konsequenzen für die staatlichen Versorgungssysteme und das Gesundheitswesen. Zudem kann man aus ihr Prognosen für die zukünftige Entwicklung ableiten. Anschließend wird noch kurz auf die **Erwerbsstruktur** eingegangen.

6.1 Altersstruktur

Die Altersstruktur einer Bevölkerung wird mit Hilfe der **Alterspyramide** grafisch dargestellt (s. Abb. 3, S. 26). Aus ihr lassen sich folgende Informationen entnehmen:
- Anzahl der Männer und Frauen jeden Alters,
- Männer- oder Frauenüberschüsse in bestimmten Altersgruppen und
- Entwicklungstendenz der Gesamtbevölkerung anhand der Form.

Anhand des aktuellen Altersaufbaus kann man Prognosen erstellen, wie die Altersstruktur in 50 Jahren aussehen wird.

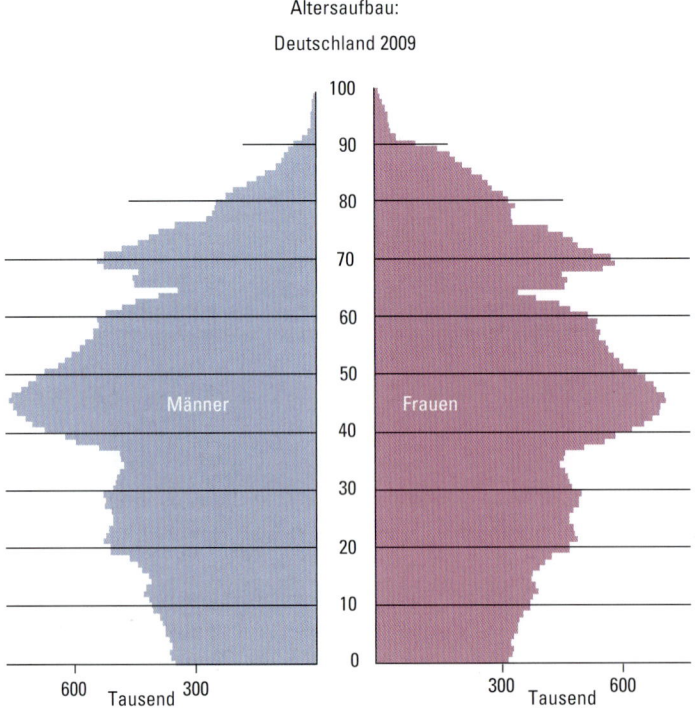

Altersaufbau:
Deutschland 2009

© Statistisches Bundesamt, Wiesbaden 2009

Abb. 3: Alterspyramide 2009

medi-learn.de/7-psycho3-3

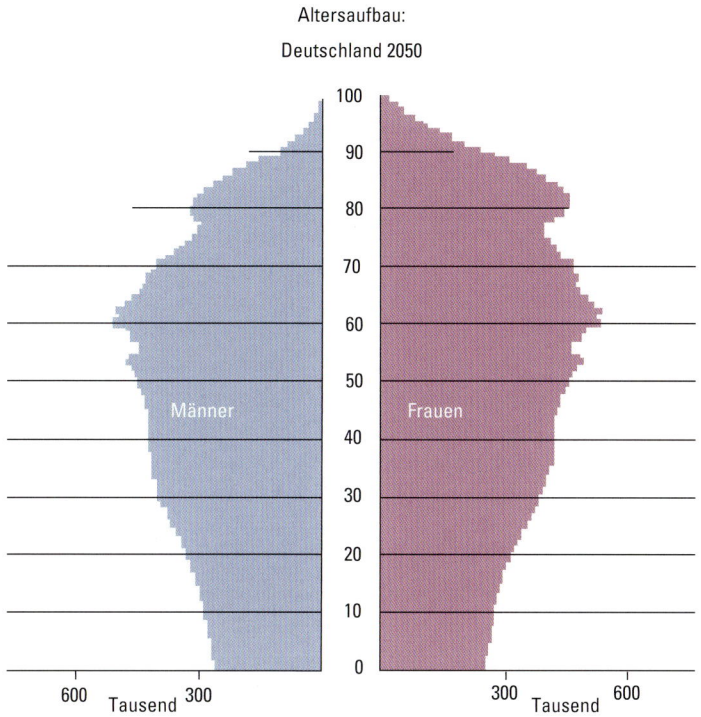

Altersaufbau:
Deutschland 2050

© Statistisches Bundesamt, Wiesbaden 2009

Abb. 4: Alterspyramide in 50 Jahren

medi-learn.de/7-psycho3-4

Vergleicht man den aktuellen Altersaufbau mit dem 50 Jahre später, werden zwei Entwicklungstrends deutlich:

– Die durchschnittliche Lebenserwartung steigt, d. h. im Schnitt werden die Menschen immer älter.

– Der Anteil alter Menschen an der Gesamtbevölkerung nimmt weiter zu.

6.2 Demografisches Altern

Unter demografischem Altern versteht man das eben beschriebene Phänomen: die **Zunahme alter Menschen an der Gesamtbevölkerung** in den Industrienationen. Dies hat zwei Ursachen: Zum einen sinkt die Geburtenzahl, d. h. die Fertilität der Bevölkerung nimmt ab, u. a. durch den Rückgang der Heiratshäufigkeit (Nuptialität). Zum anderen nimmt die Lebenserwartung zu. In den Industrienationen steigt sie jährlich um etwa drei Monate. Demogra-

fisches Altern wird auf Basis des Altenbelastungsquotienten (Anteil der über 60-Jährigen im Verhältnis zum Anteil der 20- bis 60-Jährigen) in der Bevölkerung bestimmt.

Kommt es hierbei zu einem starken Anstieg einer Alterskohorte mit einem starken Abfall erst in hohem Alter, so spricht man von **Rektangularisierung** („Verrechteckigung" der Bevölkerungspyramide). Die Verteilungsmuster chronischer Krankheiten in einer Gesellschaft werden in starkem Maße durch deren wirtschaftliche Entwicklung und den dadurch bestimmten Lebensstil beeinflusst.

Das demografische Altern hat Folgen, zu denen u. a. gehören:

– eine Zunahme multimorbider Patienten, da alte Menschen häufig unter mehreren Krankheiten leiden,

– weniger kurative (heilende) Tätigkeit und dafür mehr rehabilitative Maßnahmen mit dem Ziel, die Lebensqualität der Patienten zu verbessern,

– ein höherer Pflegebedarf und
– ein Anstieg der Kosten im Gesundheitssystem.

6.3 Formen der Alters-/Bevölkerungspyramide

Generell kann man aus der Form des Altersaufbaus etwas über die weitere Entwicklung einer Gesellschaft aussagen: Eine breite Basis (hohe Geburtenrate) spricht für eine wachsende Bevölkerung. Ist die Basis dagegen schmäler als in älteren Jahrgängen, schrumpft die Bevölkerung. Prototypisch lassen sich folgende Formen unterscheiden:

– **Pyramide** (gleichschenkliges Dreieck): rasch wachsende Bevölkerung, typisch für Entwicklungsländer
– **Glocke**: stagnierendes Wachstum, typisch für Schwellenländer
– **Urne**: stabile/stationäre Bevölkerung, aktuell in westlichen Industrienationen
– **Pilz**: negatives Wachstum (mehr alte als junge Menschen, s. Abb. 4, S. 27)

6.4 Lebenserwartung

Merke!

Die durchschnittliche Lebenswartung bezeichnet die Anzahl an Jahren, die ein Mensch eines bestimmten Alters unter den bestehenden Sterbeverhältnissen durchschnittlich noch zu erwarten hat.

Grundlage für die Berechnung der Lebenserwartung ist die **Sterbetafel**, die die aktuellen Sterbestatistiken einer Bevölkerung abbildet. Neben der durchschnittlichen Lebenserwartung gibt es auch die durchschnittliche Gesundheitserwartung, welche die Zahl der in Gesundheit zu erwartenden Jahre beschreibt. Von der **Kompression der Morbidität** spricht man, wenn die behinderungsfreie Lebenszeit steigt. Ziel gesundheitspolitischer Maßnahmen soll-

te es sein, die Lebensqualität zu steigern. Ein verbreitetes Instrument zur Erfassung der gesundheitsbezogenen **Lebensqualität** ist der SF-36 (Short-Form-36-Questionnaire, Ware et al. 1993). 36 Items zum körperlichen und seelischen Befinden lassen sich sieben Skalen zuordnen:

– körperliche Funktionsfähigkeit
– psychisches Wohlbefinden
– emotionale Rollenfunktion
– soziale Funktionsfähigkeit
– allgemeine Gesundheit
– körperliche Schmerzen
– körperliche Rollenfunktion

Die Fragen können drei- bis fünfstufig beantwortet werden.

Übrigens …

Die Lebenserwartung ist bei Frauen ca. 6 Jahre höher als bei Männern. Außer vom Geschlecht hängt sie auch von der Bildung ab: je höher die Bildung, desto höher die Lebenserwartung.

6.5 Theorien zur Entwicklung der Bevölkerung

Der Versuch, die Entwicklung der Bevölkerung vorherzusagen, ist nicht neu. Bereits vor 200 Jahren versuchte Malthus, aus der bestehenden Datenlage eine Prognose zum Bevölkerungswachstum abzuleiten. Die **Theorie des demografischen Übergangs** stammt dagegen aus der Mitte des 20. Jahrhunderts und versucht, aus der zurückliegenden Entwicklung der westlichen Industrienationen eine allgemeingültige Theorie zur Entwicklung von Bevölkerungen abzuleiten.

6.5.1 Malthus' Gesetz (1766 – 1834)

Die Grundidee von Malthus´ Gesetz lautet: Ein gleichbleibender, biologisch bestimmter Geschlechtstrieb bildet die Basis für eine stete Vermehrung der Bevölkerung. Durch schnelles Wachstum stößt die Bevölkerung bald an die obere Grenze des Nahrungsspielraums, da dieser sich nicht im gleichen Tempo vermehren lässt.

> **Merke!**
>
> Nach Malthus' Gesetz wächst die Bevölkerung exponentiell (1, 2, 4, 8, 16, …), das Nahrungsangebot dagegen nur arithmetisch (1, 2, 3, …).

6.5.2   Theorie des demografischen Übergangs/der demografischen Transformation

Die Theorie des demografischen Übergangs beschreibt die Veränderung der generativen Struktur (Altersstruktur) während der Industrialisierung eines Landes. Beim Übergang von der Agrar- zur modernen Industriegesellschaft werden dabei fünf Phasen durchlaufen.

1. prätransformative Phase

– hohe Geburtenziffer (hohe Fruchtbarkeit),
– hohe Sterbeziffer (hohe Säuglings- und Kindersterblichkeit),
– hoher Bevölkerungsumsatz
Folge: niedriges Bevölkerungswachstum

2. frühtransformative Phase

– sinkende Sterbeziffer (verminderte Säuglingssterblichkeit)
– hohe Geburtenziffer durch
  • wirtschaftlichen Zwang zur Mitarbeit von Kindern
  • soziale Sicherungsaufgabe der Familie
  • hohe Heiratshäufigkeit
Folge: steigende Gesamtbevölkerung

3. Umschwungphase/Transformationsphase

– sinkende Geburtenziffer
– sinkende Sterbeziffer
Folge: Bevölkerungswachstum überschreitet den Höhepunkt, Geschwindigkeit des Wachstums nimmt ab (Deutschland um 1900)

4. spättransformative Phase

– Geburtenziffer sinkt weiter
– Sterbeziffer konstant niedrig
Folge: Bevölkerungswachstum nimmt ab

5. posttransformative Phase

– Geburtenziffer konstant niedrig
– Sterbeziffer konstant niedrig
Folge: geringes bis Nullwachstum der Bevölkerung (BRD 1980) – die aktuelle Geburtenziffer in Deutschland beträgt 1,3–1,4 Kinder pro Frau

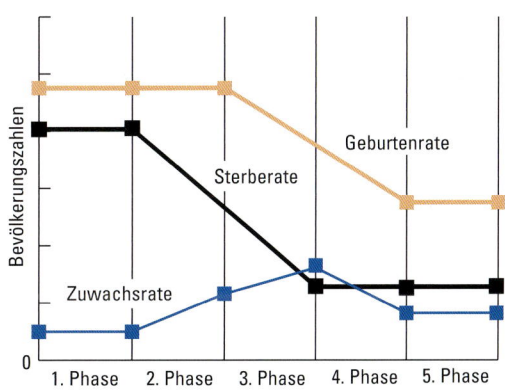

Abb. 5: Phasen des demografischen Übergangs

medi-learn.de/7-psycho3-5

Im Rahmen dieser gesellschaftlichen Entwicklung ändern sich auch die Gesundheitsverhältnisse ganzer Bevölkerungen. Diese rasche Veränderung der Verteilungsmuster von Erkrankungen bezeichnet man als **epidemiologische Transition**. Hierzu gehört seit dem 20. Jahrhundert eine Verschiebung des Krankheitspanoramas in den reichen Ländern: weniger akute Infektkrankheiten, mehr chronische, degenerative Krankheiten (z. B. Herz-Kreislauferkrankungen oder Krebs).

6

Übrigens ...
Der Rückgang der Sterb-
lichkeit durch Infektionser-
krankungen im Laufe der
Industrialisierung ist im
Wesentlichen auf Verbes-
serung der Ernährung, der öffentlichen
Hygiene und der Schulbildung zurück-
zuführen; am wenigsten jedoch auf die
Verbesserung der Pharmakotherapie!

6.6 Bevölkerungsbewegung

Als Bevölkerungsbewegung werden Veränderungen in der Zusammensetzung der Altersstruktur (generative Struktur) bezeichnet. Diese können auf zwei verschiedenen Wegen zu
Stande kommen:
Als zentrale Faktoren für die Bevölkerungsentwicklung wirken Natalität (Geburtenziffer),
Mortalität (Sterbeziffern) sowie Migration (Zu-
und Abwanderungen).
Im Zuge der Industrialisierung hat die Veränderung der Geburten- und Sterbeziffern zu einem Rückgang des Bevölkerungswachstums
geführt. Aber auch Ein- und Auswanderungen
tragen zu einer Veränderung der Altersstruktur
bei. Veränderungen durch Natalität und Mortalität werden als natürliche, Migration als künst-
liche Bevölkerungsbewegung bezeichnet.

Akkulturation

Akkulturation beschreibt das Verhalten von Mi-
granten in fremden Kulturen. Es lassen sich vier
Strategien in Abhängigkeit von der Übernahme der neuen Kultur und der Beibehaltung der
alten Kultur beschreiben (s. Tab. 1, S. 30).

	eigene Kultur beibehalten	eigene Kultur aufgeben
neue Kultur annehmen	Integration	Assimilation
neue Kultur ablehnen	Segregation = Separation	Marginalisation = Exklusion

Tab. 1: Stadien der Akkulturation

6.7 Fourastié-Hypothesen zur Entwicklung der Erwerbsstruktur

Auch die Erwerbsstrukturen unterliegen gesellschaftlichen Veränderungen. Heutzutage
arbeiten z. B. immer mehr Menschen im Infor-
mationstechnologiebereich, während Arbeits-
plätze in der Landwirtschaft immer weniger
werden. Um die Veränderung der Erwerbsstruktur systematisch darzustellen, lassen sich
drei Erwerbssektoren unterscheiden:
- **Primärer Sektor** = Land- und Forstwirtschaft
  (Nahrungssicherung)
- **Sekundärer Sektor** = industrielle und ge-
  werbliche Produktion
- **Tertiärer Sektor** = Verwaltung, Dienstleis-
  tung

Der französische Soziologe Jean Fourastié hat
1949 zur Entwicklung der Sektoren folgende
Hypothesen aufgestellt:

> **Merke!**
>
> Je mehr ein Sektor technisiert werden kann, des-
> to geringer wird der Personalbedarf in diesem
> Bereich. Demzufolge nimmt der Beschäftigten-
> anteil im primären und sekundären Sektor ab.
> Der tertiäre Sektor kann kaum technisiert wer-
> den, weshalb hier der relative Beschäftigungs-
> anteil zunimmt.

Diese Hypothesen zur **Tertiarisierung** der Erwerbsstruktur konnten in den Industrielän-
dern bestätigt werden: Dort steigt die Anzahl
der im Dienstleistungsbereich Beschäftigten
weiter an.

6.8 Veränderungen im Zuge der Modernisierung

Mit der Industrialisierung setzte in den west-
europäischen Staaten ein Modernisierungs-
prozess ein, der weitere Veränderungen im
gesellschaftlichen Zusammenleben mit sich
brachte.

Merkmale der Modernisierung sind u. a.

- die Zunahme der Arbeitsteilung und Spezialisierung,
- die Zunahme der Individualisierung gesellschaftlicher Prozesse und
- die Geltungskraft des zweckrationalen Handelns (Max Weber).

6.8.1 Zweckrationales Handeln

Zweckrationales Handeln, das der Sozialwissenschaftler **Max Weber** beschrieben hat, bedeutet, dass Entscheidungen – orientiert an der maximalen Wirkung – sachlich und berechenbar getroffen werden und emotionale Aspekte dabei außen vor bleiben.
Weber sah diese Art des verstandesgestützten Handelns als eine notwendige Entwicklung einer industrialisierten Gesellschaft, die sie deutlich vom – an Traditionen orientierten – Vorgehen der Agrargesellschaft unterschied.

6.8.2 Weitere Veränderungen im Zuge der Modernisierung

Es gibt weitere gesellschaftliche Entwicklungen, die besonders bezüglich ihrer Konsequenzen für die sozialen Sicherungssysteme (Rentenversorgung, Gesundheitssystem) viel diskutiert werden.
Dazu gehören der **Geburtenrückgang**: Aktuell liegt die Geburtenziffer/die durchschnittliche Kinderzahl pro Frau in Deutschland bei 1,4; eine Geburtenziffer von 2,1 wäre notwendig, um eine vollständige Reproduktion der Bevölkerung zu gewährleisten. Während sich die Geburtenziffer auf alle geborenen Kinder (Jungs und Mädchen) pro Frau bezieht, besagt die **Nettoreproduktionsziffer**, wieviel Mädchen im Schnitt von jeder Frau geboren werden. Die Nettoreproduktionsziffer ist ein direktes Maß für die Frauenregeneration. Sie beträgt in Deutschland aktuell 0,66.

Veränderungen des Familienzyklus:

- längere Frühphase (Präreproduktionsphase vor Geburt des ersten Kindes) durch längere Ausbildungszeiten,
- kürzere Reproduktionsphase (von Geburt des ersten bis Geburt des letzten Kindes) und
- längere Spätphase (Postreproduktionsphase nach Geburt des letzten Kindes bis zum Lebensende) durch höhere Lebenserwartung.

Weitere Faktoren sind:

- der Anstieg kinderloser Paare (verheiratet und nicht verheiratet)
- der Anstieg von Einpersonenhaushalten
- die Bildungsexpansion bei Frauen
- das demografische Altern
- die Zunahme horizontaler Mobilität (mehr Umzüge aufgrund der Flexibilitätsanforderungen des Arbeitsmarkts)

6.8.3 Kontraktionsgesetz

Aufgrund der eben skizzierten gesellschaftlichen Veränderungen wurde Ende des 20. Jahrhunderts das Kontraktionsgesetz formuliert. Seine Aussage lautet: Der gesellschaftliche Entwicklungsprozess führt zu immer kleineren Familieneinheiten und die Solidarität zwischen den Menschen bezieht sich auf immer kleinere Kreise. Statt der agrarischen Dorfgemeinschaft ist die zentrale Einheit, in der man sich gegenseitig hilft, heute die Kleinfamilie.

6.8.4 Karl Marx

Keine Angst, es folgt keine Zusammenfassung der drei Bände seines Hauptwerkes „Das Kapital". Es soll lediglich erwähnt werden, dass Marx (1818–1883) die kapitalistische Gesellschaft seiner Zeit in zwei Klassen einteilt: die Bourgeoisie und das Proletariat.
Die Bourgeoisie verfügt über Produktionsmittel oder Kapital, daher ist es auch die Klasse der Kapitalisten. Das Proletariat verfügt über keine Produktionsmittel, sondern lediglich über die eigene Arbeitskraft und bildet die Arbeiterklasse. Als Grundlage dieser Klassenbildung gilt die Verfügung über Produktionsmittel.

6

7 Epidemiologie

 Fragen in den letzten 10 Examen: 8

In diesem Kapitel werden einige Begriffe der Epidemiologie – der Wissenschaft von der Entstehung, Verbreitung und Bekämpfung von Krankheiten – definiert. Die dargestellten Kennzahlen sagen etwas darüber aus, wie viele Menschen betroffen sind (Prävalenz), wie schnell sich eine Krankheit ausbreitet (Inzidenz) und wie lebensgefährlich eine Krankheit ist (Letalität).

7.1 Prävalenz

Die Prävalenz ist die **Häufigkeit** einer Erkrankung, d. h. die Zahl der Erkrankten bezogen auf eine Grundgesamtheit. Prävalenz bezieht sich immer auf einen Beobachtungsort (z. B. Gebiet der Bundesrepublik Deutschland) und einen Zeitpunkt (= Punktprävalenz an einem bestimmten Stichtag) oder Zeitraum (z. B. Zwei-Jahres-Prävalenz).

Soll eine Angabe über die Verbreitung einer Krankheit gemacht werden (z. B. Zahl der HIV-Infizierten 2014 in Deutschland), wird die Prävalenz angegeben.

7.2 Inzidenz

Die Inzidenz ist ein Maß für die Anzahl der **Neuerkrankungen** bezogen auf eine Grundgesamtheit in einem bestimmten Beobachtungszeitraum.

Soll eine Angabe über die Ausbreitungsgeschwindigkeit oder den Erfolg/Misserfolg von Präventionsmaßnahmen gemacht werden, geben Inzidenzraten Auskunft (z. B. die Inzidenzrate der neu mit HIV Infizierten im Jahr 2014 in Deutschland).

> **Merke!**
>
> Die Punktprävalenz lässt sich durch eine Messung zu einem Zeitpunkt erfassen: Es reicht also eine Querschnittstudie. Für die Berechnung der Inzidenz sind mindestes zwei Erhebungen zu unterschiedlichen Zeitpunkten notwendig: Hier ist also eine Längsschnittstudie erforderlich.

7.3 Letalität

Die Letalität beschreibt die „Tödlichkeit" einer Krankheit. Sie wird berechnet als Anteil derer, die an einer bestimmten Krankheit gestorben sind, bezogen auf diejenigen, die an dieser Krankheit leiden. Letalität erlaubt somit KEINE Aussage über die Sterblichkeit der Gesamtbevölkerung.

Möchte man hingegen eine Aussage über die **Lebensgefährlichkeit** einer Erkrankung machen, gibt man die Letalität an (z. B. Verhältnis der HIV-Todesfälle zur Anzahl der HIV-Erkrankten).

7.4 Mortalität / Morbidität

Diese Parameter beziehen sich immer auf die Gesamtbevölkerung.

Die Mortalität (lat. mortuus: „der Tote") beschreibt den Anteil Verstorbener bezogen auf die Gesamtbevölkerung, Morbidität (lat. morbus: „die Krankheit") den Anteil Erkrankter bezogen auf die Gesamtbevölkerung.

> **Merke!**
>
> Letalität bezieht sich auf die an einer Erkrankung Verstorbenen bezogen auf alle Erkrankten, Mortalität bezieht sich auf die an einer Erkrankung Verstorbenen bezogen auf die Gesamtbevölkerung.

7

8   Soziostrukturelle Determinanten des Lebenslaufs: Die sozialen Schichten

Fragen in den letzten 10 Examen: 11

Man kann die Bevölkerung nicht nur nach dem Alter (s. Kapitel 6, S. 26), sondern auch nach ihrer Schichtzugehörigkeit in Gruppen einteilen. Die Angehörigen derselben sozialen Schicht zeichnen sich durch interindividuelle Gemeinsamkeiten im Hinblick auf Lebensstandard, Chancen und Risiken, soziales Ansehen, Privilegien oder Diskriminierungen aus. In einer sozialen Schicht sind also Personen mit ungefähr gleichem **Sozialstatus** zusammengefasst.

Schichtmodelle bilden somit soziale Ungleichheiten (unterschiedliche Chancen von unteren, mittleren und oberen Schichten) ab. Konkret bedeutet das, dass z. B. ein Angehöriger der Unterschicht aufgrund seines niedrigeren Bildungsabschlusses gegenüber einem Angehörigen der Mittelschicht mit Abitur sozial benachteiligt ist, wenn es um die Bewerbung für denselben Arbeitsplatz geht oder um das Einkommen, das für Urlaubsreisen oder ein neues Auto zur Verfügung steht.

Diese Ungleichverteilung von finanziellen Möglichkeiten heißt auch soziale Ungleichheit oder relative soziale Benachteiligung. Eine statistische Maßzahl für Ungleichverteilungen ist der **Gini-Koeffizient**.

> **Merke!**
>
> Schichtmodelle können die Bevölkerung in beliebig viele soziale Schichten einteilen. Wo genau die Grenzen zwischen den Schichten liegen (z. B. ab welchem Einkommen man jemanden zur Oberschicht zählt), ist eine relativ willkürliche Festlegung.

Allerdings bringt eine solche Darstellung diverse Probleme mit sich:
– Schichtmodelle sind eine Momentaufnahme, die die soziale Mobilität (Veränderungen im Schichtgefüge) nicht erfassen können.
– Die Aussagekraft ist eingeschränkt, weil bestimmte Personengruppen (z. B. Rentner, Hausfrauen und in Ausbildung befindliche Personen) nicht zugeordnet werden können und weil der Anteil statusinkonsistenter Personen (s. 8.2, S. 33) zunimmt.

8.1   Der Schichtindex/ sozioökonomischer Status

Die Zuordnung eines Einzelnen zu einer sozialen Schicht erfolgt anhand dreier sozialer Statusmerkmale (meritokratische Triade). Aus diesen wird der Schichtindex berechnet.

> **Merke!**
>
> Der soziale Schichtindex ergibt sich aus der gewichteten Summe der drei Statusmerkmale
> – Bildungsabschluss,
> – berufliche Stellung und
> – Einkommen.
> Dabei hat Einkommen das höchste Gewicht.

8.2   Statuskonsistenz und -inkonsistenz

Aufgrund jedes einzelnen Statusmerkmals kann man bereits eine Schichtzuordnung treffen. Allerdings muss diese Zuordnung nicht bei allen drei Merkmalen dieselbe sein.
– **Statuskonsistenz/Statuskristallisation** liegt vor, wenn alle drei Statusmerkmale (Einkommen, Bildung und Beruf) bezüglich ihrer Schichtzuordnung übereinstimmen (z. B. Hochschulabschluss, selbstständiger Zahnarzt, hohes Einkommen).

– **Statusinkonsistenz** liegt vor, wenn keine einheitliche Zuordnung anhand der Statusmerkmale möglich ist (z. B. promovierter Philosoph, der bei einem Taxiunternehmen angestellt ist und gering verdient).

Übrigens …
Der Anteil statusinkonsistenter Personen wird in Deutschland auf mindestens 25 % der Gesamtbevölkerung geschätzt und vergrößert sich weiter.

8.3 Erworbener und zugeschriebener Status

Statusmerkmale, die in unserer modernen Gesellschaft über Chancen und Risiken entscheiden, sind meistens solche Merkmale, die man sich selbst während seines Lebens erworben oder erarbeitet hat. Daneben gibt es auch Statuskriterien, die man bereits mit der Geburt unveränderlich zugeschrieben bekommt. Diese spielen besonders in traditionalen Gesellschaften eine wichtige Rolle (z. B. Vererbung von Adelstiteln).

Merke!

– Als **erworbenen Status** bezeichnet man durch die Person selbst erarbeitete Merkmale, die veränderlich sind (z. B. Bildungsabschluss, Beruf und Einkommen).
– Als **zugeschriebenen Status** bezeichnet man „ererbte" unveränderliche Merkmale (z. B. soziale Herkunft, Geschlecht und ethnische Zugehörigkeit).

8.4 Vertikale und horizontale Mobilität

Wenn Menschen ihren (erworbenen) Status verändern (z. B. beruflich auf- oder absteigen, einen weiteren Bildungsabschluss erwerben usw.) und sich somit im Schichtgefüge aufwärts oder abwärts bewegen, wird diese Veränderung als soziale Mobilität bezeichnet.

Dabei lassen sich zwei Formen unterscheiden:
– **vertikale Aufwärtsmobilität** = Verbesserung des sozialen Status (z. B. durch eine Einkommenserhöhung)
– **vertikale Abwärtsmobilität** = Verschlechterung des sozialen Status (z. B. durch Arbeitslosigkeit)

Zieht jemand innerhalb einer Gesellschaft um und wechselt die soziale Schicht dabei nicht, spricht man von **horizontaler Mobilität** (Wanderung des Einzelnen innerhalb eines Landes, Arbeitsplatzwechsel ohne Wechsel der Schicht).

8.5 Intra- und Intergenerationsmobilität

Die Veränderungen bezüglich des sozialen Status oder Wohnorts kann man einerseits auf den einzelnen Menschen bezogen betrachten (z. B. Peter war Krankenpfleger, jetzt ist er Arzt) oder mit der vorherigen Elterngeneration vergleichen (z. B. Pauls Vater war Krankenpfleger, Paul ist Arzt).

Merke!

– Als **Intra**generationsmobilität bezeichnet man eine Veränderung desselben Individuums (innerhalb einer Generation).
– Als **Inter**generationsmobilität bezeichnet man die Veränderung der Kinder- gegenüber der Elterngeneration (zwischen den Generationen).

8

Übrigens ...

Beide Dimensionen der Veränderung lassen sich miteinander kombinieren:

Dimension der Veränderung		
	vertikal	**horizontal**
Generationsperspektive — intragenerational	Max war Kellner und wird Professor. Max war Professor und wird Kellner.	Max zieht von München nach Hamburg.
Generationsperspektive — intergenerational	Max' Vater war Kellner, Max ist Professor. Max' Vater war Professor, Max ist Kellner.	Max' Vater wohnt in München. Max zieht nach Hamburg.

Tab. 2: Vier-Felder-Schema der sozialen Mobilität

8.6   Schichtunterschiede im Erziehungsverhalten

Angehörige unterschiedlicher sozialer Schichten unterscheiden sich in diversen Verhaltensweisen. Unter anderem hat man in Untersuchungen graduelle Unterschiede im Erziehungsverhalten gefunden. Diese sind in Tab. 3, S. 35 aufgelistet.

8.6.1   Berufstätigkeit und Erziehung

Verschiedene Charakteristika der Berufstätigkeit wirken sich auf die Art der elterlichen Erziehung aus (z. B. Arbeitsbelastung, Konflikte am Arbeitsplatz).

Übrigens ...

Der positive Einfluss ist in höheren sozialen Schichten häufiger, da hier die Berufstätigkeit meist mit einem höheren Grad an Autonomie (Selbstständigkeit, Entscheidungsspielraum) am Arbeitsplatz einhergeht als in niedrigen Schichten.

Bereich	Unterschicht	Mittel-/Oberschicht
Erziehungsziel (Was wollen die Eltern dem Kind primär beibringen?)	eher Gehorsam, Disziplin	eher altersangemessene autonome Entscheidungen, Selbstständigkeit, Eigenverantwortung und Toleranz
Wofür werden Kinder bestraft?	eher Handlungsresultate (z. B. eine unabsichtlich zerbrochene Tasse) werden sanktioniert	eher Handlungsabsichten (z. B. der Wunsch, eine Tasse kaputtzumachen, um jemanden zu ärgern) werden sanktioniert
Wie wird bestraft?	eher mit körperlichen Sanktionen	eher mit Liebesentzug (Aufmerksamkeitsentzug)
Wie wird Kontrolle begründet?	eher über positionale Kontrollstrategien, d. h. weil der Vater etwas sagt, wird es gemacht (Verweisung auf Normgeltung ohne Erklärungen)	eher über personale Kontrollstrategien, d. h. weil jemand kompetent ist, etwas zu entscheiden, wird es gemacht (Bedeutung und Konsequenzen der Regelverletzungen werden dem Kind erklärt)
Zeitperspektive (Worauf sollen die Kinder ihre Aufmerksamkeit richten?)	eher Gegenwartsbezogenheit – man lebt im „Hier und Jetzt"	eher zukunftsorientiert – Kinder sollen Fähigkeit zum Bedürfnisaufschub (jetzt arbeiten, um später etwas zu bekommen) lernen

Tab. 3: Schichtunterschiede im Erziehungsverhalten

8

9 Sozialpsychologische Gesundheits- u. Krankheitsmodelle

 Fragen in den letzten 10 Examen: 30

Der Grundgedanke sozialpsychologischer Modelle von Gesundheit und Krankheit lässt sich folgendermaßen zusammenfassen: Gesundheit und Krankheit werden – neben anderen Faktoren – von sozialpsychologischen Größen beeinflusst, wie z. B.
- der eigenen Kompetenzerwartung,
- den Einstellungen zu gesundheitsbezogenem Verhalten und
- der sozialen Unterstützung.

Dahinter steckt der Gedanke, dass die eigene Weltsicht und die Sicht relevanter Bezugspersonen mit dem eigenen Umgang mit Gesundheit und Krankheit zusammenhängen.

9.1 Kognitive Dissonanztheorie (Festinger)

Mithilfe der Theorie kognitiver Dissonanz kann man Verhaltensweisen von Menschen erklären, die auf den ersten Blick häufig irrational oder unvernünftig wirken. Beispielsweise stellt sich die Frage, warum so viele Menschen an gesundheitsschädigendem Verhalten festhalten (z. B. Rauchen, Alkohol und ungesunde Ernährung) oder gesundheitsförderliche Maßnahmen nicht ergreifen, obwohl sie wissen, dass sie ihnen gut täten.

Die Grundannahmen der Theorie lauten:
- Menschen streben eine Übereinstimmung (Konsonanz) ihrer Einstellungen und Meinungen und ihrer Verhaltensweisen an. Passen Einstellungen, Meinungen und  Verhalten nicht zueinander, so erleben sie eine unangenehme Dissonanz (Spannung).
- Kognitive Dissonanz wird reduziert, indem die „Unstimmigkeit" durch eine Veränderung der Meinung und Einstellung – oder, in seltenen Fällen, des Verhaltens – aufgehoben wird.

Beispiel
Erika raucht, obwohl sie weiß, dass Rauchen ungesund ist (Dissonanz). Sie sagt sich: „Das Rauchen entspannt mich, Entspannung ist gesund und das gleicht die schädigende Wirkung wieder aus."

Kognitive Dissonanz wird reduziert durch
- die Aufwertung eines freiwillig gezeigten Verhaltens, das man im Grunde selber nicht schätzt („Eigentlich macht das sogar Spaß."),
- die Verleugnung vorhandener Informationen/Wahrnehmungsabwehr („Das habe ich nicht gewusst."),
- das Verfälschen vorhandener Informationen („Das ist eigentlich ganz anders."),
- die Veränderung der eigenen Standards („Gesundheit ist mir nicht so wichtig. Da habe ich andere Prioritäten im Leben."),
- das Hinzufügen neuer Informationen („Man muss aber auch bedenken …") und
- selektive Informationssuche (nur passende Information wird wahrgenommen).

Merke!

Wenn Patienten „Ausreden" dafür nennen, warum sie ihr gesundheitsschädigendes Verhalten nicht ändern, sind das Beispiele für kognitive Dissonanzreduktion.

9.2 Sozioemotionale Schutz- und Risikofaktoren

Aus einer großen Zahl von Studien weiß man inzwischen, dass bestimmte Persönlichkeitsmerkmale oder Einstellungen eine Art Schutzfunktion bezüglich der Krankheitsanfälligkeit von Menschen haben. Genauso gibt es allerdings auch Risikofaktoren, die mit einer erhöhten Krankheitsanfälligkeit im Zusammenhang stehen. So besagt das **Diathese-Stress-Modell (Vulnerabilitäts-Stress-Modell)**, dass Stress nur auf Basis einer schon vorhandenen Verletzlichkeit (= Vulnerabilität = Diathese) schädigend ist.

Sozioemotionale Schutzfaktoren – also psychische Faktoren, die das Krankheitsrisiko reduzieren – sind soziale Unterstützung, Resilienz und dispositioneller Optimismus.

Unter **sozialer Unterstützung (social support)** versteht man die Qualität der Einbindung in soziale Beziehungen. Die Haupteffekttheorie der sozialen Unterstützung besagt, dass die soziale Unterstützung selbst sich positiv auf Gesundheit und Wohlbefinden auswirkt. Das Stresspuffermodell hingegen besagt, dass der Haupteffekt nicht in der sozialen Unterstützung selbst liegt, sondern soziale Unterstützung die Wirkung von Stressoren reduziert (puffert). Eine hohe soziale Kohäsion (Zusammenhalt) ist von einem hohen Maß an Hilfsbereitschaft und Vertrauen gekennzeichnet. Das Ausmaß an sozialem Vertrauen in einer Gesellschaft wird auch als soziales Kapital bezeichnet. Beispiele für Aufgaben des sozialen Netzwerks sind

– emotionale Unterstützung (Anteilnahme und Zuwendung),
– instrumentelle Unterstützung (direkte Hilfe bei Schwierigkeiten),
– materielle Unterstützung (z. B. finanzielle Hilfe von Verwandten),
– Wissensvermittlung,
– Nachbarschaftshilfe u. v. m.

> **Merke!**
>
> Unter den Begriff soziale Unterstützung fallen alle privaten Hilfeleistungen. Nicht dazu zählen professionelle (z. B. ärztliche) Hilfe oder staatliche Unterstützungsmaßnahmen (wie z. B. Transferleistungen aus öffentlichen Mitteln).

Resilienz (eng. resilience = Elastizität, Spannkraft) bedeutet psychische und physische Stärke (Anpassungsfähigkeit), die es Menschen ermöglicht, Lebenskrisen wie schwere Krankheiten ohne langfristige Beeinträchtigungen zu meistern.

Berufliche Gratifikationskrisen entstehen beim subjektiven Gefühl fehlender Belohnung (Geld, Anerkennung, Karriereaussichten) für berufliches Engagement.

Das **Anforderungskontrollmodell** beschreibt die Arbeitssituation anhand der Anforderungen an die Person und deren Kontrolle über die Tätigkeit. An einen in einem Krankenhaus angestellten Arzt werden z. B. hohe Anforderungen gestellt, er hat aber ein geringeres Maß an Kontrolle hinsichtlich seiner Arbeitsbedingungen als ein selbstständiger Arzt.

Soziale Stigmatisierung bedeutet, dass Individuen aufgrund eines bestimmten Merkmals (z. B. ihrer Gruppenzugehörigkeit) sozial ausgegrenzt werden. Die Basis dafür bilden meist in der Gesellschaft verbreitete **Stereotype**. Dabei handelt es sich um die Realität vereinfachende, in Konzepte gliedernde Muster, die als verfestigte Einstellung über Personen oder Gruppen (z. B. Frauen, Ausländer, Studenten usw.) die Wahrnehmung beeinflussen. Man unterscheidet Auto- und Heterostereotyp:

– Autostereotyp (die eigene Gruppe betreffend): „Wir Akademiker sind gewissenhaft."
– Heterostereotyp (die fremde Gruppe betreffend, z. B. Mediziner über Psychologen): „Das sind doch alles Laberheinis."

Nach dem **Modell der Salutogenese** nach Aaron Antonovsky ist der Mensch nicht entweder gesund oder krank, sondern befindet sich auf einem Kontinuum irgendwo zwischen diesen Polen. Das Wohlgefühl hängt ab vom Kohärenzsinn (engl. sense of coherence). Dieser wiederum wird im Wesentlichen bestimmt vom Gefühl der Sinnhaftigkeit der eigenen Existenz, aber auch vom Gefühl der Verstehbarkeit der Umwelt und dem Gefühl der Machbarkeit, d. h. dem Glauben, Situationen und Probleme aktiv bewältigen zu können.

9

10   Soziologische Modelle

 Fragen in den letzten 10 Examen: 12

Der Grundgedanke der soziologischen Model-le von Gesundheit und Krankheit ist folgender: Die soziale Situation (z. B. Art der Erwerbs-tätigkeit, Schichtzugehörigkeit, Wohngegend, politisches System) beeinflusst Gesundheit und Krankheit.

Beispiel
- besondere Krankheitsrisiken in armen Wohngegenden
- schlechtere ärztliche Versorgung auf dem Land als in der Stadt

10.1   Schichtunterschiede und Gesundheit

Viele Erkrankungen weisen in Deutschland ei-nen **sozialen Gradienten** – also eine Ungleich-verteilung zwischen den verschiedenen Ge-sellschaftsschichten – auf.
- Die meisten Erkrankungen betreffen häu-figer Angehörige der Unterschicht: Herz-Kreislauf-Erkrankungen, Diabetes mellitus Typ 2, Depression, Schizophrenie, Substanz-mittelmissbrauch, schlechter Zahnstatus.
- Einige (wenige) Erkrankungen sind häufi-ger in der Ober- und Mittelschicht zu finden: Neurodermitis, Anorexia nervosa (Mager-sucht).
- Brustkrebs andererseits zeigt keine Schicht-unterschiede.

Merke!
- Die Opportunitätsstruktur beschreibt die Summe aller Chancen, die eine Gesellschaft zur Lebensgestaltung zur Verfügung stellt (z. B. Universitäten, Krankenhäuser, Biblio-theken).
- Der Begriff **strukturelle Deprivation** bezeich-net den Umstand, dass eine Gruppe hinsicht-lich der ihr zur Verfügung gestellten Chancen auf gesellschaftliche Teilhabe deutlich be-nachteiligt wird.
- Der Begriff der **relativen Deprivation** be-schreibt das subjektive Gefühl der sozialen Benachteiligung.

10.2   Erklärungsansätze für Schichtunter-schiede bei Gesundheit und Krankheit

Für die Existenz der zum Teil beträchtlichen Schichtunterschiede bei Gesundheit und Krankheit gibt es verschiedene Erklärungsan-sätze. Keiner von ihnen kann jedoch allein die sozialen Gradienten erklären:
- Die (soziale) Drifthypothese erklärt die höheren Krankheitsprävalenzen in unte-ren Schichten dadurch, dass die Krankhei-ten selbst zu einem sozialen „Abdriften" der Betroffenen führen („Krankheit macht arm"). Die Annahme ist also, dass die Un-gleichverteilung nicht von vornherein gege-ben ist, sondern eine Folge der Krankheit darstellt. Gestützt wird diese Hypothese z. B. durch Studien aus dem Bereich der Schizophrenie, in denen man eine hohe vertikale Abwärtsmobilität bei Schizophre-niepatienten findet.

10

– Nach der soziogenen Hypothese (Verursachungshypothese) liegt der Grund für höhere Krankheitsprävalenzen in unteren Schichten in den schlechteren Lebensbedingungen (z. B. höhere Umweltverschmutzung, Belastung am Arbeitsplatz) und riskanten Verhalten bei Unterschichtangehörigen ("Armut macht krank"). Für diese Hypothese sprechen die in Tab. 4, S. 39 dargestellten graduellen Verhaltensunterschiede.

Übrigens …
Das Einkommen ist – bei Kontrolle von Alter und Geschlecht – die wichtigste Einflussgröße bezüglich Gesundheit und Krankheit!

Bereich	Unterschicht	Mittel-/Oberschicht
Körperbild (Bedeutung des Körpers)	instrumentelles Körperbild (Körper soll funktionieren)	Körper hat Symbolwert (gesunder Körper als eigener Wert)
gesundheitliches Risikoverhalten (Übergewicht, Rauchen, Alkohol usw.)	stärker ausgeprägt	weniger ausgeprägt
Symptomtoleranz (Stärke der Beunruhigung bei Entdeckung einer Symptomatik)	hoch (suchen bei gleicher Symptomatik später den Arzt auf)	niedrig (suchen bei gleicher Symptomatik eher den Arzt auf)
soziale Distanz gegenüber dem Arzt (Unterschiede in der sozialen Herkunft zwischen Arzt und Patient)	groß (hohe Schwelle bei der Inanspruchnahme ärztlicher Leistungen, da Ärzte als "sozial weit entfernt" wahrgenommen werden, z. B. aufgrund des anderen Sprachcodes)	gering (häufig Ärzte im eigenen Bekanntenkreis)
Präventionsbereitschaft	gering	hoch (größeres Wissen über Gesundheit und Krankheit)
soziales Netzwerk	kleiner und instabiler	besser ausgeprägt, hilfreichere Ressourcen
Naturheilverfahren und alternativmedizinische Angebote	selten angewendet	häufig angewendet

Tab. 4: Soziogene Hypothese für Schichtunterschiede bei Gesundheit und Krankheit

10

Aus dem Kapitel **Bevölkerungsentwicklung** solltest du dir unbedingt die Formen der Alterspyramiden merken.

– Je breiter der Sockelbereich (Neugeborene, Kinder) im Verhältnis zur Mitte und dem oberen Bereich ist, desto schneller wächst die Bevölkerung (Pyramidenform).

– Wird dagegen der Sockel schmaler als die Mitte und der obere Bereich, so beginnt die Bevölkerung zu schrumpfen (Pilzform).

Die verschiedenen Arten der sozialen Mobilität aus Kapitel 8 tauchen immer wieder in den Physikumsfragen auf. Mach dir daher am besten anhand von Tab. 3, S. 35 noch mal klar, was inter- und was intragenerational sowie horizontal und vertikal in diesem Zusammenhang bedeuten.

Die Begriffe der **kognitiven Dissonanz** und der **sozialen Unterstützung** aus Kapitel 9 solltest du gut in deinem Gedächtnis verankern:

– Kognitive Dissonanz ist die Spannung, die entsteht, wenn die eigenen Meinungen und Einstellungen nicht mit dem eigenen Verhalten übereinstimmen.

– Als soziale Unterstützung bezeichnet man alle Arten von privaten Hilfeleistungen.

Pause

Geschafft! Hier noch ein kleiner Cartoon als Belohnung ... Dann kann gekreuzt werden ...

Mehr Cartoons unter www.medi-learn.de/cartoons

Index

Index

MOBIL EXAMENSFRAGEN KREUZEN

iPHYSIKUM

Feedback

Deine Meinung ist gefragt!

Es ist erstaunlich, was das menschliche Gehirn an Informationen erfassen kann. Slbest wnen kilene Fleher in eenim Txet entlheatn snid, so knnsat du die eigneltchie lofnrmotian deoncnh vershteen – so wie in dsieem Text heir.

Wir heabn die Srkitpe mecrfhah sehr sogrtfältg güpreft, aber vilcheliet hat auch uesnr Girehn – so wie deenis grdaee – unbeswust Fheler übresehne. Um in der Zuuknft noch bsseer zu wrdeen, bttein wir dich dhear um deine Mtiilhfe.

Sag uns, was dir aufgefallen ist, ob wir Stolpersteine übersehen haben oder ggf. Formulierungen verbessern sollten. Darüber hinaus freuen wir uns natürlich auch über positive Rückmeldungen aus der Leserschaft.

Deine Mithilfe ist für uns sehr wertvoll und wir möchten dein Engagement belohnen: Unter allen Rückmeldungen verlosen wir einmal im Semester Fachbücher im Wert von 250 Euro. Die Gewinner werden auf der Webseite von MEDI-LEARN unter www.medi-learn.de bekannt gegeben.

Schick deine Rückmeldung einfach per E-Mail an support@medi-learn.de oder trag sie im Internet in ein spezielles Formular für Rückmeldungen ein, das du unter der folgenden Adresse findest:

www.medi-learn.de/rueckmeldungen